境界を攪乱する

竹村和子

境界を攪乱する

性・生・暴力

岩波書店

目　次

Ⅰ　セクシュアリティ

Ⅲ　バトラー解読

Ⅳ　生政治と暴力

Ⅰ　セクシュアリティ

第一章　「資本主義社会はもはや異性愛主義を必要としていない」のか
――「同一性《アイデンティティ》の原理」をめぐってバトラーとフレイザーが言わなかったこと――

もしもわたしがクローゼットの世界かゲイ解放の世界、あるいは『アンクル・トムの小屋』の世界かブラック・パワーかを選ばなければならないとしたら、もちろん、それぞれ後者を選ぶだろう。でもわたしは、どちらかを選ばなければならないというのは好きではない。わたしはべつの選択肢が欲しいのだ。

――K・アンソニー・アッピア

一九九〇年代になって社会構築主義が批評シーンに頻繁に登場するようになった背景には、文化研究（カルチュラル・スタディーズ）のあたらしい隆盛と拡大、あるいは多文化主義（マルチカルチュラリズム）の主張と伝播があるだろう。この二つの流れは、政治と表象を交差させつつ、人種・民族・ジェンダー・セクシュアリティ・宗教・言語・メディア・教育・芸術活動等々にみられる統合的な知の編成や、単一性の政治を問題化し、多元性を主張するものである。

統合的で単一な「真理の体制」に対する抵抗は、脱構築が一九七〇年代よりおこなってきたことだった。社会構築主義は脱構築の何を受け継ぎ、何を発展させているのだろうか。多元性の議論は、初期の文化研究の担い手が階級を焦点化した英国のレイモンド・ウィリアムズとリチャード・ホガートだったことからもわかるように、多元性を抑圧して、ただ一つの階級の利益と倫理を追求する制度が生みだす経済的・物質的・言説的な不平等と不公正を弾劾するものだった。では社会構築主義はマルクス主義と、現在どう切り結んでいるのか。新保守派文化研究と急進派文化研究、あるいは社会的左翼と文化的左翼のあいだで高まってきている不協和音を脱構築する道はあるのだろうか。

そもそも一九九〇年代に社会構築主義が前景化されてきたのは、ジェンダーのみならずセクシュアリティやセックス(生物学的な性差)の規範的な解釈において、いかにイデオロギー的本質主義が跋扈しているかを徹底的に暴いたことによってだった。だが他方で、まさにそのセクシュアリティにおいて周縁化されてきた人々がみずからのセクシュアリティの公的権利と承認を求めて展開しはじめている運動のなかで、戦略化あるいは自明化されるアイデンティティの政治(アイデンティティ・ポリティックス)に、社会構築主義はどのように接合しうるのだろうか。いや、ことはセクシュアリティのみではない。多文化主義は人種・民族・宗教などの分野で、みずからのアイデンティティをまもる言語や習俗を公的「制度」として確立しようとするために、差異を個別化し、戦略的に本質化しようとする傾向がある。社会構築主義は、民主主義をめぐってどのように折り合いをつければよいのか。

おそらく社会構築主義は、本質主義とマルクス主義と脱構築のあわいにたたずむ理論なのではないだろうか。本論では社会構築主義を、ときにこの三者と重なり合い、ときに三者と齟齬をきたし、その折衝のなかで／その折衝自体が、批判的現在を紡ぎだす理論だととらえて、社会構築主義の可能性と危険性を探っていこうと思う。社会構築的な考え方は、単なる思弁的、抽象的な概念操作ではなく、現実社会を構成している具体的な文脈のなかで語られる現実的で政治的な批評営為である。本論であつかう文脈は異性愛主義に限定し、異性愛主義への批判的考察を試みていくなかで、社会構築的な見方がどのように貢献できるか、あるいはどのように危険なものになりうるかを具体的に検討したい。その足がかりに使うのは、ジュディス・バトラーとナンシー・フレイザーが資本主義社会と異性愛主義（ヘテロセクシズム）の関わりについて交わした議論である。(1)

1　社会構築主義と本質主義の皮肉な共犯関係

ジュディス・バトラーとナンシー・フレイザーの論争の大きな争点は、セクシュアリティ規制が生産様式なのか、それとも承認の事柄なのかということであり、それに連動して、現在の資本主義社会が異性愛主義を必要としているのか否か、したがって異性愛主義に対する抵抗を、物質的・経済的分配と不可分の社会関係の再意味づけとしてとらえるのか、それとも文化的な誤認の是正をまず求めるべきで、経済的不平等はそれの派生物としてとらえるのかという、二人の立場の相違が導き出される（フレイザーはここでは詳述していないが、物質的事柄と経済的事柄をさらに分けて考えようとする）。

バトラーの議論はこうである。マルクスとエンゲルスが主張しているように、「「生産様式」は社会関係の諸形態を必然的に含むもの」であり、「「人間《メン》は日々の生活のなかで自分の生活を再生産しつつ、人間そのものをも新たに再生産し、そうして自分と同じような人間を増やしていく。つまり同じような男女関係、親子関係、家族関係を広めていくもの」」(Butler, e 39 強調バトラー)なので、「性別分業とジェンダー化された労働者の再生産のしくみを解明するには、とくに社会的見地からの家族の分析が不可欠であり」(39)、「いかにジェンダー化された人間《パーソン》――「男」と「女」――の再生産が、家族に対する社会規制に、つまりは……異性愛の人間を再生産する場としての異性愛的な家族の再生産に、依存しているかを明らかにする必要がある」(39)。そして「法によって定義される「人格《パーソンフッド》」が、物質的結果とは切り離せない文化規範によって厳密に規定されているかぎり、たとえ分析上であっても、文化的承認と物質的抑圧を区別することは可能」(41)ではなく、ゲイ男性やレズビアンに対する抑圧は「単に文化的な」ものではなく、生産様式にかかわる経済的・物質的なものであると結論しなければならない。

この議論は、バトラー自身が「一九七〇年代、八〇年代の社会主義フェミニストやマルクス主義的精神分析家の指摘」(39)と共有する点があると述べているように、唯物主義フェミニズムにかなり近接しているものである。たとえばクリスティーヌ・デルフィは「唯物主義フェミニズムのために」の論文のなかで、現在の状況は「女性性の条件」として考えるのではなく、「女に対する抑圧」(Delphy, 211)としてとらえるべきであり、「フェミニズムの科学――プロレタリアートの科学――

の目的は、抑圧構造の解明にある」(212)と語った。また唯物論者のモニク・ウィティッグは「ひとは女に生まれない」(一九七九年)と題された講演のなかで、「「女」というカテゴリーは政治的、経済的カテゴリーである」(Wittig, 15)と述べ、「個人的な問題は階級の問題である」(16 強調引用者)と理解しなければならないと主張した。

ここで言う「個人的な問題」は、個人を規定している文化慣習によって引き起こされるものであるから、唯物主義フェミニズムの主張は、むろん伝統的マルクス主義者が言うように上部構造と下部構造(基盤)を分離して、下部構造からの解放のみを求めるものではなく、両者の不可分性がいかに内面的、身体的な抑圧構造を生むかという、文化唯物論の立場と通底するものである。ルイ・アルチュセールの言葉を使えば、イデオロギーによって表象されている事柄は、個人の存在を規定している現実の制度的な社会関係ではなく、そのような現実の社会関係と個人とのあいだに結ばれている「想像上の関係」である。この物質的なものと文化的なものの不可分性をもっとも明瞭にあらわしているものの一つが、現在の(ヘテロ)セクシストな次代再生産システムである。次代再生産《リプロダクション》は、じつは公的な(性差別的な)「階級」の再生産であるにもかかわらず、きわめて私的な欲望の結果か、あるいは分析不要の客観的な生命の再生産にすり替えられて、「女」の本質的属性に還元されて解釈され、その結果「女」という「階級」が、自然化、隠蔽化されてきた。[2]

バトラーはこの再生産システムに対して強力な疑義をはさみ、異性愛主義の再生産システム——そしてそれが理念的に実践される異性愛の家族関係——において沈黙させられ、抑圧されているのは非異性愛者たちであり、彼／女たちは「文化的な中傷」を被るのみならず、現実的な経済的・物質的な不平等を被っていると述べる。現在のアメリカ合衆国の現状を説明するうえで、また同性愛嫌悪《ホモフォビア》の憎悪犯罪《ヘイト・クライム》による殺害を単に「おやじ狩り」としてのみ報道する現在の日本の状況に照らしてみても、彼女の「現状の説明」にはなんら批判すべきところはない。だが問題は、「異性愛の人間」を構築する性の「(再)生産様式」がどのような種類の権力関係を発生させているのか、そこで奪取され、隠蔽させられているのは何かということに対する、さらに立ち入った考察がなされていない点である。

バトラーは「マルクス主義が文化研究に矮小化されてしまった」という批判に抗議するために、「新しい社会運動〔の〕文化ポリティックス」――とくにクィア・ポリティックス――が扱うセクシュアリティは「生産と分配の問題を考えるうえで重要な位置をしめる」と主張し(Butler, e 33)、その現実的例証として、非異性愛者が被っている差別的待遇を「事例」として列挙していった。曰く「レズビアンやゲイは国家が認可している家族概念からは排除されている」、曰く「死にかけている恋人のために緊急医療の処置を決断する権利も、死んだ恋人の持ち物を引き取る権利も、恋人の遺体を病院から引き受ける権利も、法によって奪われている」、曰く「レズビアンたちの貧困率の高さ」等々である(41)。

だが異性愛的な家族関係の「(再)生産様式」がそもそも奪取しようとしているのは、非異性愛者、の権利ではない。歴史的に見ても、非異性愛者(レズビアン、ゲイ男性、バイセクシュアル、トランスセクシュアル等)は、異性愛をおこなう者を異性愛者に同一化するために呼び出された反面教師的な否定的カテゴリー――いわば存在してはならないカテゴリー――であって、あらかじめ設定した権利や富の差別的分配を目的としたものではない。非異性愛者が被る権利や富の差別的分配は、たとえそれと異性愛主義とのあいだにどんなに必然的な関係が観察されようとも、あくまで異性愛主義の「結果」として生じた出来事であって、その「目的」ではない。この「結果」を「目的」とみなすことの問題点は、非異性愛者を「階級」として、「カテゴリー」として、ときに「アイデンティティ」として基盤づけるという、バトラーがもっとも避けようとしている循環論法にみずから落ち込んでしまうことである。おそらくバトラーは、異性愛主義の経済的・物質的側面を過小評価するフレイザーに反駁するために、差別的な分配の対象となる集団をカテゴリーとして強調することになったのだろう。だがバトラーがここで「レズビアン」「ゲイ」「クィアたち」という単語を使用して、それを社会的な被抑圧者としてカテゴリー化し、「社会関係の概念化と制度化に関して彼ら〔クィアたち〕が求めている根本的な変革」(44)の必要性を語ることは、『ジェンダー・トラブル』でバトラー自身が、「レズビアンのセクシュアリティは、「セックス」とか「女」とか「自然な身体」というカテゴリーに異を唱えるだけではなく、「レズビアン」というカテゴリーに対しても異を唱えるものと理解し」(Butler, a 127-28)なければならないと述べて、レズビアンの性位置を解放の契機とするモニク・ウィティッグを語気強く批判したことと、矛盾するものである。

たしかに異性愛的な家族関係の再生産は、「異性愛の人間」を再生産する「生産様式」であり、「異性愛の人間」の物質的条件を規定し、「異性愛の人間」の経済的環境を保証する「法的制度」であって、「単なる文化的な」承認の次元の事柄ではない。その意味ではセクシュアリティは「生産様式」である。だがそこで(再)生産されている「異性愛の人間」は、社会的利便と経済的特権を獲得しているようにみえてはいるが、それは「異性愛主義」という枠内での出来事にすぎない。逆に「異性愛の人間」は、みずからの非異性愛の可能性からは首尾一貫して遮断され、それによって異性愛主義の価値を、自分の存在によって生産しつづけることとなる。ちょうど「労働者が、たえず物質的で客体的な富を、資本の形態として、つまり自分の外部にあって自分を支配し搾取する力として、生産しつづけている」ように(Marx, vol. 1 571)。他方、「資本家もたえず労働を、富の主体的な源泉という形態で生産している。つまり労働者を賃金労働者として生産している」(571)が、異性愛主義の(再)生産様式においては、この意味での「資本家」は存在しない。「異性愛の人間」を、自分の利益のために「生産」し「搾取」する「異性愛以外の人間」はいないのである。いわば異性愛主義は、非異性愛の可能性から疎外されて、異性愛主義の価値を(再)生産している労働者(異性愛者)が、異性愛主義の価値を内面化・身体化することによって、その価値を享受する資本家(異性愛者)へと自己を誤読していく循環システムだと言えるだろう。

したがって異性愛の(再)生産様式は、資本家＝労働者という階級闘争のアナロジーを適応しえない抑圧体制である。(3) そしてこの体制がみずからの存続のために排除しようとしているのは非異性愛の「可能性」であり、ゆえにそこで抑圧されるのは、性実践であれ、身振りであれ、発話であれ、仄めかしであれ、非異性愛の徴候——非異性愛者というアイデンティティとしてあらわれたときには、その人格化された非異性愛の徴候——が異性愛の「同一性《アイデンティティ》」のなかに入り込む「他者性」の契機に対してである。だから同性愛嫌悪《ホモフォビア》は、自分とまったく外部の「おぞましきもの」に対する嫌悪《フォビア》ではなく、それに反応する自分の内部の「おぞましきもの」に対する恐怖《フォビア》であると言ってよい。その意味で、逆説的ではあるが、同性愛にもっとも強く共鳴する(自称)異性愛者こそが、同性愛嫌悪をもっとも強くあらわす者だと言うことができるだろう。

ゆえに異性愛主義をおびやかす最大の脅威は、じつは同性愛者ではなく、異性愛者と自認している者が自分自身のなかの非異性愛の可能性に気づくとき、あるいは自己の異性愛のアイデンティティに疑いをいだくときである。同性を愛する者は、みずからを同性愛者とみなすかぎり、異性愛者とおなじ「同一性《アイデンティティ》」の次元で対抗しているだけで、異性愛者の「同一性の原理」を脅かすことにはならない。そのとき(自称)異性愛者は、自分のなかの同性愛の可能性を自分の外部に人格化する——つまり他者のアイデンティティにする——ことによって、自らの異性愛者というアイデンティティを保持し、同性愛者と異性愛者のあいだに、明確で横断不可能な境界を画すことができる。

したがって「同一性の原理」の遵守は、たとえ同一性が社会構築されたものではあっても、同一性を成立させている関係機構を固定化することによって、つまり同一性に不安を与える「外部」を設定しない——あるいは「構造的外部」にしてしまう——ことによって、同一性を社会的な「本質主義」に擦りかえていく。(4) ひとは一過性の出来事として異性に惹かれる、あるいはたまたま偶然に死ぬまで惹かれつづけるのではなく、すべての人間が異性愛者であること、ありつづけること——異性愛への同一化《アイデンティフィケーション》——を自然化し、本質化しなければ、異性愛主義は崩壊する。したがって異性愛主義を遵守する制度においては、社会構築主義と本質主義は相反的な関係にあるのではなく、共犯的な関係に形態変容していると解釈することができるだろう。

ゆえに異性愛的な資本主義の家族関係を社会的な性の(再)生産様式としてとらえることが、異性愛主義を攪乱させる理論的契機になるとすれば、その理由は、異性愛主義から排除された者が経験する文化的誤認を彼/女たちが被っている物質的・経済的配分の不平等に接合させて、社会構築の言説的側面の政治経済性のみを語ることではない。そうではなくて、そのような生産様式が前提としている「同一性の原理」が資本主義とどのように結びつき、かつその同一性の脱構築がどのように資本主義社会の性の(再)生産を現在の形態から変革させていくかを考察することによってである。

2　同一性《アイデンティティ》と他者性

西洋形而上学におけるロゴス中心主義の同一性を徹底的に疑ったのは脱構築だが、脱構築の「差延」や「不決定性」の概念は、非政治的、無政府主義的だという批判を浴びてきた。この脱構築を早い時期に政治の文脈で思考して、脱構築とマルクス主義を接合させたのがマイケル・ライアンである。彼は、「絶対的なロゴス中心主義の自己充足性は、倫理や政治の用語に翻訳されると、自由と独立を意味する。政治経済においては、この自己充足性は資本主義の起業家や株式会社の形式をとる」(Ryan, 177)と述べている。ということは、資本家は個人主義的な自由論において、同一性を推しすすめる存在ということになる――資本によって構築されている「資本家」という人格に対して、それを「本質」とみまがうばかりの、あるいは「本質」になりかわることができるほどの、絶対的な自律性《オートノミー》の幻影を与えることによって。

だから、そもそも資本の価値増殖は「現実の自由な発展をある程度までしか許さず、実際には生産の内在的な束縛と制限を構成している」(Marx, vol. 3 432)ものだが、それにもかかわらず、本質的な絶対性をおびた資本の自由な拡大運動は、「生産に対する自然の限界を克服しよう」(Ryan, 178)とする。そしてその企てを可能にするのが、マルクスの分析によれば「信用」である。なぜなら、「本質」と錯覚するほどの「同一性」は、時間的な制限(時の経過によって変わる可能性)も、構成要素の内部の不連続(べつの側面を有する可能性)も排除するものであり、それを担保にして「信用」が行使されるからである。そして「信用」を獲得した資本家の同一性は、ますますその規模を拡大していく。生産の内在的な束縛と制限は、「信用制度によってたえず破られていく」(Marx, vol. 3 432)。

これを異性愛主義の文脈に置き換えてみれば、前近代にも存在していた異性愛中心的な思考は、しかしそのなかに、特権的な逸脱や習俗的な猥雑さとして非異性愛の要素を内包していた。だが近代の性科学《セクソロジー》を理論的背景にした異性愛の(再)生産様式において、異性愛者の同一性を担保に拡大再生産される余剰価値は、異性愛者の人口を増加させるのではなく、異性愛者のアイデンティティを支える構成要素を増大させる。資本主義の核家族のイデオロギーは、異性愛者の意味を、単なる異性愛への指向のみならず、家族形態、法的制度、経済的特権、社会的帰属意識へと拡げることによって、異性愛者のアイデンティティの範疇をさらに拡大し強化することになった。つまり、異性愛者を社会的に構築するときの構築項目を累増させて、構築されるものを理念的本質にしたてあげようとするのである。その一つの例として挙げられるのが、一九五〇年代にアメリカ合衆国に普及した白人中産階級の郊外の、いわゆる「聖家族」像である。異性間の愛の交換は、健全な家庭、適当な数の健やかな子供たち、美しく清潔な家、豊かな家庭用品、家族のように暮らす犬、生涯変わらぬ愛と忠誠、穏当な社会参与……と同義のものとなり、老いや病や死さえも、この光輝く時空からは後ずさりするかにみえる——パロディではなく、誰しもが当然求める、求めるべき理想なのである。(5)

しかし信用制度には、二面性が内在する。マルクスによれば「信用制度は、生産力の物質的発展と世界市場の形成を促進するが……それと同時に信用は、この矛盾の暴力的な爆発、すなわち恐慌を促進し、したがって古い生産様式を解体する要素を促進するものでもある」(432)。信用は、「一面では、他人の労働の搾取によって富を増やすという資本主義生産の推進力を、もっとも純粋で、もっとも巨大な賭博や詐欺の形態にまで発展させて、社会的富を搾取する少数者の数をますます少なくするという性質と、他方では、あらたな生産様式への過渡的形態をなすという性質」があり、「この両義性こそが……信用の主要な広報者に、詐欺師と予言者の愉快な雑種的性格を与えるものである」(432)。

マルクスが言う「両義性」をデリダの用語で描きなおして、ライアンは、「信用は、資本にとって「外部」であり根源的な他者であるものが、資本主義の「内部」に必然的に現れ出ることを示すものだ」(Ryan, 181)と述べた。この資本の信用制度を、自律性の自由の加速運動に類比化すれば、「同一性」はその個人主義的な本質的性格が有する自律的自由をさらに押し進めることによって、逆説的に、「他者性」をその内部に呼び込むものだと言うことができる。

ところでバトラーが所々で強調していることは、ジェンダー／セクシュアリティ／セックスが社会構築されたものだとはいえ、それはけっして「選択される」ものではなく「命令される」ものであること、また何度も命令され続けなければならない同一性の構築であるということだ。であるならば、異性愛的な家族関係の図式のなかで日常的に何度も「異性愛の人間」になるように命令されるわたしたちにとって、「異性愛の人間である」ことと無縁にはなりえない。誤解を恐れずに言えば、わたしたちはすべて、どこか「異性愛的な人間」である。ただし、異性愛を強制する社会が「異性愛の人間」に対して社会的利便と経済的特権を用意しているのならば、「異性愛的な人間」とは、「異性を性対象とする人間」というよりも(たとえば異性を性対象としない人間も、同性を性対象としないかぎりにおいて、「異性愛の人間」とみなされる)、異性愛主義の語彙で自分の社会的条件や経済的位置を説明するように強制された人間——異性愛主義の言語を媒介として、何らかのかたちで「わたし」を位置づけている人間——ということである。

社会構築主義にとってパフォーマティヴィティは、「選択」ではなく、同一性を強要する「命令」である。だが「根源的な同一性」は、ライアンがマルクス解釈で述べているように、自由の過剰さによって「根源的な他者性」という「恐慌」——すなわち現システムの潰滅的な崩壊——に反転するはずなので、現存の性の(再)生産様式の内部では、「命令」の遂行が「根源的な同一性」(完全な異性愛者)を生産することはいまだにありえておらず、また「命令」とは無関係の「根源的な他者性」(完全な非異性愛者)の可能性も理論的にはありえない。むしろ現在のわたしたちは、「異性愛の人間」に同一化することを命令されつつ、その同一化の力が生みだす異性愛主義にとっての「他者性」に、日々とり憑かれていると言った方がよい。いわば同一化の命令は、命令の遂行《パフォーマンス》がもつパフォーマティヴな性質——パフォーマティヴィティの攪乱的側面——によって、すべてのケースにおいて、つねに脱構築されていると言える。[6] なぜなら完璧な異性愛者は「理念」でしかなく、完璧な異性愛者になろうとすればするほど、みずからの非異性愛的な要素が意識化されるからである。異性愛の理想の極致を演じようとしている女優(たとえばグレタ・ガルボ)が必然的にかもしだすクイア的雰囲気を考えてみればよい。[7]

わたしたちは「異性愛の人間」——その構成要素——への同一化のプロセスのなかで、意識/無意識に自己のなかの「他者性」を抑圧する(異性愛者という外貌《ファサード》に固着して、内的不整合を看過する)か、あるいは意識／無意識に「他者性」に部分的に横滑りしていく(理念からはずれた異性愛の家族形態を取ったり、性対象を異性以外のものに求めたり、自分の身体を生物学的な身体とは違った風に解釈したりしていく)。だから明確な被抑圧「階級」としての、あるいは同一性を標榜する「アイデンティティ」としての、レズビアンやゲイ男性やバイセクシュアルやトランスセクシュアル等はありえない。ただ、「他者性」を部分的に表現している行為を、行為体《エイジェンシー》の統一的で本質的なアイデンティティの表出だと意図的に誤認して排除する異性愛主義の「同一性《アイデンティティ》の原理」の「結果」によって、非異性愛者というアイデンティティが社会的に構築され、彼／女たちに対して経済的、物質的な不平等と不公正が行使されていく。そしてこの意味で、この意味でのみ、彼／女たちは「自分の性的位置をめぐって被っている不公正を階級的搾取に翻訳する必要はない」(Fraser, d 142)と言えるのである。

3　資本主義社会と異性愛主義

他方、ナンシー・フレイザーのバトラーに対する反論はこうである。「(異性愛規範によるセクシュアリティの規制は)資本主義社会における社会的分業も、労働力の搾取の様式も構築するものではなく」(Fraser, d 145)、また「現代の資本主義は、異性愛主義を必要としていないと思われる」(147)ので、バトラーの議論では必要な「歴史化」がなされてはいない。そして「社会的位置と階級とのあいだの間隙や非同型性、社会的主体に対する複数の矛盾する呼びかけ、社会的公正を求める闘いを動機づけている複数の複雑な倫理的動因といったものの位置づけが可能になる」のは、バトラーが駆使するような「「再意味づけ」や「パフォーマティヴィティ」といった、言語の抽象的で超歴史的な特性」によってではなく、「現在の資本主義社会を歴史的に特定化し区別づける思考によって」(149)であるから、わたしたちの課題は、「経済的／文化的という区分」に「揺さぶりかける」ことではなく、それらの現実的な出現を詳細に検討することによって「そういった区分をさらに正確に用い」(148)ていくことである。したがって現在の形態の資本主義社会においては、「バトラーが並べた〔ゲイやレズビアンが被る〕物質的弊害は誤認の範例」(144)として理解すべきである。

しかし現在の資本主義社会においては(この文章は二〇〇〇年正月に書いているが、近未来的な茶番で幸いにも終わったコンピューターのグローバルな「二〇〇〇年問題(Y2K)」は、資本主義が新たな段階へとすでに変容しつつあることを象徴的にしめすものであるが、ではあっても)、性の(再)生産様式が――多元性を求める解放言説のなかにさえ亡霊のように出現するその「同一性の原理」においても、また大多数の人々の現実の実践においても――まったく違うものに変容してしまったとは、残念ながらいまだに言うことはできない。たしかにフレイザーが言うように、「エリ・ザレツキーが「個人生活」と呼ぶもの――セクシュアリティや友情や愛を含むものではあるが、もはや家族と同じものではなく、生産や再生産という動因からは切り離されて経験されている親密な関係空間――の出現によって、セクシュアリティと余剰価値の蓄積との結びつきはますます弱まってきて」(145-46)はいる。

そしておそらくこの傾向は、今後さらに加速されて進行していくだろう。

だがわたしたちは、まだそれがどこへ向かって進んでいくのかを見定めることはできない。それが資本主義が経験する「恐慌」と同様に、異性愛主義を早晩、潰滅的に崩壊させていくのか。だが「恐慌」にしたところで、少なくとも一九二〇年代末から三〇年代にいたる世界恐慌によって資本主義は潰滅させられたわけではなく、せいぜいがケインズ流の社会資本の導入がおこなわれた程度で、マルクスが言うような「〔資本主義とは異なった〕あらたな生産様式」や「国民的な規模の協同組合企業の拡張」(Marx, vol. 3 431)へと変容していったわけではない。むしろ資本主義は、ガヤトリ・C・スピヴァックが批判しているように、南北問題と性差別と異性愛主義を複雑に交錯させたさらに巧妙な搾取をもたらしていると言える(8)。

したがって非異性愛者に対する経済的・物質的弊害を社会的誤認の問題として片づけて(しかし社会的誤認が経済的不平等を生みだしていると断ってはいるが)、「現代の資本主義は異性愛主義を必要としていない」と断じるフレイザーの姿勢こそ、彼女自身の言葉をつかえば、「歴史に対する超然とした無関心の雰囲気が漂っている」(Fraser, d 145)と言えるのである。フレイザーが繰り返す「現在の資本主義社会」の「現在」は、いったいいつから始まったのか。また彼女は「二〇世紀の後期資本主義社会」(145)と言うが、これでは「後期資本主義」の時代区分があまりにも大雑把すぎる。ユルゲン・ハーバーマスやエルネスト・マンデルは一九七〇年代から後期資本主義の段階を告げてはいるが、性の(再)生産様式を問題にするかぎり、七〇年代はフェミニズムがやっと認知されはじめた時期である。事実バトラーよりも徹底した唯物主義フェミニストが気勢を挙げていたのが、この時期だった。またフレイザーが引くザレツキーの「個人生活」についての言及は、妥当性を欠く引用である。なぜなら彼は、現在の「個人生活」を資本主義の生産様式から離れつつあるものとして分析したのではなく、むしろ「性行為はきわめて社会的な行為であって、人間がおこなう愛と権力の交換であり、それゆえに性行為は資本主義社会の社会関係である」にもかかわらず、「二〇世紀のセクシュアリティの主張は抽象的なものでしかなく、その社会関係への批判をふくんでこなかった」(Zaretsky, 122)ことを問題にしたからである。

資本主義の異性愛の(再)生産様式は、余剰生産を資本に変えて、異性愛者を構成する意味の範囲をさらに拡大し強化することへと向かった。アメリカ合衆国の一九五〇年代の郊外の「聖家族」像は、資本主義が旧来の古典的資本主義から大衆規模の消費資本主義へと変貌しつつあるときに生まれて、異性愛主義をいっそう高進させたものである。そしてフェミニズムとフリーセックスの洗礼を受けた七〇年代の性的ラディカリズムは、八〇年代のＨＩＶにまつわる同性愛嫌悪のなかに飲み込まれてしまった。その原因は、モノガミー(単婚)の「聖家族」像を復活させて、「乱交」のバスハウスを不当に攻撃し、「異性愛は健全・健康で、同性愛は悪徳・病気」というおなじみのスローガンを復活させた家庭尊重主義《ファミリー・ヴァリュース》の政治的無策である。

おそらくフレイザーとバトラーの見解をその前提において隔てているものは、「現在の資本主義社会」の時代的な定義をめぐるものだが、[9] たとえごく近年になって「セクシュアリティと余剰価値の蓄積の結びつき」をめぐって資本主義社会の変容が始まってきているとしても、オルタナティヴな性の(再)生産様式がいまだに分節化されていないかぎり、その過渡的な形態のなかで散発的に観察される非異性愛の表出をとりあげて、「現代の資本主義社会はもはや異性愛主義を必要としていない」と言うことはできない。資本主義的な搾取が古典的な生産様式を変更させてもなお存続しているように、異性愛主義が現在の性の(再)生産様式を変更させてなお存続しはしないという保証は、現在のところはどこにもないのである。

社会構築とは、社会の「言語」によって構築されるということである。そして資本主義社会が実体的で本質的な「もの」ではなく、あらゆるものを貨幣によって価値づけ編成する意味機構であり、その意味機構を担ってきた重要な言語の一つが異性愛主義ならば、異性愛主義は、資本主義社会の外部にあって、必要とあればそれを切り捨てられる客体ではない。いわば異性愛主義は、資本主義社会の重要な言語的「比喩」であり、その言語は、資本主義社会が必要としている「男」や「女」のような「男」や「女」を生みだしてきた。だが「～のような」という比喩こそ、社会構築を社会的に機能させていくものである。なぜなら「言語は結局のところ行為体の「ように」(as)考えられているものであり、この比喩による代補が、言語を行為体「として」(as)考えることを可能にさせている」からである(Butler, d 7)。したがって資本主義社会が必要としている「男」や「女」のような「男」や「女」は、異性愛主義の言語によって「男」や「女」という実体にすりかわり、比喩は行為をおこなう。

むろんバトラーは比喩の行為性の攪乱的要素の方を強調し、比喩の行為性は比喩の意味を変容させ、それによって比喩を無効にしていく可能性をもつと述べる。だがもう一方で留意しなければならないことは、比喩は、比喩であるからこそ永続化する可能性をもつということである。比喩の言語は、最初の指示対象が消失したのちも、比喩であるかもしれないという疑いが芽生えないかぎり、指示対象を微妙にずらしながら生き延びることができる。資本主義社会が必要としているような「男」や「女」でなくなったのちも、内面化され、身体化された「男」や「女」という言語は、存続する可能性をもつ。たとえば、核家族の枠組を抜け出しているはずの男女のカップルが、核家族が要請している「男」や「女」の異性愛主義的な属性にいまだに引きずられているケースはまま見受けられる――とくにセクシュアリティにおいて。またコンピューターゲームの仮想現実のなかで、きわめて典型的な異性愛主義の「男」や「女」のロールプレー(役割演技)が進行している場合もある。

だからここ十年ほどのあいだに急速に可視化されはじめている非異性愛の表象や主張は、アメリカ合衆国における人種政策と同様に、非異性愛者に対する差別を残したまま、非異性愛の分断、脱性化、商品化、ゲットー化を招いて、異性愛主義に再占有される危険につねに晒されている(10)。社会構築の比喩的言語がもつ危険性である。むしろわたしたちがひきつづき考察していかなければならないことは、この性の(再)生産様式の言語的側面についての慎重な分析であって、内面化/身体化されることによって政治的無意識となっている言語を、局所的な現象に網羅的な意味を与えることによって、ふたたび無意識に沈み込ませることではない。そしておそらくこの種の批判的作業によってのみ、資本主義社会の形態――あるいはもはや単に資本主義社会とは呼ばれないかもしれない何か――における性の(再)生産様式から、異性愛主義の亡霊を払拭することができるだろう。

4　承認の政治の脱構築

脱構築的なスタンスをとっているフレイザーとバトラーの双方が、意識的に否定しているはずであるにもかかわらず、無意識に共有している「承認」の前提事項について、ここで考察する必要がある。それは誰が(何が)、誰を(何を)承認するかという問題である。彼女たちの争点はむろん、承認と再分配を理論的に一度切り離して考えるか(フレイザー)、それとも不可分に重なり合うものとしてとらえるか(バトラー)であるが、二人とも、非異性愛者が「歪められて承認されている《ミスレコグニッション》(誤認されている)」という了解は共有している。問題は、誤認される対象を――レズビアンであれ、ゲイであれ、バイセクシュアルであれ、クィアであれ、トランスセクシュアルであれ――集団的アイデンティティとしてとらえることの是非である。

むろん二人とも、非異性愛者の集団的アイデンティティをナイーブに前提にしているわけではない。『ジェンダー・トラブル』において、アイデンティティ主義の連帯を批判し、アイデンティティを統一的なカテゴリーとして本質化しようとする言語を徹底的に批判したバトラーは、本論争においても、「文化的なものと経済的なものの区分を戦術的に操作し、二次的抑圧という疑わしい概念をふたたび定着させようとすることは、統一の押しつけに対する抵抗をふたたびかき立て、統一は暴力的排除によって得られるものにすぎないという認識を強めるだけだ」と語り、「こういった暴力的排除がおこなわれていることをきちんと把握すること」によって、「人間《パーソン》やセックスとして現在、認定されているものが、今後ラディカルに変容していくようになるだろう」(Butler, e 44 強調引用者)と述べている。だが他方でバトラーが、「統一が唯一可能になる形態があるとすれば、それは……政治的に生産的なやり方で対立を維持すること、つまり各々の運動が、互いの主張に常時さらされつつ、しかし互いに取り込まれずに、各々のめざすところを表明するという異議申し立ての実践になるときだ」(37 強調引用者)と述べるとき、また前述したように、非異性愛者が被っている物質的・経済的不利益を異性愛者の利益と比較して、「レズビアンやゲイは国家が認定した家族概念から排除されている」(41)等々と語るとき、彼女は異性愛者と非異性愛者の差異化をやはり前提としていて、「承認」をはさんで両方に、それぞれ、利益を被る集団と利益を被らない集団に分け隔てているのではないだろうか。[11]

　フレイザーはバトラーよりも頻繁に「ゲイやレズビアン」という単語を使って、彼／女たちを集団的アイデンティティとしてとらえようとする。むろんフレイザーも、この論文では明瞭には表明されていないが、この論争のもとになった「再配分から承認へ?」と題された論文では、四分割の図表によって「肯定《アファメーション》」ではなく「変容《トランスフォーメーション》」の必要性を説き、前者の場合は、「再配分」

においても「承認」においても「集団の差異を支持する」が、後者の場合は「集団の差異を曖昧にする」と述べて、集団的アイデンティティの瓦解を求めてはいる(Fraser, b 86-91)。だが図表のなかで「承認」と「変容」が重なる区分につけられた「脱構築」の見出しは、どのように「ゲイやレズビアン」という集団のアイデンティティが脱構築的に曖昧になるのかを説明するものではない。むしろフレイザーは、「ゲイやレズビアン」というカテゴリーのなかに経済的位置をめぐって下位区分を設定し、集団内部のこの分化が、集団としての差異化を曖昧にすると主張する。しかしこのように「ゲイやレズビアン」という集団に、階級というべつの変数を加えて集団を分化・多元化しても、その構成員が同性愛者であるというアイデンティティ自体は曖昧化も脱構築もされてはいない(12)。

事実、他所でフレイザーは、「民主主義的な調停」の必要を述べ(182)、バトラーのような脱構築的な反本質主義者は、アイデンティティを十把ひとからげにとらえて、「不平等な社会関係を擁護することに根ざしたアイデンティティ」と、「そのような関係に挑戦することに根ざしたアイデンティティ」の区別を無化してしまうと主張する(183-84)。フレイザーは、富の再配分においても、アイデンティティの承認においても、その議論の前提にマルクス主義的な社会構築の考え方を置いているが、「民主主義的な調停」というユートピア的な共約可能な目的性を無批判に導入することによって、彼女自身の脱構築の主張を空洞化していると言えるだろう。

本質主義は、通例、本質を「原因」とみなし、その不変の属性から定例の現象が導き出されるとする考え方だと理解されている。たとえば女のセックスという生物学的な本質が「原因」となって、女というジェンダーや女というセクシュアリティが当然に発現するという考え方がそうである。だが本質主義は、「目的」を本質とみなし、その「目的」に向かって、差異をふたたび固定化するものでもある。そのとき個々の差異には表面的な折衝の場面が与えられるが、結局、差異は、現在の言語の内部で語られる目的性によって、未来へと遡及《バック・トゥ・ザ・フューチャー》的に再配備され、その場所に確定的に位置づけられることになる。

　たしかに「不承認《ノンレコグニッション》や誤認《ミスレコグニッション》は害を与え、抑圧の一形態となり、歪められ矮小化された偽りの存在形態のなかにひとを閉じ込める」ものである(Taylor, 25)。非異性愛をおこなう者は「おぞましき非異性愛者」という集団的アイデンティティのなかに「閉じ込められ」、同時に数々の物質的・経済的不利益を被っている(現在のところは)抑圧された少数者である。では大多数の(自称)異性愛者は、「正しく」承認され、それに基づいて「正しく」物質的・経済的利益を享受しているのか。異性愛者を「正しく」承認している(誤認していない)のは、誰(何)なのか。それが人ではなく、システム(言語)だとしても、システム(言語)を存続させる「媒体《エイジェンシー》」は、それを行為によって再生産する「行為体《エイジェンシー》」である。[13] ということは異性愛主義においては、異性愛をおこなう者の集団が異性愛者を「正しく」承認し、非異性愛者を「まちがって」承認しているのか。非異性愛者は、異性愛者——異性愛主義の人格化された媒体《エイジェンシー》——から、「非異性愛者」としてのアイデンティティの承認を求めるのか。承認は何を基準にして、どのような手続きでおこなわれるのか。

「承認の政治を検証する」という副題が付けられている論集に基調論文を載せているチャールズ・テイラーは、アイデンティティは本質的とか独白的なものではなく、「やり取りをつうじてその承認を獲得しなければならない」(34-35)対話的なものであると述べている。しかしK・アンソニー・アッピアが批判したように、「多文化主義の合唱のなかで承認を要求しているアイデンティティは本質主義的で独白的なものとなる」(Appiah, 156)傾向があり、この点でテイラーは「楽観的」である。というのもテイラーの議論は、一方で、差異の承認と平等な処遇という民主主義の困難さを回避せずに、それを真摯に受け止める「熟慮的な民主主義」を求めつつも、他方でそのような政治を可能にするために、その基盤に「至大な調和」といった「宗教的」「道徳的」事柄を据えている(Taylor, 72-73)、ある種の共約性に回帰してしまうからだ。むしろアッピアが論の最後で述べているように、「アイデンティティの政治は、表面上はアイデンティティを守るためにはたらいてはいるが、アイデンティティを変容しうるものとも考えられる」(Appiah, 163)。ではどのように、アイデンティティの変容は可能なのか。

テイラーは承認の重要な要素として、「対話」を主張する。たしかにそもそも自己は、その当初より対話によって形成されているので、アイデンティティの変容には対話は不可欠なものである。だがその場合に求められる対話は、テイラーの主張とは異なって、対話を成立させるある種の共約可能な基盤を前提にしたものではない。また、集団的アイデンティティを内面化した個人と個人のあいだの交渉としておこなわれるものでもない。対話は、同一性と他者性の境界や重なりをたえず査定しなおす無限運動であり、どのような形態であれ、価値判断の普遍的な根拠に依拠することはできない。むしろ対話は、アイデンティティの外延を備えた「わたし」と「あなた」のあいだになされる交渉と言うよりも、「わたし」を構成する要素のあいだの無限のアゴーン(葛藤)として理解しなければならないものだろう(14)。

「わたし」は複数の集団的アイデンティティが重なり合い、ときに反目しあうものである。また一つの集団的アイデンティティは、多くの説明要素によって社会的に構築されている。たとえば前述したように、異性愛者はまさに経済的・物質的に規定されているので、異性愛者は経済的・物質的・言語的な項目群によって構築されている。だがそのすべてを生涯にわたって一貫して満足させている「究極の異性愛者」はいない。たとえばイヴ・K・セジウィックの「ホモソーシャル」の概念を引けば、たしかに男同士のホモソーシャルな関係は同性愛嫌悪と女性蔑視よりなるものだが、そのときの同性愛嫌悪は、みずからが経験している男同士の絆からエロティックな要素を排除するために動員される防衛機構とも言える(15)。もしもその男が異性愛主義の内部にとどまって、その基準にしたがってみずからを「正しく」承認すれば、彼は異性愛者というアイデンティティを疑わないだろう。だが彼は、自分のなかの「他者性」をすべて抑圧することによってそうしているということにおいて、「誤認」している。つまり経済的・物質的特権が与えられている人々の場合も、むしろそうであるからこそ、彼/女たちは経済的・物質的特権を脅かす自分のなかの要素を無視する、あるいは過小評価するという点で、「誤認」は行使されているのである。そして彼/女たちはこの種の「自己‐誤認」をおこなうことによって、異性愛主義の内部では理解することが不可能な(未知の)経済的・物質的利益を獲得しそこなってきたのかもしれない。だから異性愛主義による承認／誤認の問題は、抑圧されている非異性愛者をそのアイデンティティとして承認することでは不十分であり、さらには、異性愛者というアイデンティティの自明化(自己‐承認)も、それがはたして適切なのかどうかを疑ってみる必要がある――非異性愛者としてのアイデンティティの承認を求めることが適切かどうかを疑ってみることと同様に。

社会構築主義は、一義的には本質主義と対蹠的な概念だと理解されている。しかしこれまで述べてきたように、もしもわたしたちが社会構築の「結果」だけを問題にするなら、そうして(再)生産されるカテゴリーは固定され、本質化されてしまう。たとえ承認や富の配分において「女」が「男」と平等になり、「同性愛者」が「異性愛者」と平等になったとしても、それらのカテゴリーに自己同一化して自分を説明していくかぎり、そういったカテゴリーは「社会的に自然な」もの、「社会的に必然な」ものに擦りかわり、カテゴリーのあいだには――たとえば「女」と「男」、あるいは「同性愛者」と「異性愛者」のあいだには――横断不可能な境界が画されていく。社会的カテゴリーは、個々の人間のアイデンティティの構築と別個に存在しているのではない。個々の人間がカテゴリーに自己同一化していく、その過程が、カテゴリーを「社会的本質」に仕立て上げていく。したがって社会構築主義が問題にすべき事柄は、セクシュアリティにまつわるカテゴリーが社会構築されたものか、それとも本質的なものかということではない。むしろ社会構築的な思考が分析すべき事柄は、そもそも偶発的な制度や慣習の集合体――すなわち「物語」――でしかないものが「社会的な本質」として、さらには非歴史的な「普遍的な事実」として認知されていく、その構築の過程性である。すなわち各々のカテゴリーを所与の意味づけにとどめたまま内面化、身体化、個人化して、それに自己同一化《アイデンティファイ》していく、そのアイデンティティ形成を「脱構築」することが必要である。

「脱構築《ディコンストラクション》」は、あるものが完全に「瓦解《ディストラクト》」して、べつのものが唐突に出現することではない。わたしたちが社会構築されている存在であるかぎり、その構築のまったき外側に、わたしたちの位置を――現実としても、理念としても――定位することはできない。わたしたちにとって可能な道は、構築の過程で生みだされる社会的カテゴリーと個別的な経験のあいだのずれに目を向けることであり、それによって、わたしたちのアイデンティティをアイデンティティの内部で脱構築していくこと――スピヴァックの言葉をもじって言えば、アイデンティティを試して、アイデンティティに対する抵抗がどこで生じるかを見ていくこと(Spivak, a 306)――である。そして構築の過程におけるこの個別的で経験的なずれこそ、本質のように錯覚されているカテゴリーがじつは「歴史的な産物」であること、またカテゴリーの強制力は、強制力が作動する個別的な場所でつねに抵抗にさらされていることを、わたしたちに思い出させてくれるものである。その意味でアイデンティティの脱構築は、「同一性の原理」を、まさにマルクスが言う意味で歴史化することにほかならない。

資本主義社会は異性愛主義を必要としてきた。だが同時に、異性愛主義の言語によって生みだされる「男」や「女」が、資本主義社会を支えてもきた。両者は前者から後者へという因果関係だけではなく、相互に互恵的な関係をもちつつ、歴史的に特定化された人間やセックスを、「普遍的な事実」として社会的に再生産してきた装置である。だから今後、資本主義と異性愛主義の想像的／イデオロギー的な連結が融解することがあるとすれば、それは前者が後者を必要としなくなるだけではなく、ひるがえって異性愛者のアイデンティティを脱構築する経験が、資本主義社会の「同一性の原理」を変容させていく(その変容を加速させる)ものともなるはずだ。異性愛主義を成り立たせている二つの異なった性(「男」か「女」)にわたしたちを造形しているさまざまな社会的、歴史的な意味づけが、個別的な場所で一つ一つずらされて体験されるとき、ちょうど一つ一つの部位が様変わりして、いつのまにか元の構造がその首尾一貫性を失っていくように、そのときわたしたちは、自己を異性愛主義の言語で――ひいては「同一性」の原理で――説明することをやめることになるだろう。おそらくそのとき、わたしたちのもっとも根本的な自己同一性《アイデンティティ》の拠り所とされてきた性器的な差異は、もはやセクシュアリティを説明するための特権的な差異ではなくなるだろう――たとえわたしたち各自のそのときの性の対象が、現代の言葉で「同性」であろうと、「異性」であろうとも。

5　補遺——プロセスとしての希望の一事例

これまで述べてきたことは個人的な作業で、自己に対する認識とか想像力といった次元の事柄であり、しかも非異性愛者が「アイデンティティの政治」の限界を自覚するだけでは不十分で、むしろ異性愛者がみずからの異性愛者というアイデンティティの自己‐承認を疑わなければならないという(しかも既得権は、それが実際には不自由なものではあっても、容易に手放さないのが常なので)気の長い話だという批判もあるだろう。かように脱構築的な思考は、非政治的で、「非実用的」(Gutmann, 19)なものだと。かように言説的側面を強調する社会構築主義の理論は、現実の政治には高踏的で無関心な机上の空論なのだと。だからわたしはここで、脱構築的な思考を現実化する可能性をもっていると思われる実際の政策を一つ、挙げることにしよう。それは昨秋(一九九九年一一月)フランスで施行されることが議会決定されたパックス(PACS＝連帯の民事契約)という新しい法令である。

パックスが現在のかたちで発令されることになったことについては政治的、社会的な背景があり、したがって現在のところパックスは不完全な法令であること、異性愛についてはいまだに婚姻の選択肢を残していること、またこの法令は二人の人間のパートナーシップを奨励しており、単身者という生活形態の視点を欠くものである、などといった否定的な側面をもつものであることは否めない[16]。だがそれでもやはり現段階でこの法案が画期的なのは、法的な結婚形態をとらずに同棲しているカップルに対して、異性愛と同性愛を区別せずに、「現在、共に生きる者たち」という法的権利を与えたことである。これには、旧来の核家族がもつ生涯のモノガミー（単婚）に対する法的契約も、それにまつわる種々の法的拘束もない。そしてこの法律は、すべてのカップルに対して（異性同士、同性同士を問わず）適用される。つまりここでは、異性愛者のアイデンティティを規定しているいくつかの異性愛主義の構成要素が解体しているのだ。

この法律は、現在のところは二人の関係のみに限定され、養子は認められていない。だがこの法律に加えて、次代再生産にまつわる想像上の拘束が現実に失効し、彼／女たちの生活のなかに、現在のパートナー以外の人とのあいだに生まれた子どもたち、養子縁組で親子となった子どもたち、人工受精で生まれた子どもたちが、カップルの性別によってしるしづけられることなく混在してくるようになれば、そこでの性の（再）生産様式は、異性愛者という社会構築されたアイデンティティの構成要素をさらになし崩しにし、結果的に異性愛主義を空洞化させる可能性をもつものである。そしてこれを可能にしているのは、天文学的な規模でグローバルに投機される資本によって、同一性の液状化が進行し、「価値」を生みだす生産の場所が多様化、アメーバ化しはじめて、旧来の資本主義の核家族の形態が機能しなくなりつつあることが挙げられるかもしれない。また、近代の資本主義社会を成り立たせている自律的な《個》の概念が、一つには（臓器・身体部位の移植や人工受精などのテクノロジーの発達という）身体的な次元において、もう一つには（インターネットの急速な拡大による情報や判断の相互検索性という)心的・知的次元において、その同一性の神話が失われつつあることが挙げられるかもしれない。

しかしこのような資本主義社会の変化が、直接に性の(再)生産様式の変容をもたらしていくのではない。それはある種の環境的な条件(ただし、べつの抑圧体制を生む危険性すら胚胎している環境的な条件)であって、十分条件ではない。性の(再)生産様式の変容のためには、異性愛者の「同一性の原理」を意識的、無意識的に切り崩す行為が必要である。つまり「資本主義社会はもはや異性愛主義を必要としなくなった」と言って、両者の社会構築的な連結に目を向けるのを早々とやめるのではなく、そのような段階にさしかかってきているにもかかわらず、それでもなお足踏みを続けて非異性愛の徴候を排除、または再占有しようとしている異性愛主義の言語から訣別するために、資本主義と異性愛主義の想像的/イデオロギー的な連結を融解することが必要である。

パックスは、異性愛者を成り立たせている法的・経済的・物質的な規制——つまり異性愛者を社会的に構築している関係機構そのもの——を変える可能性をもつものであり、関係機構はそのままにして、抑圧されたアイデンティティをもつ人を「承認」しようとする方策(たとえば、異性愛カップルとはべつの法令を一種の父親的温情主義によって、同性愛カップルに対して制定する方策)ではない。[17] しかもパックスは、核家族の関係構造にもとづく旧法の社会的有効性を、経験的、個人的な行為の反復をつうじてパフォーマティヴに空洞化させることによって、成立したものである。[18]

ただしパックスは法制化が決定して日が浅く、その行方はいまだ未知数であり、異性愛の家族形態の関係機構が完全に様変わりするかどうかは、時を待たなければならない。しかもこれが適用されるのはフランス国内だけで、フランスの多国籍企業がおこなっている資本主義的・異性愛主義的・植民地主義的な搾取は温存されたままとなるかもしれない。しかも前述したように、パックスはあくまで二者のパートナーシップの枠内で異性愛／同性愛を差別しないというだけで、三者以上の関係や単身者という生活形態、また関係の私的性／公的性の問題については不問に付しているために、さらに反動的なカップル志向や、国家によるカップルの新たな序列化（丸山、一七二）を生み出す危険性もある。おそらくパックスは、それを目的とか最終的獲得物とするのではなく、異性愛主義の解体へ向かう現段階での一つのプロセスとみなして、（婚姻制度の代替物となって異性愛制度に逆もどりすることのないように）今後の変容を注意深く監視する必要があるだろう。

　そのうえでパックスが与えている希望は、異性愛者／非異性愛者という、資本主義の（再）生産様式によって社会構築されたアイデンティティが、「同一性の原理」という本質主義的な手のなかに再回収されずに、ラディカルに変容する可能性を提示していることである。おそらく異性愛主義への批判が、非異性愛者という「当事者性」に終始するのではなく、抑圧を成り立たせている社会構築の関係機構そのものを問題にしたときに、そしてその理論が抽象的な言語遊戯や「言説のインフレ」（ペリー・アンダスン）と言って貶められずに、社会の構成員のすべてに自分の位置の問題――しかもつねに他者性を包含している自己の複数性の問題――として理解されて、各自の今このとき《アクチュアル》の「個人的」な経験（あるいは経験の意味づけ）が変容するとき、その批判理論は政治[19]／倫理となり、父親的温情主義による権利の下賜ではなく、また差異か平等かという二者択一の選択でもなく、差異と平等の輪郭をたえず描きなおす政治／倫理の終わりのないアゴーン（闘争）となるだろう。

注

（1） 二人の論争は、アイリス・マリオン・ヤングも含めて、何段階かの批判的応答になっている。ジュディス・バトラーの論文は、『ニューレフト・レヴュー』誌に掲載されたナンシー・フレイザーの論文（「再分配から承認へ？——「ポスト社会主義」時代の正義のジレンマ」（一九九五年））への反論として、一九九六年一二月にマサチューセッツ州アマーストで開催された「マルクス主義の再考」と題する会議の総会シンポジウム「権力の定位」で発表されたものである。翌年、加筆訂正されて『ソーシャル・テクスト』誌五二—五三号に掲載され（「単に文化的な」（一九九七年））、同誌同号に、それに対するフレイザーの応答論文（「異性愛主義・誤認・資本主義」（一九九七年））も掲載された。両論文ともそのまま、翌年に『ニューレフト・レヴュー』誌二二七号と二二八号（一九九八年）に分載され、フレイザーのものは単独に彼女の近書『中断された正義』（一九九七年）の第一章に収録された（本論のなかの引用は、すべて『ニューレフト・レヴュー』誌による）。

さらにフレイザーの「再分配から承認へ？」の論文は、もともとアイリス・マリオン・ヤングの著書『正義と差異の政治』（一九九〇年）への批判として書かれたものだが、このフレイザーの批判に対して、ヤングが『ニューレフト・レヴュー』誌二二二号で反論を試み（「不定則なカテゴリー」（一九九七年））、それに対してさらにフレイザーが同誌二二三号で応じている（「アイリス・ヤングへの再返答」（一九九七年））。

（2） 次代再生産にまつわる女性性の構築については、母娘関係を分析した拙論「あなたを忘れない——性の制度の脱‐再生産」を参照してほしい。

(3) キャサリン・マッキノンは「セクシュアリティとフェミニズムの関係は、労働がマルクス主義に対してもつ関係と同様である。すなわち、もっとも自分自身であるものがもっとも奪い去られている」(MacKinnon, 515)と述べて、資本家と労働者の比喩を使った。ジェンダーやセクシュアリティの抑圧構造を階級闘争のアナロジーでマッキノンがとらえることに対しては、ポルノ規制の問題を論ずるなかでバトラーが反論している(*Excitable Speech*)。

(4) ジュディス・バトラーは“constructionism”と“constructivism”を区別して、前者を擁護し、後者を退けている(*Bodies That Matter*)。バトラーによれば、後者(constructivism)の見解では、たとえ人間主体を文化や言語によって社会構築されたものと考えていても、その構築を固定したものとしてとらえるので、結局は「言説的な一元論や言語中心主義」に帰着する。いわば、文化や言説や権力による決定論になってしまうと言うのである。同様のことをガヤトリ・C・スピヴァックは、社会構築主義は現在の資本主義社会を本質(社会一般)とみなす一種の本質主義だと批判している(“Subaltern Talk”)。

(5) これが「過去」の理念とも言えないことは、同性愛と病気、異性愛と健康というアナロジーが、HIVの流行とともにふたたび流布したことが挙げられる。

(6) すでにバトラーは『ジェンダー・トラブル』で、パフォーマティヴィティの二面性(規範の再生産と規範の攪乱)について論じているが、ドラァグ・クィーンのパフォーマティヴィティでは後者の性質のみが強調されたことを訂正して、パフォーマティヴィティの二律背反的な両側面について、*Bodies That Matter*で繰り返し語っている。またパフォーマティヴィティのもつ慣習の喚起という点については、*Excitable Speech*で、J・L・オースティンの理論を批判的に発展させつつ論じている。

(7) 拙論「噂の俳優——グレタ・ガルボをクィアに視る」参照。

(8) 第三世界とフェミニズムの問題をマルクス主義の再考で論じた興味深い論文に、Spivak, “Ghost Writing”がある。これはJaques Derrida, *The Specter of Marx*への応答でもある。

（9）現代の資本主義社会が異性愛主義を必要としているかどうかという議論で、上野千鶴子と筆者のあいだにも、時代区分について、同様の見解の相違があった。「ジェンダー・トラブル（対談）」参照。
わたし自身は、現段階では異性愛主義はいまだに強力に延命していて、異性愛の矮小化と、非異性愛の差別や搾取が、継続していると考えている。しかし他方で近年、異性愛主義を成り立たせている核家族の「男」と「女」の内実は確実に変化してきている。それについては上野千鶴子の「セクシュアリティ／近代を通底する装置」が、現象と分析の双方から説得的な視点を提供している。ここ数十年の異性愛者の性形態の変化――日本の場合は「なし崩し性解放」――が、将来、異性愛主義をも結果的に「なし崩し」に解体することになれば、上野が言う「これまでの規範では捉えられないような、新しいセクシュアリティ」が登場することになるだろう。だがそのためには、資本主義社会の詳細な批判的検討が必要で、その企ては理論的にも実践的にも、また問題の共有という点についても、いまだにその端緒についたばかりである。
（10）これについては、拙論「資本主義社会とセクシュアリティ」参照。
（11）他所でバトラーは「統一」を「普遍性」の言葉で置きかえて、既存の言語のなかで語られる「慣習的な普遍性」とは異なる「非慣習的な普遍性」、「偶発的な普遍性」を志向しようとしている（*Excitable Speech* 第二章および *Contingency, Hegemony, Universality*）。ただしわたしは、その場合、それを「統一」あるいは「普遍性」という語で呼ぶことは、旧来の「慣習的な普遍性」の合意をふたたび想起させるものと考えている。わたし自身は、内主体的な分節化／脱分節化を間主体的な政治に連動させるものとして、「倫理」の言葉を使いたい。
（12）フレイザーの議論において脱構築が徹底していない点について（したがって脱構築の主張が意味をなしていない点について）は、拙論「アイデンティティの倫理」参照。
（13）「行為体」については、Judith Butler, *Excitable Speech* およびその序文の邦訳「触発する言葉」に付した訳者解説を参照。

(14)　自己形成と対話との関係や、対話の内主体性については、拙論「アイデンティティの倫理」参照。

(15)　このメカニズムを、イヴ・コゾフスキー・セジウィックは *Between Men*(1985)で「同性愛パニック」と呼んだ。のちに *Epistemology of the Closet*(1990)(邦訳『クローゼットの認識論』)で、「同性愛パニック」がゲイ・バッシングの加害者に有利な弁護戦略になる皮肉について言及している。

(16)　パックスの理解については、東京ウィメンズプラザにおける林瑞枝の講演「ＰＡＣＳ法って何？――ＰＡＣＳ法から家族を考える」(二〇〇〇年二月二五日、主催「すすめよう！民法改正ネットワーク」)で多くを得ることができた。この場を借りて、講演者の林瑞枝さんに謝意を表する。法案の背景と現在の状況については林瑞枝「フランスのカップル法制の行方」や「フランスの「連帯の民事契約法」」、同性愛の制度的承認についての懐疑的な見方については丸山茂「ＰＡＣＳ――同性愛の制度的承認か？」、ＰＡＣＳが婚姻と内縁のあいだの不安定な位置であるという批判についてはフィリップ・ジェスタッツ「内縁を立法化するべきか」を参照。これらの文献は林瑞枝さんによって提示されたものである。また本論文は東京大学文学部上野千鶴子ゼミのコロキウム(二〇〇〇年一月)で発表したが、そのおりにパックスがシングルの視点を排除する危険性があることを指摘してくれた上野千鶴子さんおよび質問者の方に謝意を表する。

(17)　異性愛・同性愛を問わずにパートナーシップを法制的に認めようとするパックスを肯定的に評価している論評に、Eric Gutierrez, "French Connections" がある(アメリカ合衆国のレズビアン／ゲイ雑誌 *The Advocate* のゲイ婚姻特集記事)。

(18)　パックスはむろん大上段に構えた理論によって演繹的に下された決定ではなく、具体的な現象(同棲率の大幅な増加など)によって経験的に要請されたものである。しかもその決定をめぐっては、キリスト教原理主義や極右や草の根運動など、立場を異にするさまざまなグループが、街頭やキャンパスや職場で賛成／反対の示威運動を展開した。

(19) この場合の「倫理」は、内主体的な応答を意味する。これについては「アイデンティティの倫理」を参照してほしい。注(11)参照。

文献

〔本文中の引用はすべて竹村訳〕

Althusser, Louis. "Ideology and Ideological State Apparatuses." 1971. *Lenin and Philosophy*. Trans. Ben Brewster. New York: Monthly Review Press, 2001. 85–126.（ルイ・アルチュセール「イデオロギーと国家のイデオロギー装置」柳内隆訳、『アルチュセールの〈イデオロギー〉論』三交社、一九九三年、九―一一一頁）

Appiah, K. Anthony. "Identity, Authenticity, Survival: Multicultural Societies and Social Reproduction." Gutmann, ed. 149–63.（エイミー・ガットマン編『マルチカルチュラリズム』）

Butler, Judith, a. *Gender Trouble: Feminism and the Subversion of Identity*. New York: Routledge, 1990.（ジュディス・バトラー『ジェンダー・トラブル――フェミニズムとアイデンティティの攪乱』竹村和子訳、青土社、一九九九年）

――, b. *Bodies That Matter: On the Discursive Limits of "Sex"*. New York: Routledge, 1993.〔『物質／問題となる身体（仮）』竹村和子ほか訳、以文社、二〇一三年刊行予定〕

――, c. "Poststructuralism and Postmarxism." *Diacritics* 23. 3 (Winter 1993): 3–11.

――, d. *Excitable Speech: A Politics of the Performative*. New York: Routledge, 1997.（序文邦訳「触発する言葉――パフォーマティヴィティの政治性」竹村和子訳、『思想』八九二号、岩波書店、一九九八年、四―四六頁）〔『触発する言葉――言語・権力・行為体』竹村和子訳、岩波書店、二〇〇四年〕

――, e. "Merely Cultural." 1997. *New Left Review* 227 (Jan/Feb. 1998): 33–44.（「単に文化的な」大脇美智子訳、『批評空間』Ⅱ-二三号、太田出版、一九九九年、二二七―四〇頁）

Butler, Judith, Ernesto Laclau, and Slavoj Žižek. *Contingency, Hegemony, Universality: Contemporary Dialogues on the Left.* London: Verso, 2000. ［バトラー、ラクラウ、ジジェク『偶発性・ヘゲモニー・普遍性――新しい対抗政治への対話』竹村和子・村山敏勝訳、青土社、二〇〇二年］

Delphy, Christine. "For a Materialist Feminist." 1981. *Close to Home: A Materialist Analysis of Women's Oppression.* Trans. Diana Leonard. London: Hutchinson, in association with the Explorations in Feminism Collective, 1984. 211–19.

Fraser, Nancy, a. "Recongnition or Redistribution?: A Critical Reading of Iris Young's *Justice and the Politics of Difference.*" *Journal of Political Philosophy* 3. 2 (1995): 166–80.

——, b. *Justice Interruptus: Critical Reflections on the "Postsocialist" Condition.* New York: Routledge, 1997. ［ナンシー・フレイザー『中断された正義――「ポスト社会主義的」条件をめぐる批判的省察』仲正昌樹訳、御茶の水書房、二〇〇三年］

——, c. "A Rejoinder to Iris Young." *New Left Review* 223 (May/June 1997): 126–29.

——, d. "Heterosexism, Misrecognition and Capitalism." 1997. *New Left Review* 228 (March/April 1998): 140–49. (「ヘテロセクシズム、誤認、そして資本主義」大脇美智子訳、『批評空間』Ⅱ-二三号、太田出版、一九九九年、二四一―五三頁)

Gutierrez, Eric. "French Connections." *The Advocate* (February 29, 2000): 42–47.

Gutmann, Amy, ed. and introd. *Multiculturalism: Examining the Politics of Recognition.* Princeton: Princeton University Press, 1994. (エイミー・ガットマン編『マルチカルチュラリズム』佐々木毅・辻康夫・向山恭一訳、岩波書店、一九九六年)

Gutmann, Amy. "Introduction." *Multiculturalism.* 3–24. (『マルチカルチュラリズム』)

MacKinnon, Catharine. "Feminism, Marxism, Method and the State." *Signs* 7. 3 (1982): 515–44.

Marx, Karl. *Capital: A Critique of Political Economy*. 3 vols. Ed. Fredrick Engels. Moscow: Foreign Language Publishing House, 1959–61.（カール・マルクス『資本論』、『マルクス＝エンゲルス全集』二三ａ—二五ｂ巻、大内兵衛・細川嘉六訳、大月書店、一九六七—七六年）

Ryan, Michael. *Marxism and Deconstruction: A Critical Articulation*. Johns Hopkins University Press, 1982.（マイケル・ライアン『デリダとマルクス』今村仁司・港道隆・中村秀一訳、勁草書房、一九八六年）

Sedgwick, Eve Kosofsky, a. *Between Men: English Literature and Male Homosocial Desire*. New York: Columbia University Press, 1985.［イヴ・K・セジウィック『男同士の絆：イギリス文学とホモソーシャルな欲望』上原早苗・亀澤美由紀訳、名古屋大学出版会、二〇〇一年］

——, b. *Epistemology of the Closet*. Berkeley: University of California Press, 1990.（イヴ・K・セジウィック『クローゼットの認識論——セクシュアリティの二〇世紀』外岡尚美訳、青土社、一九九九年）

Spivak, Gayatri Chakravorty, a. "Subaltern Talk: Interview with the Editors." 1993. *The Spivak Reader*. Eds. Donna Landry and Gerald Maclean. New York: Routledge, 1996. 287–308.［ガヤトリ・C・スピヴァク「サバルタン・トーク」吉原ゆかり訳、『現代思想』二七巻七号、青土社、一九九九年、八〇—一〇〇頁］

——, b. "Ghost Writing." *Diacritics* 25. 2 (Summer 1995): 65–84.［「代作する——亡霊が書くこと——Ghost-writing」長原豊訳、『情況(第二期)』一九九八年、情況出版、四〇—七四頁］

Taylor, Charles. "The Politics of Recognition." Gutmann, ed. 25–74.（『マルチカルチュラリズム』）

Wittig, Monique. "One Is Not Born a Woman." 1980. *The Straight Mind and Other Essays*. Boston: Beacon Press, 1992. 9–20.

Young, Iris Marion, a. *Justice and the Politics of Difference*. Princeton: Princeton University Press, 1990.

——, b. "Unruly Categories: A Critique of Nancy Fraser's Dual Systems Theory." *New Left Review* 222 (March/April 1997): 147–60.

Zaretsky, Eli. *Capitalism, the Family and Personal Life*. London: Pluto Press Limited, 1976.
上野千鶴子「セクシュアリティ／近代を通底する装置――「いま」、「ここ」そして「わたし」たちの探究」『武蔵野美術』五号、武蔵野美術大学出版局、二〇〇〇年、四―一三頁。
ジェスタッツ、フィリップ「内縁を立法化するべきか――フランスのＰＡＣＳ法について」野村豊弘・本山敦訳、『ジェリスト』七二号、有斐閣、二〇〇〇年、九八―一〇三頁。
竹村和子ａ「噂の俳優――グレタ・ガルボをクィアに視る」『ユリイカ』二八巻三号、青土社、一九九六年、一九〇―二〇三頁。〔竹村和子『彼女は何を視ているのか――映像表象と欲望の深層』作品社、二〇一二年、三一―四八頁〕
――ｂ「資本主義社会とセクシュアリティ――〔ヘテロ〕セクシズムの解体へ向けて」『思想』八七九号、岩波書店、一九九七年、七一―一〇四頁。〔竹村和子『愛について――アイデンティティと欲望の政治学』岩波書店、二〇〇二年、三三―八八頁〕
――ｃ「あなたを忘れない――性の制度の脱‐再生産」（上下）『思想』九〇四、九〇五号、岩波書店、一九九九年、一〇九―八三頁、一二一―三九頁。〔『愛について』一三七―二〇六頁〕
――ｄ「アイデンティティの倫理――差異と平等の政治的パラドックスのなかで」『思想』九一三号、岩波書店、二〇〇〇年、二三―五八頁。〔『愛について』二〇七―二六六頁〕
竹村和子・上野千鶴子（対談）「ジェンダー・トラブル」『現代思想』二七巻一号、青土社、一九九九年、四四―七七頁。〔上野千鶴子他『ラディカルに語れば……――上野千鶴子対談集』平凡社、二〇〇一年、一五七―二四六頁〕
林瑞枝ａ「フランスのカップル法制の行方――「連帯の民事契約（パックス）」法案の波紋」『時の法令』一五九五号、東京官書普及、一九九九年、六八―七九頁。
――ｂ「フランスの「連帯の民事契約（パックス）法」――カップルの地位」『時の法令』一六一〇号、二〇〇〇年、五六―六七頁。

丸山茂「ＰＡＣＳ――同性愛の制度的承認か？」『神奈川大学評論』三四号、一九九九年、神奈川大学、一六五―一七三頁。

第二章 「セックス・チェンジズ」は性転換でも、性別適合でもない
――パトリック・カリフィア他『セックス・チェンジズ』解説――

固定観念と死角があった。本書〔パトリック・カリフィア、サンディ・ストーン、竹村和子、野宮亜紀『セックス・チェンジズ――トランスジェンダーの政治学』石倉由・吉池祥子・レズビアン小説翻訳ワークショップ訳、作品社、二〇〇五〕に所収されている本や論文を読んだとき、あらためてそう思った。もちろんTS(トランスセクシュアルの略)[1]にまつわる問題系は、現存の性の制度に生きるすべての人の問題系であり、個別的な話題ではなく、性制度の構造そのものに関わるものと思っていた。しかしやはりどこかで、TSは性の二分法のなかでも一つの性になる人・なりたい人だという固定観念から抜けきっていなかった。またTSのセクシュアリティは、TSだけではなく、そのパートナーたちのセクシュアリティでもあるという、ごく当たり前のことに思い至らなかった。しかしFTMは女から男に、MTFは男から女になった人ではないし、TSのセクシュアリティは規範的異性愛のセクシュアリティとも違う。

こう言うと、それはTSに対する医学的処置の「限界」、あるいはTSの「逸脱性」や「不完全さ」を語っているると受け取られてしまうかもしれない。もちろん、そのどちらも意味してはいない。そうではなくてTSのセクシュアリティは、異性愛も含めてあらゆるセクシュアリティの幻影性、過程性(in-processness)、そして相関性のなかにあるものとして位置づけられるべきであり、TSとストレート、またTSとその他のクィアとのあいだに線引きすることなど、じつは不可能ではないだろうか。

しかしそのような線引きが、意識・意識下を問わず、もしも存在しているなら、その誘因は、TSが示唆する「性的身体」という概念である。だがそれこそがまさに、TSとそれ以外の人々との連続性を、また「身体」と「精神」のウロボロス的循環を示すものである。

1 「完全に正常な身体」って?

一九九六年、埼玉医科大学は、日本ではじめて外科的「性転換術」(現在の正式名称は「性別適合手術」)を認める「「性転換治療の臨床的研究」に関する審議経過と答申」(2)を発表した(実施は一九九八年)。それによれば、「「生物学的性」と「心理・社会的性」が(……)一致しないとき、これを性同一性障害」と呼び、その「もっとも主要なものは、性転換症あるいは性別違和症候群と呼ばれるもの」だと定義されている。この定義の前提には、画然と区別された「生物学的性」(セックス)と「心理・社会的性」（ジェンダー）があり、またその各々について、同様に明瞭に二分された性別――「雌／雄」と「女性性／男性性」――がある。

だが他方で、医学的処置の第一要件である生物学的性の二分法に対しては、冒頭など二箇所で、「両性の中間型であるいわゆる間性と呼ばれるものがあるように、その区別は必ずしも絶対的なものでは無いこともまた、事実である」とか、「生物学的性はきわめて明瞭に、画然と分れているかに見えるが、必ずしも男女の境界線はつねに明瞭とは限らない」という留保が置かれている。しかしそれにもかかわらず、さまざまな「間性」（インターセックス）[3]は「生物学的性の分化に関する障害」であり、それらに対しては「以前から医学的治療の対象として、外科的治療が行われてき」（強調引用者）たと語られる。つまり生物学的二分法に当てはまらない状況が存在するとしても、それをそのまま受け入れる――「自然で普遍的現象であり、人間身体と社会の豊かで貴重な一部分である」（カリフィア、『セックス・チェンジズ』「第二版序文」七）とみなす――のではなく、「障害」として「治療の対象」とするのである。

その根底には、性的身体は二つしかない、二つでなければならない、という不文律がある。その理由はおそらく、性的身体とはつまるところ生殖に寄与しなければならず、したがって性的身体の中心的出来事は、当然のことながら生殖に関与する性器的事柄で、それ以外のものは、たとえ異性愛であっても、また性器を介していても、生殖セクシュアリティのための付け足しである、という考えが根本にあるからだろう。だが性的身体は性行為の場面においてすら、かならずしも生殖に役立っていない。いや生殖を意図しなかったり、少なくとも現代の日本では、生殖を避ける場合のほうが圧倒的に多い。人の性実践が性器のみにかかわらないこと、また性器が生殖以外のセクシュアリティにも貢献していることは言うまでもない。だがそれにもかかわらず、まず最初に生殖を特権化して、性器を中心に性的身体を男女に人為的に二分し(つまり人の性的身体を雄化・雌化し)、その二分法の自明視のもとに、それに「適合」しない身体を、そのどちらかに「適合」させようとする。

「答申」では、「今回の申請対象にはこの〔インターセックスの〕ような障害は含まれない」と述べられてはいる。しかし右記の意味で、インターセックスとトランスセクシズムは同じ位相の出来事となる。つまりどちらも、性的身体を画然と二分することから発生する"disorder"(障害・混乱・不調)であるからだ——トランスセクシズムも、「性同一性障害(gender identity disorder)」と呼ばれている。したがって、いかに「答申」が、セックスは生得的なものであり、「文化、社会、歴史」の産物であるジェンダーとは次元が違うと繰り返しても、セックスを「文化、社会、歴史」の性別二元論で解釈するかぎり、生物学で語られる身体の範疇は、歴史的範疇化の結果にすぎない。かりに客観的で生得的な事柄があると仮定したとしても、それらは、当然発生しうる無数の生物学的ヴァリエーションの一つにすぎない。そこに存在しているのは、二つの性的身体だけではないのである。

この点で興味深い指摘がある。バーニス・ハウスマンは、『チェインジング・セックス——トランスセクシュアリズム・テクノロジー・ジェンダー概念』(一九九五年)のなかで、インターセックスを「治療」しようとする――「男」か「女」にしようとする――医学の制度的欲望が、異性愛主義の生産・強化に寄与してきたと述べている。彼女によれば、一九世紀の細菌学の発達と二〇世紀中葉の抗生物質の発見によって、多くの病気は細菌によって発症することがわかり、それにつれ医療は、病気の特定や治療を担うものとなっていった。だが内分泌医療が扱う事柄は、「細菌の侵入や発ガン物質」といった外的要因によって引き起こされるのではなく、「人体内部で発生する疾患」なので、治療対象の病名化に当たって、「ビタミン不足による疾病と同じく、欠如の結果」(26 強調引用者)と解釈された。(4) そしてさらに、「内分泌物はビタミンとは違って、身体そのもののなかで作られ、(……)特定の社会的原因もない」ゆえに、内分泌不調は「『自然の過誤』」――すなわち「『自然の大構想』と人々が考えているものに起きたミス」(強調引用者)――とみなされた。よって、内分泌医療がホルモン不調の調整に成功するとき、それは、「偶然で残酷な自然の力」に対する医学の「勝利」となり、「人間の理想のための勝利」となり、「正常さの勝利」(26)になると考えられたのである。こうして自然界における性的身体の連続性は、近代の科学思想によって、正常/異常、健康/病気に分類され、異常・病気(この場合はインターセックス)に対して、医学的処置が施されることになる。(5)

この歴史的文脈のなかにTS医療を位置づけようとする医学の言説は、奇妙な転倒ロジックに陥ることになる。というのも、まず医学は、トランスセクシズムとインターセックスをはっきりと区別する。たとえば「答申」では、インターセックスは「生物学的性の分化に関する障害」であるが、

TSのほうは「生物学的に完全に正常であり、しかも自分の肉体がどちらの性に所属しているかをはっきりと認知」(強調引用者)していると定義されている。このTSの定義は、「答申」を受けて翌九七年に出された日本精神神経学会のガイドライン「性同一性障害に関する答申と提言」[6]でも、まったく同じ文言で語られている。つまり「性的身体」という点では、TSは「完全に正常」であり、健康なのである。他方、TSの困難さは性役割によって引き起こされ、また性役割は「可塑的」で「時代や文化によって変化する」(「答申」)と認めつつも、その当面の変革は望めないので、TSの強い願望と悩みの重篤さに鑑み、医療処置を行なうと説明される。

そうなると、身体の「正常さ」が確認されたうえでなされるこのような施術は、病の治療ではなく、クライアントの社会的生の向上のためのサービス施術となる。しかし性別を特権化する風土のなかでは、性別操作にかかわる医学には「特段の倫理」が求められ、だがその倫理的検討は、社会的性別が生物学の性別範疇化に与えてきた影響には触れないので、医療実施の根拠を、TSが現在経験している心的困難さに求めることになる。ジェンダーとセックスの連動性を再検討しないままで検討される医学倫理では、両者が交差している状況はまさに「障害」となり、よって「トランスセクシズム」は「性転換症」と訳され、また「性同一性障害」「性別違和症候群」(強調引用者)とも名づけられて、病理化されることになる。しかしいったいどこが「病気」なのだろうか。

心的障害ということを持ち出すのなら、「自分の肉体がどちらの性に所属しているかをはっきりと認知している」(強調引用者)TSの状況は、レズビアンやゲイのある人たち——たとえば「レズビアンは、女ではない[7]」と宣言したモニク・ウィティッグ――に比べると、社会通念を受け入れているという意味で、「心的正常さ」の度合いは、皮肉にもはるかに強いと言えるのではないか。ちなみに同性愛のほうは、日本精神神経学会が遅まきながらも、埼玉医科大の「答申」の一年前の一九九五年に、治療対象となる疾病から外した[8]。

ただし本論で問題にしようとしているのは、TS施療の是非ではない。なぜなら、たとえ多様多種の性的身体を認知する社会が到来したとしても、また施療によって処置前よりも身体的に不都合な状況が生じるとしても（疾病治療でさえ、こういったトラブルと無縁ではない）、性にかかわる事柄だけを、特権的に施療の範囲外におくことはできないからだ。人が人の身体に加える科学的手当の「倫理的」問題は、TS医療を含む、あらゆる医学的処置の連続性において議論されなければならない。逆に言えば、性的身体への処置を特別視することこそ、性別二元論のイデオロギーの執拗さを物語っている。

では、ここで問題になるのは何か。それは、医学的処置の「まえ」のTSを「生物学的に完全に正常である」とみなす性別二元論的な医学言説が、医学的処置の「あと」においてもTSが依然として経験せざるをえない差別・抑圧に、連動することである。正常／異常、男の身体／女の身体というくっきりとした峻別こそが、医学的処置以前のTSを苦しめ、「孤立感、恥、おそれ、不幸、社会的被差別感などの感情を抱」かせ、また「社会的不利益や就職上の困難などの現実的な問題」（「答申」）を被らせていると同時に、処置以降のTSにさえ、孤立感や被差別感、社会的不利益を与えているのである。

たしかに、一九九六年まで日本ではこの種の医学的処置がタブー化されてきたために、埼玉医科大学の決断は、ＴＳが抱える問題を広く可視化し、ＴＳに新しい可能性を与える水路を切り拓いたことは事実である。しかしそれゆえ、ともすれば日本初の公的医療に向けて、その是非にのみ焦点が当たり、処置の「あと」のことは看過されがちとなった。これについては、たとえば「答申」では、手術後に「性別変更などの戸籍上の問題やさまざまな公文書の変更などの法律的問題、あるいは社会生活上の問題や公衆道徳にまつわる問題など、解決しなくてはならない多くの問題が予想される」とだけ触れられたが、翌年出された日本精神神経学会のガイドラインでは、「性別や戸籍の変更など、さまざまな法的問題」について、「法曹界は(……)早急に討議を開始し、適切な結論を出すことを要望する」と述べられ、医学的処置後に関しても、問題の共有化が図られはじめた。二〇〇四年には、限定付きながら戸籍の改訂を認める「性同一性障害特例法」が超党派で採択された。

ＴＳは、処置前も処置後も、連続して性別二元論を攪乱する存在であり、それゆえに二元論を温存する社会においてＴＳが抱える問題は、医学的処置がなされて以降も、解決・解消されるとは言えない。むしろＴＳが、処置前のみならず処置後も引き続いて社会に投げかけている問題こそ、ＴＳの偏向性というよりも、性別二元論の社会の偏向性、そのゆえにストレートや「正常な」性的身体と自認する者をさえ、じつは隠微に抑圧している構造を、明るみに引き出すのではないだろうか。事実、戸籍改訂の国会決議前後より、世田谷区議選などにおけるＴＳの可視化が高まり、地方自治体のなかには、公文書から性別記載欄を削除する動きが出てきている。性別によってまず公的人格を規定する公文書の性別記載欄は、TSのみならず、レズビアンやゲイ男性、そして女を抑圧してきた風土を象徴するものである。フェミニストやレズビアン/ゲイ・アクティヴィストの長年の悲願が、TSの運動によって成就しつつあるという意味で、公文書からの性別記載欄の削除は、TSが提示している問題系の社会的広がりを示す一つと言えるだろう。

2 すべての人はトランスセクシュアル

「すべての人はトランスセクシュアル」と言うと、TSからも、それ以外からも、反発の声があがるだろう。TSからは、TSが具体的・現実的に被る社会的・心理的困難さを平準化し、あるいは比喩化するという批判が出されるかもしれない。ちょうど「クィア」という言葉が、ときに前衛的ファッションとなって一人歩きをし、レズビアン・ゲイ・バイセクシュアル・TGなどの個別的生や、そこから生まれる実際的要求を見えなくさせてしまう危惧があるのと同様に。他方、TSでない人たちからは、TSフォビアに溢れた反応が寄せられるかもしれない。TSフォビアはさておくとして、普遍主義や比喩化といった陥穽は避けなければならない。野宮亜紀が本書[『セックス・チェンジズ』]所収の論文「日本における「性同一性障害」をめぐる動きとトランスジェンダーの当事者運動」で述べているように、「現実の当事者の「生」を無視して形而上学的に「性」を語ることに終始してはならない」（五六二）からである。しかしそのうえで、ここで「すべての人はトランスセクシュアル」と言うのには理由がある。すべての人は、成人でさえも、それぞれ「男」や「女」や「なにか別の性」の身体になって、いる、あるいは移って、い、る、途上だと思うからだ。

自然界に存在する性的身体のヴァリエーションが、インターセックスに対する医学的見解の歴史のなかで男女に二極化されていったと前節で述べた。(9) しかし性的身体のヴァリエーションは、染色体や性ホルモンといった生物学上の事柄だけではなく、そういった生物学的事項の何を、どのように、どこまで具体的身体として受けとめて、社会的に生きていくかという認識上の問題でもある。

たとえば、生殖セクシュアリティにはさほど関心を寄せていない異性愛のSM愛好家を例にとってみよう。その場合、もしも尋ねられて、自分は「正常な身体」だと答えても、またSM実践で性器が使われていても、その理由は、その人の性器が「生物学的に完全な身体」であるからではなく、男性性あるいは女性性の文化的幻想が刻まれている身体であるからだ。SM愛好者にとっての「完全な身体」とは、そのような幻想に応答する身体である。その身体が生物学的に完全であるかどうかは、二次的、あるいはまったく無関係の事柄であり、かりにそれが重要だとしても、「生物学的に完全な身体」という幻想のゆえである。むしろ、異性愛のSM愛好家が求める「完全な身体」は、本書の著者の一人であるTSのSM愛好家パトリック・カリフィアが求める身体に、より近似しているのではないだろうか。自分の身体を関係性のなかで、ある幻想――どのくらい広く共有されているかはさまざまである――にしたがって意味づけていく、それが性的身体を自分の身体として所有していくということであり、所有力学の地勢のなかで、性的身体は「現実の身体」として立ち上がっていく。

別の例を挙げてみよう。「ノーマルな女」と自認している人の場合である。その人はいつ自分の身体を、「女の身体」と自覚するのか。またその自覚はいつまで続くのか。その自覚の程度や範囲はいつも一定なのだろうか。幼いときに自分の性器の形状を知ったとしても、それは身体のある部分の認知であって、「女」というカテゴリーを踏まえたうえでの認知でないかもしれない。あるいは、もしもそのとき「女」という身体自認をえたとしても、それは、男女に身体を弁別する社会的言語が投影された結果と言えるだろう。また初潮時に「女の身体」を自覚するとしても、そのときも、それ以降の月経時にも、卵巣や子宮や膣など月経にまつわる解剖学的な身体部分のすべてを、つねに意識しているわけではない。むしろ自らの身体を「女の身体」と思うのは、やっかいな月経時ではなく、文化的・社会的場面においてである。もちろん、挿入・射精だけに終始しない性行為において、性的身体が幻想的であることは言うまでもない。

人生のさまざまな局面で、人は「男の身体」や「女の身体」になっていき、また「男の身体」や「女の身体」から離れていく。そして、もしも身体が男女の二極に割り振られていない社会であれば、人はさまざまなかたちの身体になっていったり、そこから離れていったりするだろう。つまり人間にとって身体とは、「そこにつねにある」所与のものではなく、それに仮託された文化的・社会的な意味の織物であり、サンディ・ストーンが言うように、身体として読まれ、書き込まれるテクストである。書かれ、読まれるテクストに終わりはない。またデリダ的意味で、始まりもない。しかしTSの多くは——少なくともその自伝において——性的身体の幻影性や過程性ではなく、その「純粋さに固執して、混在を許さない」(『セックス・チェンジズ』五一〇)とも言われている。だから、性的身体の幻影性や過程性を持ち出すと、TSの切実な願望を空洞化するという批判が生まれ、また逆に、そのようなTSの性別への固執が、フェミニストやレズビアンの一部にTSフォビアを生んでいることも確かである。そのもっとも舌鋒鋭いのはジャニス・レイモンドで、『トランスセクシュアル帝国——シーメイルの製造』(一九七九年)のなかでたとえばこう述べている。

わたしたちは、わたしたちが誰なのかを知っている。わたしたちが女の染色体と解剖学的構造をもって生まれてきた女であり、いわゆる正常な女になるように社会化されたかどうかには関わりなく、家父長制がこれまでも、そしてこれからも、わたしたちを女として扱うということを知っている。トランスセクシュアルは、これと同じ歴史を共有してこなかった。(『セックス・チェンジズ』一八四)

興味深いことに、TS以外でTSを言説化しようとする人たちのうち、「男」の場合は往々にして、医学的処置をつうじて最終的には「性別」を変えようとする医学制度の内部の人間であることが多く、「女」の場合は、女性蔑視の性体制を打破しようとするフェミニストやレズビアン・アクティヴィストであることが多いようだ。前者は身体の二元論を手放さず、後者は社会的な性差別の廃絶に重点を置き、自分たちの解放闘争が、TSのような「人工的女」によって「凌辱される」ことを嫌悪する。ちょうどNOW(全米女性機構)が最初レズビアンを排斥したように。「男」やゲイ男性からのTSに関する発言が、医学的言説を除いて少ないことについては、カリフィアが本書で触れている。カリフィアによれば、レズビアン・コミュニティに比べてゲイ・コミュニティでは、TSについての「対話は、まだきちんと始まってすら」おらず、TSについて書かれた男の著作も少なくて、「生物学的男性によるゲイメン文学の中には、FTMについての言及を一つしか見つけることができなかった」(『セックス・チェンジズ』二七四)らしい。TSに関わる言説のこの興味深い非対称性には、TSフォビアや同性愛フォビアに加えて、女性蔑視がその根本にあるからではないか。レズビアンとゲイ男性が異なるように、TSにおいても、FTMとMTFが置かれている社会環境や、それぞれの心的状況・意識の違いを細密に検討することが、今後必要と思われる。

それにしても、フェミニストのレイモンドが語るTSフォビックな言葉は、まるで彼女が嫌う家父長制まっただなかの男の言葉のようだ。どちらにも共通するのは、「女の身体」が純粋な形で存在する、という主張である。だが不思議なことに、「純粋さ」への固執という点では、TSもこれを共有している。「女の身体」をめぐっては、それを本質化したいセクシスト、それを解放の根拠にしたいフェミニスト、それを獲得したいMTFが、「純粋な身体」という人類未到の高峰に向かって、我先にと駆け登っているようだ。

しかし、もしも「身体の純粋さ」を志向する人々のあいだに協働がありえるとすれば（とはいえ、性別二元論を手放さないセクシストの場合は不可能だが）、それはひとえに、「純粋さ」の捉え方にかかっていると思われる。「純粋さ」を所与の事実——ある集団に排他的にあらかじめ備わったもの——と考えるなら、「純粋さ」そのものが、それを主張する人々の足をすくう。ちょうど女性性を本質と捉えるフェミニストが、迂回路をへて性別二元論に回収され、結局は男性性を補完する役目を担うことになってしまうように。「女の身体」が有効になるのは、歴史的経緯や社会的環境や状況的文脈といった留保をおいて、限定的に主張するとき、つまり戦略的本質主義の言説においてである。「女の身体」の純粋さを無条件に手放しで主張すれば、「純粋さ」「完全さ」という、その言葉自体の「虚構性」に躓いてしまう。むしろ「純粋さ」はおしなべて〈虚構〉であるという認識こそが、「純粋さ」を現実に生きようとするスタイルを保証するのではないか。この種の虚構性は、事実性と相反しはしない。むしろ〈虚構〉を、いままでとは〈べつの事実〉に仕立て上げようとする。

おのおの性別二元論に回収される危険をもちながらも、フェミニストの戦略的本質主義者は、性別二元論を換骨奪胎した新しい社会関係の構築を試み、また第二波フェミニズムの初期に主流派フェミニストから冷遇されたブッチやフェムは、九〇年代以降新しい生／性のスタイルを模索しようとしている。TSが追求する「女の身体」「男の身体」という〈虚構〉も、いままで誰も所有したことがないものであるゆえに、現存の性の制度からはみだし、TSの意図の有無にかかわらず、現存の性制度を攪乱する新しい身体性を提示する。日本精神神経学会は、一九九七年の「答申と提言」

ののち、その不備を補おうとして、二〇〇四年に「第二次特別委員会」による「性同一性障害に関する診断と治療のガイドライン　第二版」を提出し、その策定にさいしては、「委員会」のコンサルタント委員として、東優子や野宮亜紀など学会関係者以外の人が招かれた。「第二版」では、TS医療に携わる人々の共通理解として、「治療は、単に男か女かという二分法的な性のとらえかたに依拠するのではな[10]」いという文言が明文化された。画期的なことである。

TSは、一義的には「男」から「女」に、「女」から「男」になりたい人・なるための施術を選んだ人を意味する。けれどもTS自身が主張しているように、TSに当初付けられた身体の性別は「間違っている」。TSは、元「男」でもないし、元「女」でもない。TSは医学的処置の前も、また医学的処置を選択しなくても、二極化された性を「渡っている」(トランスしている)人たちだ[11]。そしてTSが医学的処置によって獲得する身体も、「純粋な女」「純粋な男」ではない――たとえそう望んだとしても。なぜなら、ストレートも含めて、「純粋な女」「純粋な男」という身体は、生物学の物語以外ではありえないからだ。TSは、医学的処置の前も後も、医学的処置のどんな段階でも、また医学的処置を選択しなくても、いつもTSであり、TSでしかない。しかしこのことは、「普通の女」や「普通の男」とTSを区別・差別していることではない。なぜなら性的身体は、すべての人にとってつねに過程であり、「渡って(トランス)」いる状況であるからだ。「TSになるTS」という畳語的プロセスは、すべての性的身体のなかに潜んでいるトランスセクシュアリティを浮き彫りにする。

3　ＴＳのパートナーたち

レズビアンやゲイ男性のことを同性愛者と呼ぶように、同性愛者の場合には同性とされている人への愛、つまり関係性がクローズアップされるが、ＴＳをまず特徴づけているのは、自分自身の身体への強烈な意識、違和感である。もちろんブッチや女役のゲイ男性にはＴＳと近似した身体意識を持っている場合があるし、また身体意識は関係的なものなので、他者への思慕と自分の身体への違和感が切り離せないＴＳもいるだろう。しかし往々にしてＴＳについて語るときは、医学的処置を含めて、その身体の行方のほうに目が向けられ、ＴＳがどのような親密関係を構築するかについては、あまり多く語られていない。しかし(持続的であれ、ワンナイトであれ)パートナーをみつけることは、他の人々と同様、ＴＳの生／性にとってもきわめて重要である。

本書『セックス・チェンジズ』でパトリック・カリフィアは一章を費やして、ＴＳのパートナーについて論じている(第六章)。カリフィアによれば、「トランスジェンダーの政治課題は、ここ数年の間に移り変わっ」[12]て、最初は、性別適合施術が公的に実施されるように「医学と精神医学の専門家を教育すること」だったが、それを経たあとは、「法的文書の改訂」のために「公官吏や司法機関に向けて働きかける」ほうに広がり、そしていまは、「ジェンダーがわたしたちの生活のなかで定義される方法を変えていくよう、社会に要求」(三四五)することに向かっている。そしてこの時点で出現する「非常に新しい概念」が、カリフィアいわく、「トランスジェンダーのパートナーたちが、彼ら自身の権利において性的マイノリティを形成する」（三四六）ことである。

ＴＳパートナーの性自認は、通時的にも共時的にも「トランス」というＴＳの性質のために、おそらくじつにさまざまであり、またＴＳの身体形状のプロセスによって、パートナー自身の意識も大なり小なり変化すると思われる。日本ではまだＴＳ自体の可視化がそれほどなされていないために、パートナーの数は限られ、パートナーとの出会い自体が困難な状況だろう。しかしブッチからＴＳになった人のパートナーが、レズビアンからＴＳパートナーになったというケースが報告されているように、(13)ＴＳの社会的認知が進めば、ＴＳになる人も、またそのパートナーの数も増えていく。そのなかには、ストレート、レズビアン、ゲイ男性、バイセクシュアル等々、一義的にはさまざまな性自認が含まれるだろう。しかしＴＳパートナーたちの性自認を、そのような名称で呼ぶことが適切なのだろうか。

同性愛差別まっさかりのときに書かれた小説、ラドクリフ・ホールの『孤独の泉』（一九二八年）はレズビアン文学として読まれてきたが、(14)主人公の男っぽい「女」スティーヴンはレズビアンではなく、インターセックス、あるいはＴＳの性自認を持つ者と捉えた方が適切ではないかという解釈も、ここ一〇年ほどなされている。しかしここで取り上げたいのはスティーヴンではなく、スティーヴンと愛し合い、共に暮らしたメアリーである。

レズビアン研究においても世間一般でも、男っぽいレズビアンは何かと取り上げられるが、女っぽいレズビアンは、ともすれば「正しい男」が現われれば容易にストレートになるか、あるいはバイセクシュアルだと思われて、あまり光が当てられない。この小説でもメアリーは、彼女の「幸福」を第一に考えるスティーヴンの独りよがりの苦渋の決断により、何がなんだかわからないまま、男にその身を託され、その時点で物語から姿を消す。彼女の人物造型の非一貫性を指摘したエスター・ニュートンは、「メアリーの本当の物語はこれから語られなければならない」[15]と言ったが、それはまさにTSパートナーについても当てはまる。さきほどわたしは、TSパートナーの性自認はストレート、レズビアン、ゲイ男性、バイセクシュアル等々と述べたが、このようなカテゴリーは、ストレートを基盤に、その亜流として作られたものなので、戦略的本質主義で使うとき以外では、あまり意味をもたない。むしろTSパートナーは、TSとなら自分自身のセクシュアリティをよりよく追求できると考えている人ではないだろうか。TSのパートナーはTSを選んだのであって、ストレートの代替えにしているのではない。ちょうどフェムがブッチを選んだのであって、ストレートの男の代替えにしているのではないように。

したがってTSとそのパートナーのセクシュアリティが異性愛のように見えたとしても、それは「純粋な」異性愛ではなく、TSのセクシュアリティである。もっと正確に言えば、「純粋な」異性愛も物語以外にはどこにも存在しないことを――いや物語のなかにおいてさえ、その細部が具体的に描かれることは一度もなく、ただメタファーとしてのみ流通していることを――TSのセクシュアリティは示していく。誰も経験したことがない「純粋な」異性愛を模倣しようとするTSのカップルは、ストレートのカップルと同様に、その試みにつねに失敗する。しかしその失敗は、TSのカップルにとって、とくにTSのパートナーにとっては、選択的な失敗であり、「生産的失敗」である。

ストレートの「男」や「女」を選ばずに、FTMやMTFを選ぶ人たちは、異性愛と呼ばれてきたセクシュアリティの、そこここに散らばっている未踏の幻想や欲望や実践を見つけ出し、新しい形の異性愛を現実化する可能性を秘めている。それはもはや異性愛と呼ぶには、あまりに豊穣なものとなるだろう。またその新しい形のセクシュアリティは、ブッチ／フェムのセクシュアリティにも、レズビアンやゲイ男性のセクシュアリティにも、それ以外のクィアなセクシュアリティにも、そしてストレートのセクシュアリティにも、じつは遠く近く繋がっているように思われる——もしもそれらを隔てる境界の垣根を低くすれば、そして境界が「レンガとセメントで出来ているわけではな」く、「もっと浸透性のあるもの」(『セックス・チェンジズ』一三)との認識が共有されれば。そしてこの境界攪乱に大きな役目を果たすのが、これまでその存在に目を向けられてこなかったTSパートナーではないだろうか。その意味でTSスティーヴンの恋人、メアリーの「本当の物語は、ぜひともこれから語られなければならない」。

しかしTSとそのパートナーたちは、「TSフォビア」と「同性愛フォビア」、加えて(FTMと「女」のカップルの場合には)「女性蔑視」という、何重もの偏見と抑圧のなかに生きなければならない。たしかにTSが「純粋さ」を求めて、「本物の」女や男の身体であろうとすれば、パートナーにはストレートを望み、一見して「普通の」異性愛となんら変わりない外見を呈するかもしれない。しかし「最もヘテロセクシュアルに同化したカップルでさえも、もし敵対する部外者が、この関係を遺伝子上同性の二人の関係として定義すれば、ゲイ差別に傷つくことになる」(三六〇)。「外見や行動がどれほど「ストレートらしく」ても」(三六〇)、あるいはブランドン・ティーナのケースが語っているように[16]「ストレートらし」ければ余計に、これらのフォビアはパラノイア的パニックとなって、TSカップルに降りかかってくる。だからTSカップルが自分たちの生き方として異性愛(ヘテロセクシュアリティ)を選択したとしても、異性愛主義(ヘテロセクシズム)の暴力から無縁でいることはできない。TSのみならずTSパートナーも、自らを守る「自己防衛」としての「行動主義《アクティヴィズム》の責任を逃れられる者はいない」(三六〇)のである――ちなみにこれは、すべてのクィアや「女」にも言えることだとわたしは思っている。したがってTSのみならずそのパートナーも、「自身が欲しようと欲しまいと」、トランスセクシュアリティの「容認と認識の拡大を呼びかける」重要なポジションにいるのであり、TSパートナーの一義的な性自認の裾野の広がりと連続性を考えれば、カリフィアが言うように、TSパートナーは「唯一のポジションにいる」(三六〇)と言ってもよいだろう。

けれども現実的には、さまざまなフォビアのなかでアクティヴィストになることは、そう容易なことではない。しかし(医学処置の有無にかかわらず)TSであること、またTSパートナーであることは、それ自体で政治的ポジションである。カリフィアはTSパートナーを論じる章を、

「見えない《インヴィジブル》ジェンダー・アウトロー」と名づけた。性別文化を軽妙に、そして鋭く問いかけ反響を呼んだケイト・ボーンスタインの著書『ジェンダー・アウトロー』(一九九四年)をもじったものだろう。TSパートナーは、これまで不可視《インヴィジブル》であり、性的ヘゲモニーのなかに溶け込んでいるように見えてきたが、それゆえになおいっそう、そのアウトロー性の今後の可視化は、二分法的な性体制を究極的に揺るがしていくものになるにちがいない。

見慣れぬものは、「おぞましきもの」「存在してはいけないもの」と考えられがちだ。しかし見慣れるか、見慣れないかは、社会的コードによって決定されている。そしてそのコードは、性に関わることのみならず、さまざまな社会的場面で、時代とともにすでに移り変わっていることをわたしたちは知っている。TSを性の二分法のなかに閉じこめること、TSの問題をTSだけの問題として扱うことは、それがどのようにTS「のため」であるように見えたとしても、TSを局所化し、ひいては再差別化し、それによってTSが意識・無意識にかかわらず社会に対して投げかけている問題系をふたたび閉じてしまうことになるのではないだろうか。

4 本書の成り立ちについて

最後に、編集の助力をした者として、本書[『セックス・チェンジズ』]の刊行経緯を説明したい。当初本書は、パトリック・カリフィア『セックス・チェンジズ——トランスジェンダーの政治学』

(Patrick Califia, *Sex Changes: Transgender Politics*, Second edition, San Francisco: Cleis, 2003)の邦訳として企画された。この本は、一九九七年の初版ではパット(Pat)・カリフィア著として出され、その後、著者がテストステロン(男性ホルモン)の服用を決意し、FTMに移行するにともなって、第二版(二〇〇三年)ではパトリック・カリフィア著となった。まさにセックス・チェンジを体現している書物である。

この経緯や題名から想像されるように、カリフィアの本著作は、いくつかのレベルのTSの生／性を体験しているカリフィアの手によって書かれたものである。だがカリフィアは、自分やまわりの人たちの経験を踏まえつつも、自著を個人史の記述にせずに、トランスセクシュアリティの歴史的・社会的・政治的・思想的次元を包括して論じるものにしようとした。また読者のなかにはパット・カリフィアの名を聞いて、レズビアン・フェミニストだけでなく(カミングアウトは三〇年ほど前という)、レズビアンSMやポルノグラフィの作家・評論家だと思う人もいるだろう。さまざまな性的タブーを糾弾してきたカリフィアの姿勢は、本著作のなかでも貫かれ、トランスセクシュアリティの状況を口当たりのよい解放思想に切りつめずに、歴史的また同時代的な性言説全体のなかに位置づけようとしている。そのためカリフィアは、副題を「トランスジェンダーの政治学」と名づけ、本文中もトランスセクシュアリティの意味の広がりを表現するものとして、「トランスジェンダー」や「トランスジェンダリズム」という言葉を使うことが多い。その意味でも、この著作はTSのみならず、ジェンダーやセクシュアリティに関心のある人には必読の、真摯かつ野心的な書きものである。

なおパトリック・カリフィアは、米国で活躍している著述家・アクティヴィストである。パット名で書かれた本の邦訳には、『サフィストリー――レズビアン・セクシュアリティの手引き』(原美奈子訳、太陽社、一九九三年)、『パブリック・セックス――挑発するラディカルな性』(東玲子訳、青土社、一九九八年)、『ポルノと検閲』(共著、藤井麻利・藤井雅美訳、青弓社、二〇〇二年)がある。小説家としてのカリフィアの著作には *Macho Sluts* (Alyson Publications, 1988) などがあり、序文では当時のカリフィアの主張が要約されている。なお、本書所収の邦訳を担当したのは石倉由と吉池祥子で、吉池による第一稿を石倉が大幅に改めるという作業分担で行なわれた。訳者あとがきは、石倉由が執筆した。

このようにパトリック・カリフィア『セックス・チェンジズ』は、それ一つだけで、邦訳本として出版するに値する書物である。分量も多い。しかしその企画を進めていたときに、ちょうど時を同じくして、サンディ・ストーンの論文「帝国の逆襲――ポスト・トランスセクシュアル宣言」("The 'Empire' Strikes Back: A Posttranssexual Manifesto")の翻訳が、「レズビアン小説翻訳ワークショップ」によって進んでいることを、関係者の溝口彰子から伺った。[17] サンディの論文が執筆されたのは、近年のTS関心の高まりで言えば、その初期の一九八七年だが、議論の射程は現在に通底するものである。

最近日本でもTSの可視化が進んできているが、出版もふくめて人口に膾炙しているとはまだ言い難い。そのため、ＴＳ・ＴＧに関する著作をそれぞれ単発的に発表するよりも、それらをまとめて思想的地勢の一端を世に問うほうが適切だと判断し、提案したところ、著者・訳者の積極的な協力が得られた。サンディ・ストーンは、映像作家・ロック音楽技師・社会科学者・パフォーマーと多彩な活動家で、現在は米国テキサス大学オースティン校の助教授であり、同大学の「先端コミュニケーション技術ラボラトリー」(ACTLab)の創設ディレクターである。注にも記したように、ストーンは論文に改訂を加えており、本邦訳は、Paula Treichler, Lisa Cartwright, and Constance Penley, eds. *The Visible Woman: Imaging Technologies, Gender, and Science* (New York: New York University Press, 1998) に収録されたヴァージョンに基づく。なお電子データ化されて ACTLab のサイトにも掲載されており、今後も改訂が加えられるようである。本書掲載の邦訳は「レズビアン小説翻訳ワークショップ」によってなされ、その訳者あとがきは、溝口彰子が執筆した。

加えて、海外文献の邦訳のみならず、セクシュアリティへの注目が高まってきた九〇年代以降のＴＳを取り囲む日本の状況についての論考が必須と考え、溝口彰子を介して、野宮亜紀の「日本における「性同一性障害」をめぐる動きとトランスジェンダーの当事者運動――Trans-Net Japan (ＴＳとＴＧを支える人々の会)の活動史から」の再録が実現した。コンパクトながら過去十年余の詳細な記録と、その緻密な考察が展開されている。野宮亜紀はＭＴＦＴＧ(male to female transgender)として、「ＴＳとＴＧを支える人々の会」で活動を続けている。また、日本精神神経学会が二〇〇四年に発表した「性同一性障害に関する診断と治療のガイドライン　第二版」の策定にさいし、その

「第二次特別委員会」のコンサルタント委員をつとめた。本書収録論文は初出が『日本ジェンダー研究 第七号』(二〇〇四年)で、加筆・修正がなされている。

そして最後に筆者が、フェミニズムやセクシュアリティに関するこれまでの自身の研究をふまえて、本書所収の著作をとおしてTS・TGが問いかけている問題系を考察した。

注

(1) 本書所収のパトリック・カリフィアの著作では、TSを中心的に論じながらも、トランスセクシュアリティの問題系を広く考察するために、トランスジェンダー、トランスジェンダリズムという語も頻繁に使っている(トランスセクシュアリティやトランスジェンダーの意味については、本書の訳注参照)。TSが示唆する問題系を、狭義のTSに限らず、それを広くトランスジェンダーとして捉えるという姿勢は、本書収録の他の論考にもみられる。筆者もその見解を共有しているが、枚数の都合上、ここではTSにかかわる事柄をおもに扱い、またTGという言葉がレズビアンやゲイ男性などを含む用語として使われる場合もあるので、論を明確にするために、すべてTSと表記した。またTSには、医学的処置を否定しないが、何らかの理由で、まだそれを実行していない・実行できない・実行するかどうか迷っている・自分は実行しない人も、ここでは含んでいる。

またマジョリー・ガーバーはTSと異性装(トランスヴェスタイト)、バイセクシュアル、インターセックスなどの連続性を、文学などの文化表象から論じている。Marjorie Garber, *Vested Interest: Cross-Dressing and Cultural Anxiety*, New York: Routledge, 1992 および *Vice Versa: Bisexuality and the Eroticism of Everyday Life*, New York: Simon and Schuster, 1995.

（2）以下「答申」と呼ぶ。引用は、埼玉医科大学のホームページによるので、頁数は表記しない。〈http://www.saitama-med.ac.jp/hospital/douitu.html〉

（3）本書での統一をとるために、"intersex"は、引用のなかを除き「インターセックス」と表記する。

（4）内分泌疾病のなかには、内分泌物の過剰によると診断されるものもあるが、いずれにしても「自然の過誤」であるとみなされた(26)。ハウスマンの文献は、Bernice L. Hauseman, *Changing Sex: Transsexualism, Technology, and the Idea of Gender*, Durham and London: Duke University Press, 1995.

（5）東優子は、内分泌学の進歩に加え、外科手術の進歩、フェミニズム運動の影響による機能的性腺の軽視、新しい心理学理論に基づくジェンダー・アイデンティティの初期刷り込みの推進を、インターセックスに対する性別再適合手術（ＳＲＳ）の制度化に結びつける。東優子「トランスジェンダーと性別と医療」（『〝ポスト〟フェミニズム』竹村和子編、作品社、二〇〇三年、六六―六八頁）。

（6）〈http://www.geocities.co.jp/MusicStar/9962/tg/guideline.html〉による。頁数は表記しない。

（7）Monique Wittig, "One Is Not Born a Woman," 1981, *The Straight Mind and Other Essays*, Boston: Beacon Press, 1992, 13.

（8）アメリカ精神医学会は一九七三年、精神障害診断基準である「ＤＳＭ‐Ⅲ」において同性愛を精神障害の項目から削除し、また世界保健機関（ＷＨＯ）は一九九三年、「国際疾病分類」（ＩＣＤ）から削除した。日本では、厚生省がＩＣＤを採用し、日本精神神経学会もやっと一九九五年にこれに準じた。

（9）同様のことを、ジュディス・バトラーはエルキュリーヌ・バルバン分析および「結論としての非科学的な補遺」のなかで述べている。ジュディス・バトラー『ジェンダー・トラブル――フェミニズムとアイデンティティの攪乱』（竹村和子訳、青土社、一九九九年）参照。セックスの幻影性を主張するバトラーの議論が、ＴＳの現実的状況を排除するのではないかという批判に答えて、のちにバトラーは、以下でＴＳについて発言している。Judith Butler, *Undoing Gender* (New York: Routledge, 2004) の第三章、第四章、および部分的に以下のインタヴュー。"Changing the Subject: Judith Butler's Politics of Radical Resignification" (*jac* 20: 4 (2000), 731-65) と "There is a Person Here: An Interview with Judith Butler" (Margaret Sönser Breen and Warren J. Blumenfeld, *Butler Matters: Judith Butler's Impact on Feminist and Queer Studies*, 9-25, Aldershot, England: Ashgate, 2005).

(10) 〈http://www.jspn.or.jp/04opinion/opinion14_07_20.html〉による。頁数は表記しない。[日本精神神経学会、性同一性障害に関する第二次特別委員会「性同一性障害に関する診断と治療のガイドライン(第二版)」、山内俊夫編著『性同一性障害の基礎と臨床』改訂第二版、新興医学出版社、二〇〇四年]

(11) 「なる」(becoming)というTSの性質については、以下でも主張されている。Kate Bornstein, *Gender Outlaw: On Men, Women, and the Rest of US*, New York: Vintage Books, 1995 および Jil St. Jacques, "Embodying a Transsexual Alphabet," Joseph A. Boone, et al. eds. *Queer Frontiers: Millennial Geographies, and Generations*, Madison: University of Wisconsin Press, 2000, 111-23.

(12) 注(1)参照。

(13) カリフィアは、TSの可視化にともなって、ブッチがレズビアンであることをやめてTSになった場合、そのパートナーが、それまでのレズビアン・コミュニティから抜け出ることになったものの、それに代わる異性愛ネットワークが見いだせない状況について言及している。

(14) しかし出版後すぐに英国で発禁処分となり、半世紀以上アンダーグラウンド文学の位置に留まっていた。Radclyffe Hall, *The Well of Loneliness*, 1928, New York: Anchor Books, 1956.

(15) Esther Newton, "The Mythic Mannish Lesbian: Radclyffe Hall and the New Woman," *Signs* 9.4 (Summer 1984): 557-75, 575.(『ウーマン・ラヴィング』渡辺みえこ他訳、現代書館、一九九〇年)

(16) 一九九三年に米国ネブラスカ州でヘイト・クライム(憎悪犯罪)により殺害された。この事件は、一九九九年『ボーイズ・ドント・クライ』(監督キンバリー・ピアース)として映画化され、物語的潤色が施されているとの批判はあるものの、主演ヒラリー・スワンクのアカデミー主演女優賞など多くの賞を受けたことで、話題となった。前年九八年には、事件のドキュメンタリー映画『ブランドン・ティーナの真実』(監督グレタ・オラフスドーター・スーザン・ミュスカ)が作られている。

(17) 本論が執筆されたのは一九八七年暮れで、最初に口頭発表されたのは一九八八年、書籍に最初に収録されたのは一九九一年である。Kristina Straub and Julia Epstein, eds. *Body Guards: The Cultural Politics of Gender Ambiguity*, New York: Routledge, 1991. その後改訂が加えられ、*Camera Obscura* 29 (Spring 1994)に掲載され、本邦訳が依拠した *The Visible Woman* (1998)に再録された。ACTLab のサイト上で初めて電子データ版が掲載されたのは、一九九四年一月で、今後も改訂が予定されている。

Ⅱ　フェミニズム理論

第三章　フェミニズムの思想を稼働しつづけるもの

1　はじめに——フェミニズムの新展開

本論集『ジェンダーの基礎理論と法』でわたしに課せられたテーマは、「第二波、第三波フェミニズムの展開」というものだが、わたし自身、現在のフェミニズム状況を「第三波フェミニズム」と呼ぶべき根拠をもっていない。そもそも「波」の語を的確に使えるのは、第二波フェミニズムのみであり、第一波フェミニズムは、それと差異化するために、あとから遡及的、便宜的に付けられた呼称にすぎない。また現在の状況を第三「波」と言うには、フェミニズムはあまりにも多角的、多方位的、多次元的に増殖・拡散・深化している。むしろ現在のフェミニズムの状況は、「ポスト」という語に、「その後」という意味ではなく、「自己参照性」や「自己増殖性」を含意させて（ポスト構造主義や、ポストモダニズムと同様）、〝ポスト〟フェミニズムという言葉で言いあらわすのがまだしも適切だと思われるが、大局のところでは、〝ポスト〟の有無はそう問題ではなく、要はフェミニズムの新展開ということだろう。

ここであえて「ジェンダー」の語ではなく、「フェミニズム」に固執する理由は、「イズム」という語によって、わたし自身の政治的立場と学問的方向性を示唆したいからだ。(1) とはいえ、日本語の「イズム」から連想されがちな教条性や観念性を、ここで込めようとしているのではない。まったく逆である。「イズム」には、たとえばクリティシズムという用法に明らかなように、「行動」や「作用」という意味合いがあり、行為の「プロセス」をあらわすことがある。イズムであるかぎり、このプロセスは何らかの理念を現実化しようとするものだが、他方でまた、それが「行動」や「作用」のプロセスであるかぎり、行為実践によって理念自体が間断なく問いかけられるものでもある。そのような動態としての政治的／学問的姿勢を明確にするものとして、ジェンダーという歴史的参照枠を前景化するジェンダー研究という呼称よりも、(2) フェミニズムという言葉を使いたい。ちなみに、ジェンダー実践、ジェンダー運動という熟語は作りにくい。

ことほどさようにフェミニズムは、フェミニズム批評やフェミニズム研究(つまり理論)と、フェミニズム実践やフェミニズム運動(つまり政治)を不可分に併せもつ概念だが、ここでは、近年のフェミニズムの新展開によってさらに明確に意識化され、またその追求が政治的局面においても焦眉の急と思われる理論的枠組みを、大きく四つに分けて扱う。ただし、これらの理論的枠組みは相互に関係しており、自己完結的な単独的視点でない。なおこの四つは、『〝ポスト〟フェミニズム』(竹村編)所収の論考に、注を含めて若干の加筆・修正を加えたものである。(3) 最後の節は、それらを踏まえて、近年可視化されている暴力と性配置の関係についての論考の方向性を示唆するものである。

2　言説理論と「主体」論争

ミシェル・フーコーが権力を上意下達的なものと見ず、無数の抵抗点から言語を介して行使される言説権力と捉えたとき、フェミニストたちは自分たちの主張を裏づける頼もしい理論を獲得したはずだった。なぜなら、個人的で非政治的とされている場所に匿われてきた事柄こそが「政治」であり、権力関係の根幹をなすことをいち早く見抜き、はげしく主張したのが、まさにフェミニズムであったからだ。だがフーコーのこの視点は、彼の本拠地フランスにおいても、また彼の理論をその同時代に興奮して取り入れた米国においても、すぐにはフェミニストたちに届かなかった。日本においても同様である。

日本で『性の歴史』第一巻の翻訳が出たのが一九八六年なので（原著刊行は七六年、英訳は七八年）、そのフェミニスト受容が遅れたのは仕方ないとしても、フーコーと同時期に、彼と同様、非統一的な権力論を展開していたポスト構造主義の他の思想家、たとえばジル・ドゥルーズとフェリックス・ガタリの「リゾーム」や「器官なき身体」の概念は、八〇年代前半のニューアカ・ブームのおりに、すでに華々しく紹介されていた。だがこの種の思想を積極的にフェミニズム理論に組み入れようとする動きは、当時の日本にはほとんど見られなかった。

おそらくそのもっとも大きい理由は、フーコーをはじめとするポスト構造主義者から疑問視された「主体」を、フェミニストたちが手放したくなかったせいだろう。なぜならイズムの語で呼ばれている概念のなかでも――とくに対抗概念のなかで――理念と行動を分離させない希有な挑戦であるフェミニズムにとって、実践・運動の基盤を根底から揺るがしかねない「主体」への問題提起は、できれば避けて通りたい事柄だったからだろう。このことは、そののちフーコーの言説理論を徹底的にフェミニズムに応用したジュディス・バトラーの議論に対して、フェミニズム活動家のみならず、フェミニズム理論家からも表明された戸惑いによく表れている。

バトラーはクィア理論家と評されることが多く、その場合にあたかもクィア理論とフェミニズム理論がまったく別物のようなニュアンスで語られることが多い。しかし彼女を世界的な理論の寵児とした『ジェンダー・トラブル』の副題は「フェミニズムとアイデンティティの攪乱」であり、そこでは、フェミニズム進展のための不可欠な視野として、主体の再考が求められている。にもかかわらず彼女の議論は、一方でフェミニズム理論の展開に大きく寄与しながらも、他方でフェミニストからの根強い戸惑いや反発を受けており、その結果、理念と行動を橋渡しするはずの理論が、両者を分断してしまう場面さえ見られた。たとえば、かつて八〇年代半ばにフランス系フェミニズム(理論派)を紹介することによって、アングロアメリカ系フェミニズム(行動派)に理論的視座の重要性を示唆したトリル・モイは、一九九〇年代末に出版した『女とは何か』のなかで、バトラーは権力を不可侵の「神」の位置に置いたと批判した。またセイラ・ベンハビブやナンシー・フレイザーは、主体への懐疑が、対抗的アイデンティティの形成を無効にする危険性を警告し、マーサ・ヌスバウムやバーバラ・ドゥーデンは、女が置かれている現実を蔑するものだと激しく攻撃した。

たしかに唯名論的思考（抑圧の根拠をすべて言説権力に回収する見方）は、フーコーによって打ち出された（ただし彼の著作を詳細に読めば、唯名論だけで説明していないことがわかる）。またポスト構造主義の理論が、とくにその初期において、政治的責任の問題を回避して、言語決定論の様相を呈していたことも確かである。しかしフェミニズムにとって問題は、だからといって、たとえば「自己決定権」や「主体的選択」といった、言説権力を無視した自我論や主体論に立ち戻ることがもはやできないということだ。なぜならすでにポスト構造主義以前においても、ボーヴォワールによって、女が社会や文化によって作られたものであることは明確に示されていた（『第二の性』一九四九年）。また「女という主体」が歴史的な字義矛盾であることは、女たち——とくに主体の復権を掲げた学生運動や政党政治などに参与してきた女たち——には、すでに周知のことだった。これに加えて昨今、主体そのものが（それはつねに「男の主体」だったわけだが）社会構築物だと主張されてしまうと、「男」も「女」も言説の産物となり、フェミニズムは両者を理論的に等価とみて、議論を進めるしかなくなるのだろうか。そのときフェミニズムは、現存の性体制の不平等をどの地点から訴えればよいのか。

このフェミニズムの苦境は、単に理論の次元だけのことではない。実践の場においても発生している。たとえばドメスティック・バイオレンスの加害者の男も生育期のトラウマの犠牲者であるので、加害者／犠牲者という二項対立そのものを再考しなければならないという見方がある。もちろんこの視点は、ドメスティック・バイオレンスを構造として分析し、その暴力をなくそうとする意図においては必要不可欠なものである。だがここでさらに議論しなければならないのは、なぜこの暴力がドメスティックな領域で発生するのか、つまりドメスティックな領域を構成する言説のなかに、どのように性のバイアスが刻まれ、その結果「男という主体」を排他的に——したがってそこに暴力の蓋然性を含みこんで——作ってきたかということである。

　この例を挙げたのは、主体概念の解体が性体制への抵抗の拠点を失わせるわけではなく、主体の言説組成を明らかにすることによって、性の権力構造に対するさらに根源的な問題提起が可能になることを示したいためである。むろんその結果、わたしたちは自由な選択権をもつ「自律的主体」という幻想をもちえなくなるだろう。しかし「自由選択」や「自主自律」という近代主義的な概念を無批判に繰り返す代わりに、わたしたちは、固定化・自動化されてきた主体形成の道筋から離れて、主体／他者という二分法で切り分けられない存在の在り方を模索することができる。だから主体が言説によって構築されているという視点は、現実に「男」や「女」が存在していないということではなく、主体を主体たらしめている要素のなかにどのように性言説が滑りこんで、その結果「男」「女」という二つの性だけが不平等に存在することになるのかを、つまびらかにしていく視点である。それは、単なる言説分析ではなく、「性的差異」のイデオロギー分析に踏みこむものであり、近代主義的な主体の桎梏から抜け出た新しい存在のかたちを模索する挑戦である。

　たとえばこの点で、前述したように唯名論的として弾劾されていたジュディス・バトラーが、近著『ジェンダーをほどく』においては、(4)トランスセクシュアルや同性愛者の婚姻といった政治的領域にさらに踏み込み、言説の置換性を政治化する可能性を模索している。ただしそのさいに、追求される「共社会性」(5)と非統一的な主体との関係はまだ明確にされておらず、今後のわたしたちの論考にゆだねられている。

3　精神分析と「性的差異」

精神分析の視野もまた、日本のフェミニズムの土壌には根づいてこなかった。その理由として、精神分析の基本理論は、核家族の父―母―子の力学を分析したエディプス構造にあるが、日本では核家族が普及したのが比較的新しく、またそののちも、夫婦関係、母子関係、「嫁」の位置などにおいて、西洋とは異なった核家族のかたちを発展させてきたことが挙げられるだろう。また子が親に依存しつづけるパラサイト現象も、エディプス構造の根幹をなす《父の法》を曖昧にしている。

しかしこのような否定的要因を理解したうえで、なお日本でも、フェミニズムは精神分析を積極的に取り扱うべきだと思われる。なぜなら第一に、精神分析はわたしたちの心理がどのように形成され、わたしたちの認識がどう構造化されているかを読み解く視座であり、フェミニズム理論が心理や認識に立ち入るさいには、ぜひ必要であるからだ。第二に、資本制が要請する核家族は、現実の家族形態だけではなく、イデオロギーとしての核家族、つまり近代的な性別役割（ジェンダーのみならず、セクシュアリティにおいても)であり、日本もその例外ではない。第三に、日本と西洋諸国のあいだで核家族の内実が異なっているとしても、双方においてどのように性抑圧が別様に発現しているかを検証するためには、日本の文脈から照射した精神分析の批判的・生産的読みが必要だと思われる。最後の点については、西洋で展開されている精神分析フェミニズムも無批判に精神分析を受けいれているのではなく、その方法論を使う場面においてさえ、精神分析が内包している性差別への批判が込められていることを念頭におく必要がある。

さて精神分析をフェミニズムの見地から「分析」するさいに、わたしたちが焦点を当てるべき最大の対象は、性的差異をめぐる議論ではないか。精神分析を創始したジグムント・フロイトは、人の心理を分析するにあたって、心理発達を男と女で別様に解釈した。むろんフロイトの貢献は、性欲望を「本能」という生物学的決定論や解剖学的身体論からはずして、人の関係性のなかに置いたことである。彼はそのために、リビドーという、人間関係を起動させる心的エネルギーの概念まで創った。だがそのリビドーを説明するときに、ある箇所では、それを皮膚のあらゆる部位に広がり、あらゆる行為によって喚起されると定義し、べつの箇所では、発達後の成熟したリビドーは、特定の身体部位(性器)を媒介に充足されると述べた。

生涯で膨大な著作を世に送ったフロイトは、リビドー解釈以外でもいくつかの矛盾した議論を展開しており、それが後世の研究者に、フロイトを換骨奪胎して新しい理論を作りだす契機を与えてきた。たとえば、セクシュアリティ研究におけるレオ・ベルサーニの『フロイト的身体』、ジョナサン・ドリモアの『性の不同意』、テレサ・デ・ラウレティスの『愛の実践』、エリザベス・グロスの『揮発的な身体』などである。

しかしリビドー解釈に話を戻せば、生物学的決定論と文化決定論のあいだを揺れ動くフロイトの矛盾した議論は、最終的には前者のなかに吸引され、去勢不安（男児）とペニス羨望（女児）を二大要素とするエディプス構造が作られた。このことは、単にフロイトが生物学的性別にくみしたという に留まらない。なぜならわざわざ本能を否定して、心理機構を理論化しようとしたにもかかわらず、結局は自然化された性別化の枠組みに自論の根拠を求めてしまったからだ。そしてこのことは、精神分析をポスト構造主義に導き入れたジャック・ラカンによって概念レベルで反復されるさいに、ますますフェミニズムにとっては看過しえない事柄となる。

フロイトと同じくラカンも、自論は生物学ではなく、《言語》の次元のものだと断っている。実際「鏡像段階」という独創的概念において、「欲望は他者の欲望であり」、言語の欲望であると断じている。しかしその《言語》体系を説明するさいに、ラカンはそれを《父の法》と呼び、それをあらわす特権的シニフィアンとして、《ファルス》（男根）という概念を作りだした——それが言語的次元であると、幾度も留保を置きながらであるが。したがってここでフェミニズムにとって問題となるのは、文化的な性的差異を論じている場面で、しかも高度な抽象化と理論化をおこなっている箇所で、生物学的性別をアナロジカルに引き合いに出し、しかもそれを単なる「差異」としてではなく、《父の法》を普遍化することで階層化した秩序として語っていることである。だからこそこれは、思弁的、言語的なことであると同時に、わたしたちが現実に直面している身体観にかかわることにもなる。

たとえば現在フェミニズムは、生殖技術や身体整形の急速な進展を前にして、どのようにそれを扱えばよいか苦闘している。おそらくテクノロジーがわたしたちに突きつけている問題は、テクノロジーそのものの是非ではなく（その外観を呈してはいるが）、経済原理、専門知識、法的強制といった権力が、性別化に有無を言わせず介入してくることだろう。しかし身体をめぐるこの新たな攻防において、意識的、無意識的に持ちだされてくるのは、生物学的性別（たとえば生殖機能の特化）であるように思われる。一見して伝統的な身体観とは無縁と思える場面に出没する生物学的身体の亡霊——性化された差異——は、これまでフェミニズムによって営々となされてきた社会的・文化的な性差別に対する問題提起をなぎ倒していく観さえある。しかもその亡霊は、近年のテクノロジーがらみだけではなく、ポストファミリー言説においても、ポストフォーディズム時代の労働分業においても、ここかしこに徘徊している。

いったい性的差異とは何なのか。身体の実体性に裏打ちされた「現実」なのか（ドゥーデン）、それとも身体の実体性をつねに不可能にしている「トラウマ的切断」の総称なのか（ラカン、ジジェク）、それとも行為遂行的《パフォーマティヴ》に階層的身体を実体化させる「擬似‐超越的フィクション」なのか（バトラー、スコット）、あるいは抑圧的な性的意味をずらすために不可避的に利用せざるをえない——利用すべき——「性的メタファー」なのか（コーネル）……。

おそらくこういった問いに答えるために、わたしたちが立ち戻らなければならないのは、精神分析だろう。なぜなら性的差異の議論を身体から引き離しつつ、実際には生物学的性別に依拠して論を構築してきた精神分析は、やはり、社会的な性的差異を「記述した」だけではなく、「処方して」きたからだ。そしてその前提には、一組の終身的な合法的異性愛カップルを基礎単位として、エロスとマネーと次代再生産のすべてを稼働させる核家族システムへの信仰があったからだ。だからこそいま精神分析に求められているのは、核家族の理論的元締めとして機能してきた父子中心のエディプス構造ではなく、拡大家族、母子関係、自体愛などの理論化をとおして、わたしたちの身体観や心のはたらきを再分節化することである。ひるがえってそのときこそ、性的差異を中軸としないオルタナティヴな親密圏が、新しい身体感覚や心的傾向に裏打ちされて、現実化していくのではないかと思われる。

4　ポストマルクス主義と「富の再配分」

フェミニズムにとって労働にまつわる富の再配分は、つねに古くて新しい問題である。

近代社会の性別分業によって家庭のなかに押しこめられ、家事・育児・介護などの無償労働を要求されてきた女たち……、就業・職種・昇進・社会保障などにおいて機会が限定され、不平等に取り扱われてきた女たち……、身体・健康の危険と搾取の構造のなかで、種々の性労働に追いこまれてきた女たち……、職場でのセクシュアル・ハラスメントや微妙なエロス化、他者化に晒されてきた女たち……。

これらはまさに、「階級」としての女たちがこうむってきた状況であり、フェミニズムは(そのように呼ばれるずっと以前から)、この状況に疑義を呈してきた。それは、男たちのマルクス主義が労働力を脱性化して、抽象的な労働議論をおこなっていることへの批判であった(ただしエンゲルスの『家族、私有財産および国家の起源』(一八八四年)には、この視点が登場している)。したがってフェミニズムは、家父長制と資本制を併せて問題にした二元システム論はもちろんのこと、資本制のみを取り扱った一元システム論においても、性の制度に目配りしたという点で、文化構造にまで踏みこむポストマルクス主義に通底する視野を備えていた。

だが「階級」としての女の問題を論じる視点は、それゆえの欠陥も持つ。なぜなら性搾取の様態は、労働へのアクセスや文化配置の違いによって複雑な様相を呈しており、単一の関係性で説明することができないからだ。これは、もっぱら労働市場に焦点をあてる一元システム論に特徴的な弱点である。他方、家父長制のなかに資本制が忍びこんでいるとみる二元システム論の場合は、労働概念を拡大解釈するために、現実の労働市場における性搾取の実態が見えなくなるおそれがある。さらに二元システム論を発展させた唯物論フェミニズム——とくに文化テクストに刻まれている性抑圧を論じる文化唯物論フェミニズム——の場合には、「富の再配分」をめぐる議論との分析的距離が、ますます広がってくる。一九九〇年代後半に、両者が火花を散らせたのが、フレイザー／バトラー論争である。

加えて、一元論であれ、二元論であれ、文化唯物論であれ、マルクス主義をなんらかのかたちで取り入れてきたフェミニズムは、往々にして経済構造を一国の内部で論じる傾向にあった。だがスピヴァクが指摘しているように、労働の性別分化と文化搾取の構造は、いまも昔も国境をこえている。そしてこのことは、ポストフォーディズムの時代において、以前よりもさらに複雑な様相をみせ、容易な解決を阻んでいる。

一つには、これまでのフェミニズムの成果により、また大きくは資本制の変容により、専門職、高等行政職、企業の幹部、政治職に女がつく機会が、以前よりも増えてきたからだ(しかし日本では、まだそれほど多くの女が登用されておらず、とくに最後の二つでは極端に少ない)。それこそニューエコノミーの体制においては、「新しい「新しい女たち」」「新しい男たち」、(もしかしたら一部の国では)「新しいゲイたち」が、グローバルな経済を動かしていくのかもしれない。ここに出現するのは、新たな階層分離、とくに女のなかの階層分離である。

グローバル経済を背景にした女の階層分離は、「勝ち組」「負け組」という露骨な表現にあらわれているように、個々の女の運不運、能力の差、自立意識の有無などによって説明されることが多い(女の経済的自立を説くフェミニズムも、間接的にはこれに貢献することになるかもしれない)。だが「勝ち組」においても、ある種のトークニズム(被差別集団の人員を少数だけ受け入れて、平等を装う建前主義)が作用していることがあり、「負け組」にいたっては、就業の困難さ、雇用の断片化・不安定化、解雇などが男よりも深刻で、従来から続く性差別が、陰惨なかたちで働いている場合が多い。したがって現代の女の階層分離は、個々別々の女の人生経路や人生選択によって生じているように見えても、その根底にあるのは、依然として続いている「階級」としての女の従属化である。しかしその「階級」差別は、女のなかの階層分離によってふたたび巧妙に不可視化され、そのため(ポスト)マルクス主義フェミニズムが従来から抱えてきた困難さ——労働市場と文化の両面における女の搾取を同時に言挙げしなければならないダブルバインド——がますます高じてきている。

容易な解決を阻む二つめの要因として、経済市場のグローバル化に伴って出現する労働の国際移動が挙げられるだろう。女の労働力について言えば、先進国の工場が人件費の安い発展途上国に移され、従順で器用な女という女性蔑視が、資本の論理と融合する事態が生じている。また先進国における家事労働や介護ワークからの一部の女の撤退は、発展途上国から、(たいていは単身の)女を呼び寄せる。また貧困地域の女(成人前の少女までも)が違法に国境をこえて、劣悪な環境のもとで性労働に従事することもある。これらすべては、ジェンダー／セクシュアリティを介した新たな搾取や不平等である。しかし彼女たちが身を置く場所の社会制度や文化慣習が、国や民族や宗教などによって複雑に異なっているために、またポストフォーディズムの生産様式が固定したものでなく、資本の動きによってたやすく場所を移し、かつ非統一的に稼働するものであるがゆえに、それらの性搾取や性抑圧に対する対抗理論を立てることは、なかなか難しい。[6]

とはいえ、たとえ個々の資本は統合化されないとしても、ますますグローバルなレベルで経済活動が推移している現在、マクロ経済／ミクロ経済、大きな物語／小さな物語の二分法にどこかで頼って、前者を見ずに、後者にだけ焦点をあてる分析は、融通無碍なグローバル資本の術中に嵌ってしまうことにもなる。文化的にも、地理的にも、慣習的にも、これまで資本化されていなかったものが日々資本化され、それにつれて、性搾取の構造がどんどん後景に隠されて見えなくなっている現状に切りこむには、女の搾取を「階級」として捉える「マルクス主義」の視点を保持したまま、もう一方で、逃げ足早く変幻自在な資本の動きを見逃さない「脱構築」の思考方法を、併せもつことが必要だと思われる。おそらくこれによってフェミニズムは、「資本の社会的生産性（文化）の資本主義的利用を不断に先送り」（スピヴァク）して、文化にまで踏みこんだ「富の再配分」を試みつづけることができるのではないだろうか。

5　脱構築と「表象／代表」

階層化された二元論的思考（男／女、自然／文化、話し言葉／書き言葉など）を崩し、両項の価値を逆にすることでも、両項を平等にして差異を温存することでもなく、両項のどちらにも還元されない未決状態の連鎖（差延）を支持する思想が脱構築である。これもまた、フェミニストには親和性のある見方のはずだが、フェミニストが現実感をもって受容するには、時間がかかった。じつは現在でも脱構築に懐疑的なフェミニストは多く、フェミニスト同士の論争においてさえ、一方が他方を「悪しき脱構築主義者」と罵倒することがある。

というのも非政治的と批判されることが多いポスト構造主義の思想のなかでも、とりわけ脱構築は、その中心概念である「不決定性」や「テクスト性」のために、また唱道者の一人だったポール・ド・マンのナチ疑惑のせいで、歴史の無視とか歴史からの逃走と思われてきたせいだ。このことは、脱構築の思考を明確に取り入れているガヤトリ・チャクラヴォルティ・スピヴァクでさえ、脱構築の非政治性や観念性に対して警鐘を鳴らしていることからもよくわかる。しかし人種・民族・宗教・セクシュアリティ等に対して「女というカテゴリー」がもつ抑圧性が自覚されてきた昨今、脱構築はこれまでよりもさらに、フェミニズムにとっては必要な考え方だと思われる。

ところでフェミニズムが脱構築を敬遠してきたわりには、その普及にフェミニストは貢献した。脱構築はデリダの思想と言い換えてもよいが、難解な彼の著作の最初の英訳を試みたのはスピヴァクであり(『グラマトロジーについて』一九七六年)、また英訳書としては珍しく詳細な訳者解説を書き、そこで脱構築の精髄を見事にまとめあげたのは、バーバラ・ジョンソンだった(『散種』一九八一年)。しかし、おそらくこれは偶然のことではないだろう。というのも、両名とも翻訳時にはフェミニストとしての立場をさほど明らかにしていなかったが、そののちスピヴァクはフェミニズムをサバルタン研究に導入して、ポストコロニアル・フェミニズムを先導してきた一人であり、ジョンソンは九〇年代に出した『フェミニズムの差異』(一九九八年)のなかで、レズビアンとしてのみずからの位置を明らかにしたからだ。彼女たちは、フェミニズム理論に脱構築が有用なだけでなく、脱構築によってフェミニズム理論そのものが深化し、拡大する可能性があることを示した。つまり、男女という二項の枠内での分析では、性の政治を十全に理論化することができないこと、帝国主義や異性愛主義などの検証によって、その二項の根拠が無限にずれていくことを示してみせたのである。

ここで重要なのは、脱構築が性的差異に、文化的・社会的・歴史的な種々の差異を「付け加える」わけではないということだ。そうではなくて脱構築がおこなうのは、性的差異を構成しているにもかかわらず、表面上はかき消されている権力操作を、その痕跡を辿ることによって浮かび上がらせることである。そしてその結果、これ以上還元不可能だと思われてきた性的差異が、じつは多様な言説実践の現場であり、人為的なフィクションであり、メタファーであり、マネーの消失点であり、文化慣習であることを明らかにしていくことである。したがって性体制の解読のためにここで挙げた思想や視野、またこれらに関連してフェミニズムが使うさまざまな方法論には、大なり小なり脱構築の考え方が組み込まれている。なぜなら、そういった理論をつかってフェミニズムがおこなおうとしていることは、既存の意味の追認ではなく、既存の意味の、その意味を問いかけることであり、そこで獲得した新しい意味が、さらにまたべつの意味に解釈しなおされることを、引き受ける作業でもあるからだ。

しかし――あるいは、だからこそ――脱構築は、歴史を「テクスト」にしてしまい、さらにはテクストの「無限の戯れ」にしてしまう知的エリートの机上の空論だと批判されてきた(7)。だが歴史が不動の事実でも、不変の真理でもなく、覇権的権力によって語られる物語であることを暴いてきたのは、まさにフェミニズムだった。

歴史は語られるテクスト、表象される物語である。そこには、誰が語るのか、何の資格で語るのか、誰がそれを聞くのかという問いがいつもつきまとう。テクストをめぐる生産と解釈の共同体は、そのテクストを共同体の「表象《リプリゼンテーション》」として、また共同体を代弁する共同体の「代表《リプリゼンテーション》」として機能させる。だから歴史をテクストにするということは、歴史を非政治化することではなく、むしろテクストの「表象／代表《リプリゼンテーション》」機能の妥当性を再考するきわめて政治的な行為である。

権力は歴史を語る――あたかもその歴史が、完全で客観的な記録であるかのように。したがってそこに隠顕するのは、権力の消去不能な痕跡、つまり権力によって抑圧される共同体の「他者」である。存在しているにもかかわらず、その存在が否定され、テクストの空白部分にしまい込まれている人々だ。だから歴史がふたたび手に取られるとき、つまり歴史がそれ本来の姿――テクスト――として読み／書かれるとき、その作業は、「歴史の他者に引き渡されなければならない」(スピヴァク)。歴史(テクスト)は、歴史(テクスト)の他者によって、読み／書き直され、そしてまたふたたび読み／書き直される。テクストの無限の戯れとみえるものは、「表象／代表《リプリゼンテーション》」をめぐってなされる「正義への訴えかけ」(デリダ)の現在進行中のプロセスである。なぜなら正義は、もはや成文化された規範に基づくものではなく、誰が何の資格で、誰に語るのかを、つまり誰が何の資格で、どのような共同体を代表しうるのかを、たえず検証していくプロセスであるからだ。

脱構築は、脱構築の成果、そしてその方法論さえも、歴史の他者に引き渡していく。その他者は、どこかべつの場所ではなく、ここに、わたしたちのなかに、〈わたし〉のなかにいる。さきほど脱構築フェミニストは、性的差異に種々の差異を「付け加える」わけではないと述べた。脱構築フェミニストは、性的差異だけで説明できない何かが、性的差異――「女」であれ、「男」であれ――の名を騙って、〈わたし〉のなかに秘匿されていることを暴いていく。それはある意味で、まだ見ぬ地平――「不可能なものの経験」――を希求しつづける営為であると言えるだろう。

6　暴力と性の政治――結びにかえて

これまでの節では、そのタイトルのなかに「言説理論」「精神分析」「マルクス主義」「脱構築」という語を含ませたように、既存の理論枠組みとフェミニズムが出会う地点、あるいは既存の理論枠組みを自家薬籠のものとしつつ、フェミニズムがそれらを塗り替えていく可能性を考察した。他方、これらのフェミニズムの営為とは裏腹に、あるいはそれに並行して、二〇世紀末以降に顕著な情報・人・マネーの流通／移動の拡大化・流動化とテクノロジーの進展は、近代的国家の境界のみならず、近代的個人の知や身体の自律性の信仰を液状化し、それに伴って、従来は性別で割り振られていた暴力の配置が変容しつつある。

たとえば近代的な性的二元論の考え方では、男性性対女性性という排他的図式が、公的世界へアクセスする権利のみならず、暴力行使の配置においても機能して、積極性や闘争性を男性的能力の発露として男のみに配分してきた。この配分によって、いわゆる「積極的性」によってなされる凶暴な行為は、ときに必要悪——つまり自分自身や、自分の家族、自分の近親者、自分の集団、自分の国家を守るための手段——として正当化され、他方、そのように活動的で（それゆえ）非情な領域から「消極的性」と言われるものを排除して、こちらには穏やかさや優しさを配分し、それによって、他方の性によっておこなわれる暴力行為を、理念レベルでは相殺してきた。逆に言えば、この配置が、諸暴力の根元は男性性にあるとして女が反戦運動する根拠を与えるものともなってきた。

この意味で、性別二元論の解体は、逆説的なことに「パンドラの箱」を開けることになる。というのも、それは、男による自己の暴力行為の弁明——すなわち「これは男の持って生まれた属性なのだ」という弁明——を無効にするのみならず、また女の活動性を非暴力的範囲に限定しようとするリベラルなフェミニストを戸惑わせるのみならず、「女」が暴力的になる蓋然性を持つことを「再」認識させるものであるからだ。「男性的な女」であれ、「女性的な女」であれ、あるいは女性兵士であれ、服装や態度といった外見から、日常行為へ、そして戦場での残虐行為にいたるまで、そこには何らかのかたちの連続性が理念的に存在する。別の言葉でいえば、男性性／女性性という二分法は、世にあまねく存在している権力関係を、性的関係に矮小化し、それによって、権力関係から発生する暴力を、生物学や社会的大義で説明して正当化しようとしてきたことになる。

そのような近代的意味での男性性が形成された時期は、歴史的に言って、植民地支配、そして資本主義的な経済支配が大きく稼働するときだった。したがって近代の男性性は、たとえば種の保存といった次元で定義されるのではなく、植民地支配と経済的支配の次元で再定義される必要があり、現在わたしたちが想定している男性的態度は、支配権力に還元しうるものであって、それは男による女に対する支配のみならず、もっと重要なことには、持てるものによる持たざるものへの支配、そして／または、植民者による被植民者に対する支配として認識する必要がある。この意味で、性別二元論の解体が、そのもっとも深く鋭い内部葛藤を見せるのが、戦争に参与する女たちが話題にのぼるときであり、しかも国境を越えた戦闘において話題にのぼるときである。なぜならそういった戦争を引き起こすものこそ、いまだ進行中の(新)植民地支配と経済支配であるからだ。たとえばそれはイラク戦争であり、またこのことは、女性兵士による虐待が起ころうと起こるまいと関わりがない。むしろ彼女たちの虐待の報道写真は、この現実を局所化し、それによってこの事実を隠蔽してしまっているとも言える。女性兵士は、いわば「女性の男性性の制度化」の徴候であり、さらにいえば、これまで性的差異に基づくと詐称されてきた近代の暴力配置の変容の兆しとなるものである(8)。

フーコーは『性の歴史』のなかで、「種としての身体、すなわち生の力学に染め上げられて生物学的プロセスの土台となった身体」に焦点を当て、「繁殖・誕生・死亡率・健康の水準・余命・長生き、そしてこれらに変化を与えるすべての条件」に基づいて「一連の介入と規制的な管理」をおこなう「生政治」(biopolitics)を、批判的に理論化した。近代の「生政治」において、身体と主体において性別分化されていた暴力は、ジョルジョ・アガンベンのいう「グローバルな内戦(civil war)

状態」のなかで、どのように性を巻き込んで再配置されていくのか、どのような市民(citizen)を性に関連して作っていくのか、フェミニズムはこれにどう対処すべきか、というフェミニズムの考察と実践は、前節の最後に述べた「まだ見ぬ地平」が「死の政治学」に滑り落ちてしまうことを救うものであると思いたい。

注

(1) 理論と行動の「プロセス」としてのイズムについては、「「いまを生きる」〝ポスト〟フェミニズム理論」竹村和子編著『〝ポスト〟フェミニズム』作品社、二〇〇三年、一〇六―一〇七頁参照。

(2) ジェンダーの差別化・差異化に敏感な(ジェンダー・センシティヴな)、したがってそのような差別化や差異化をなくそうとする社会や制度や学問姿勢を求める動きに対して、そもそも人間社会特有の様態であったはずの性の言語的意味づけがはらむ問題系を、あたかも生物学的性差を参照することで解決が見られるかのごとく錯覚され、あるいは故意に錯覚し、ジェンダーという語の使用自体を攻撃する「ジェンダー・バッシング」という、筋違いの、しかし強力な反動的動きも見られる。

(3) 「「いまを生きる」〝ポスト〟フェミニズム理論」(『〝ポスト〟フェミニズム』)。

(4) 同題の講演が、二〇〇六年一月、お茶の水女子大学二一世紀COE「ジェンダー研究のフロンティア」プロジェクトDの主催によって日本でおこなわれた。その内容は、英文では『F-GENSジャーナル』五号に、邦訳は『思想』九八九号に掲載。参考文献を参照。

(5) これについては、拙論「未来のバトラーとの対話に向けて」[本書第八章]参照。

(6) 「先進国」(developed)、「発達途上国」(undeveloped)という名称自体が、「発達」(development)という、

直線的な時間軸に添った階層化を生むものではある。

（7）　最近の例では、バトラーの論文が一九九八年の「悪文大賞」に選ばれたことが挙げられる。これについては、批評理論の見地からの応答が *Just Being Difference?* というアンソロジーでなされているが、フェミニズムと反知性主義の現在の葛藤については、竹村c参照。

（8）　これについては、Takemura, a, b および竹村b参照。

文献

Agamben, Giorgio, a. *Homo Sacer: Sovereign Power and Bare Life*. 1995. Trans. Daniel Heller-Roazen. Stanford: Stanford University Press, 1998.（ジョルジョ・アガンベン『ホモ・サケル――主権権力と剝き出しの生』高桑和巳訳、以文社、二〇〇三年）

――, b. *State of Exception*. Trans. Kevin Attell. Chicago: Chicago University Press, 2005.

Alice, Lynne, ed. *Feminism, Postmodernism, Postfeminism*. Conference Proceeding. New Zealand: Massey University, 1995.

Benhabib, Seyla, Judith Butler, Drucilla Cornell, and Nancy Fraser. *Feminist Contentions*. London: Routedge, 1995.

Bersani, Leo. *The Freudian Body: Psychoanalysis and Art*. 1984. Trans. Cristian Marouby. New York: Columbia University Press, 1986.（レオ・ベルサーニ『フロイト的身体――精神分析と美学』長原豊訳、青土社、一九九九年）

Braithwaite, Ann. "The Personal, the Political, Third-wave and Postfeminisms." *Feminist Theory* 3.3 (Dec. 2002): 335–44.

Brooks, Ann. *Postfeminisms: Feminism, Cultural Theory and Cultural Forms*. New York: Routledge, 1997.

Butler, Judith, a. *Gender Trouble: Feminism and the Subversion of Identity*. New York: Routledge, 1990.（ジュディス・バトラー『ジェンダー・トラブル――フェミニズムとアイデンティティの攪乱』竹村和子訳、青土社、一九九九年）

――, b. "Merely Cultural." 1997. *New Left Review* 227 (Jan/Feb. 1998): 33-44.（「単に文化的な」大脇美智子訳、『批評空間』Ⅱ-二三号、太田出版、一九九九年、二二七―四〇頁）

――, c. *Undoing Gender*. New York: Routledge, 2004.（『ジェンダーをほどく』越智博美・三浦玲一訳、明石書店より刊行予定）

――, d. "Undoing Gender."『F-GENSジャーナル』五号、お茶の水女子大学、二〇〇六年、一九二―二〇〇頁。（「ジェンダーをほどく」竹村和子訳、『思想』九八九号、岩波書店、二〇〇六年、四―一五頁）

Butler, Judith, Ernest Laclau, and Slavoy Žižek. *Contingency, Hegemony, Universality: Contemporary Dialogues on the Left*. London: Verso, 2000.（バトラー、ラクラウ、ジジェク『偶発性・ヘゲモニー・普遍性――新しい対抗政治への対話』竹村和子・村山敏勝訳、青土社、二〇〇二年）

Coppock, Vicki, Deena Haydon, and Ingrid Richter. *The Illusion of 'Post-Feminism': New Women, Old Myths*. London: Taylor and Francis, 1995.

Cornell, Drucilla. *Beyond Accomodation: Ethical Feminism, Deconstruction, and the Law*. Boston: Routledge, 1991.（ドゥルシラ・コーネル『脱構築と法――適応の彼方へ』仲正昌樹監訳、御茶の水書房、二〇〇三年）

de Lauretis, Teresa. *The Practice of Love: Lesbian Sexuality and Perverse Desire*. Indianapolis: Indiana University Press, 1994.

Dollimore, Jonathan. *Sexual Dissidence: Augustine to Wilde, Freud to Foucault*. Oxford: Clarendon Press, 1991.

Faludi, Susan. *Backlash*. London: Vintage, 1992.

Fraser, Nancy. "Heterosexism, Misrecognition and Capitalism." 1997. *New Left Review* 228 (March/April 1998): 140–49.（「ヘテロセクシズム、誤認、そして資本主義」大脇美智子訳、『批評空間』Ⅱ-二三号、太田出版、一九九九年、二四一—五三頁）

Gamble, Sarah, ed. *The Routledge Critical Dictionary of Feminism and Postfeminism*. New York: Routledge, 2000.

Grosz, Elizabeth. *Volatile Bodies: Toward a Corporeal Feminism*. Bloomington: Indiana University Press, 1994.

Heywood, Leslie and Jennifer Drake, eds. *Third Wave Agenda*. Minneapolis: University of Minnesota Press, 1997.

Mascia-Lees, Frances E. and Patricia Sharpe. *Taking a Stand in a Postfeminist World*. Albany: State University of New York Press, 2000.

Modleski, Tania. *Feminism without Women*. New York: Routledge, 1991.

Moi, Toril, a. *Sexual/Textual Politics: Feminist Literary Theory*. London: Methuen, 1985.

——, b. *What Is a Woman?: And Other Essays*. Oxford: Oxford University Press, 1999.

Sperling, Liz, Mairead Owen, and Liz James. *Women and Work: The Age of Post-Feminism*. Aldershot: Ashgate, 2000.

Spivak, Gayatri Chakravorty. *A Critique of Postcolonial Reason: Toward a History of the Vanishing Present*. Cambridge, MA: Harvard University Press, 1999.（ガヤトリ・C・スピヴァク『ポストコロニアル理性批判——消え去りゆく現在の歴史のために』上村忠男・本橋哲哉訳、月曜社、二〇〇三年）

Takemura, Kazuko, a. "The Future of Sexual Difference and the New Deployment of Violence."『F-GEN

Sジャーナル』三号、お茶の水女子大学、二〇〇五年、二四〇―四二頁。
――, b. "Violence-Invested (non-) Desire: Global Phallomorphism and Lethal Biopolitics."『F-GENSジャーナル』三号、お茶の水女子大学、二〇〇五年、六五―七一頁。
Whelehan, Imelda. *Modern Feminist Thought: From the Second Wave to "Post-feminism."* New York: New York University Press, 1995.
竹村和子a「未来のバトラーとの対話に向けて」『思想』九八九号、岩波書店、二〇〇六年、一六―二五頁。〔本書第八章〕
――b「マゾヒスティック・エイジェンシーの(不)可能性――アブグレイブ写真・『ソドムの市』・『ドッグヴィル』におけるプンクトゥムと暴力」『立命館言語文化研究』一八巻二号、立命館大学、二〇〇六年、三一―一三頁。〔竹村和子『彼女は何を視ているのか――映像表象と欲望の深層』作品社、二〇一二年、一四四―五九頁〕
――c「ジェンダー・レトリックと反知性主義」、巽孝之編著『反知性の帝国――アメリカ・文学・精神史』南雲堂、二〇〇八年。〔竹村和子『文学力の挑戦――ファミリー・欲望・テロリズム』研究社、二〇一二年、二四五―八六頁〕
竹村和子編著『〝ポスト〟フェミニズム』作品社、二〇〇三年。
ドゥーデン、バーバラ「女性を「脱構築」で切り刻んではならない！」『環』七号、藤原書店、二〇〇一年、四四―六一頁。

第四章　修辞的介入と暴力への対峙

――〈社会的なもの〉はいかに〈政治的なもの〉になるか――

本論は、本質主義と構築主義の二項対立を脱構築し、現在の性制度に政治的介入をする可能性を探ろうとしたものである。社会構築主義は社会を本質化する傾向があるという前提のもとに、本質主義そのものを従来の捉え方から置換しようとする動きが最近見られることを、まず指摘する。次に、マルクス主義的な文学批評家のガヤトリ・スピヴァックと、精神分析的な政治学者のドゥルシア・コーネルによる、リュス・イリガライ再読に焦点を当てる。脱構築的視点をもつ両者は、本質主義的と言われてきたイリガライの著作の文学性に着目し、生物学的身体に還元しない〈女性的なもの〉を示す修辞が、政治的介入をもたらす変革的契機となると主張する。この性的差異の「再‐形象化」は、ふたたび解剖学的還元主義に立ち戻るリスクを背負うものの、またコーネルによるスピヴァック批判はあるものの、近年のグローバル化によってさらに巧妙に沈黙化させられている女の状況に迫ろうとする試みではある。しかし、行為遂行性を主軸に性的差異の「脱‐形象化」を試みる構築主義者と同様に、この立場は、修辞的介入そのものが孕む現実的な暴力性を看過しがちである。結論として、暴力が自己形成における欲望のシナリオのなかに所与のものとして刻まれ、またそれが外的な性配置のなかに相変わらず自然化されて投影される痕跡を分析することの必要性を強調している。

欲望を非強制的に再配置しようとする企てである人文諸科学の闘技場においては、勝者こそが敗者なのだ。
――ガヤトリ・スピヴァック『ある学問分野の死』

どの学問分野においても、その分野を指し示す用語を定義することは難しい。たとえばわたしがベースとして所属している文学研究において、「文学」をどう定義するか、「文学研究」はいったいどういうものかについて語り始めれば、際限のない論議・考察となっていくだろう。では社会学における〈社会的なもの〉とは、いったい何だろうか。その定義もまた、〈文学的なもの〉と同様に、論争と内省を呼ぶのだろうか。

わたしがこのような、ある意味で混乱をいや増すような、またある意味で、定義づけの陥穽にみずから身を投じるような話題をここで提起するには、理由がある。「性」にまつわって「差異／差別／起源／装置」を論じるシンポジウム、そしてその前提として、構築主義と本質主義の「相克」を浮かび上がらせようとする意図をもつ企画において、〈社会的なもの〉をどう捉えるかは、議論の要になると思われるからである。というのも、「構築主義」は「社会構築主義」とも呼ばれ、また「本質主義」の要諦は社会的メルクマールを排除するところにあると通例考えられているからだ。他方、〈社会的なもの〉とは何か、その考察によっていかに現システムが相対化、ひいては改変されうるかという問題は、現在の性体制を「差異」の構造ではなく、「差別」の構造だと捉えているわたし自身の課題でもある。だからわたしはここで、〈社会的なもの〉をめぐるいくつかの問いをわたし自身に発しながら、構築主義と本質主義について、また本質に還元されがちな性的差異の概念をめぐる問題系、とくに修辞的介入と暴力の関係について考察してみたいと思う[1]。

1　〈社会的なもの〉と〈政治的なもの〉

第二波フェミニズムは、「個人的なものは政治的なもの」という有名なスローガンを立てた。ここで言われている〈政治的なもの〉とは、アーレントの言うような「複数性」を志向する〈政治的なもの〉の意ではない。むしろこのスローガンが示しているのは、個人的問題はその人固有のものではなく、歴史的に作られ、一定の社会体制によって、社会的に形成され発生している種々の事柄であり、個人的問題の解決は、社会体制（それは具体的制度のことでもあり、また社会成員の言語使用や認識のことでもある）の次元で考えられなければならないということだ。つまり、「個人的なものは政治的なもの」と言うときの〈政治的なもの〉という言葉のなかには、〈社会的なもの〉という意味が大きく含まれている。それを如実に表しているのは、これも第二波フェミニズム以降に使われ出したジェンダーという言葉である。

　ジェンダーは、「社会的・文化的につくられた性的差異」と定義されてきた。またジェンダーの語が使われるときには、その性的差異は価値中立的ではなく、男女という恣意的で階層化された二分法に基づく差別として捉えられている。つまりジェンダーは、性差別〈セクシズム〉、さらには異性愛主義〈ヘテロセクシズム〉を背景に出現する種々の社会的現象であり、また種々の社会的意味づけと言える。それでは、社会的現象や社会的意味づけと、それを誘引し、かつまたそれらによって確認・強化される認識の方向性を、分析上、分けて考えた方がよいのだろうか。つまり、とりあえず〈社会的なもの〉とは、個々の現象や意味づけの現場であり、他方、それらの現象や意味づけを形成し、かつそれらによって再形成されるイデオロギーを、〈政治的なもの〉と位置づけた方がよいのだろうか。

このように述べると、両方とも〈社会的なもの〉だという答えが返ってくるかもしれない。社会学者のピエール・ブルデューは「ハビトゥス」という概念を創成するに当たって、ハビトゥスとは、集団のメンバーに対して「道理にかなった慣習行為を生成し、またこうして生み出された慣習行動に意味を与えることのできる知覚を生成する」ような、日常的な「身体化された必然」(Bourdieu, 261)だと説明した。そうであれば、性にまつわる慣習行為であるジェンダーは、「ジェンダー化された、ジェンダー化するハビトゥス」(Bourdieu and Wacquant, 172)という意味で、〈社会的なもの〉に牽引されていると言える。(2)

他方、どちらも〈政治的なもの〉であるという答えも当然ながら返ってくるだろう。というのも、社会的に現出している現象なり意味づけは、恣意的に現れ出るのではなく、ブルデュー自身も述べているように、(3)そこには権力関係が存在しているからだ。さきほどの言葉を使えば、ジェンダーは価値中立的な性的差異ではなく、性差別と異性愛主義によって構成されている。したがって、ちょうど第二波フェミニズムが「個人的なものは政治的なもの」と言ったように、また「フェミニズムの政治」と言われているように、〈社会的なもの〉はすべて――それが、個別的な現象であれ、意味づけであれ、また構造であれ――権力関係として捉えられる〈政治的なもの〉だという主張である。

このように言うと、この問題設定はひとえに言葉の定義にかかわってなされており、概念の外延画定に属することであるので大した意味はなく、むしろ高踏的遊戯だという反論もあるだろう。けれども、わたしがあえて〈社会的なもの〉とは何かを考えたいと思うのは、〈社会的なもの〉――現体制における社会的現象や意味づけや、そこに存在する関係性の原理――の検討が、どのように権力の動態《ダイナミズム》としての〈政治的なもの〉に結びつくかという、そのインターフェイスを知りたいと思うからだ。〈社会的なもの〉はどこで〈政治的なもの〉に連結するのか。現存秩序の権力関係の分析が、どこでその権力関係への介入になるのか。介入はどのように現存秩序の改変、新しいオルタナティヴの模索へと、ダイナミックに繋がっていくのだろうか。そしてもしかしたらこのような問いかけが、社会構築的な見方と本質に還元する見方の二元論を脱構築する契機の一つになるのではないかと思っている。

というのも、言説実践と言説権力に関する秀逸な社会構築的分析をおこなったフーコーの議論に対して[4]、すでに八〇年代より、それは、現存のある特定の社会の権力を分析することにはなっても、社会構築のロジック自体が、抑圧体制を再生産する言説権力の「悪循環」のなかに再包摂されているという批判が上がった。つまり、わたしたちが言説によって社会構築されているという考え方は、自己を言説構造に還元していく唯名論となり、〈社会的なもの〉の分析が〈政治的なもの〉へと繫がる回路が閉ざされるという批判である。

たしかに社会構築的な考え方は、次のようなアポーリアに陥る危険性をもつ。通常の理解では、本質主義は、言語の外側にある事物や現実のなかに本質（すなわち固定的意味）があらかじめ備わっており、言語はそれを単に写し取るだけの無色透明な媒体だとみなし、他方、構築主義は、言語によって物質的・現実的な事物が産出されるので、一義的で固定した意味（本質）は存在しないとみなす考え方である。だがラクラウとムフによれば、構築主義こそ、「物質性の分散に対抗するためのア・プリオリな統一〔観念〕」(Laclau and Mouffe, 109)を措定してしまいがちとなる。なぜなら、もし「物質性の分散に対抗するためのア・プリオリな」ものを措定しなければ、個々の事象や慣習はまったく不規則に、何の脈絡もなく集合することとなり、それらの集合体が一定の規制力を行使して、意味の想像的共同体を構築することができなくなってしまうからだ。だから他所でも述べたように、多数の物質性の偶発的な集合でありつつも、一定の規制力をもつという、言語の意味づけ作用の両義性を説明するために、「ある階級の統一化役割〔グラムシ〕」とか、再生産原則の機能的な強制力〔アルチュセール〕」(109)とか、言説権力の規範化機能〔フーコー〕」とか、パフォーマティヴィティにおける異性愛のマトリクス〔バトラー〕」[5]という概念がつくられる（竹村a、二六一）。このように皮肉なことに、本質主義的思考を回避しようとして作られたこれらの説明概念は、言語に「先行して、あるいはその外部に、構築のための次元」(Laclau and Mouffe, 109)を設定してしまい、言語に、あらゆる地点から放散される言説権力ではなくて、統治権力とも見まごうべき単一の収束点を与えることになる。つまり、個々の制度や儀礼や慣習を、人間の本質へと還元して解釈せずに、歴史的・社会的要因によって構成されるとみなす見方自体が、そうした社会的言語を統一的で還元的な知の形式にしてしまい、そのい社会組成をべつの社会組成に変換することなど不可能となる袋小路に落ち込んでいく。それゆえに、むしろ社会構築的な考え方自体が、本質主義的なものではないかという批判が生まれてきた。

2　置換される本質主義

本質主義と構築主義を対立的に捉える二元論への批判の一つは、ダイアナ・ファスによって八〇年代末に提示された。彼女は『本質的に語れば――フェミニズム・自然・差異』のなかで、「構築的な考え方は、本質主義的な考え方よりも、もっと洗練されたかたちの本質主義的考え方である」(Fuss, 119)と述べた。ここで注意したいことは、「本質」の意味が置換されていることである。彼女にとって本質とは、もはや言説の外にあるとされている「事実性」――「つねにすでに」そこにあるものとか、直接的な明示性を備えたもの――ではなく、言説を導く形式のなかに充塡される恣意的な意味内容である。ダイアナ・ファスは次のように言う。そもそも本質主義のなかに、本質など何もない。しかしそれにもかかわらず構築主義者は、「本質主義はいつもどこでも反動的であると主張し」、かえってそれによって、「まさにその批判行為のなかに、本質主義を引き込んでしまう」(21)。したがって、ファスによれば、「わたしたちがおこなわなければならないことは、「本質的に語ることによって」、語りを発するための本質主義的な場を理論づけ、それと同時に、そういった場が固定化しないように、それらを脱構築することである」(118)。より具体的には、「置換という政治的な戦略的身振り」として「「女」を本質化していく」ことである(71)。

テレサ・デ・ラウレティスも同様に、「真剣に本質主義のリスクを負えば」という副題をつけた一九八九年発表の論文のなかで、抵抗としての「女」という地点を擁護し、さらに一九九四年出版の『愛の実践』においては、「女」一般よりも狭く「レズビアン」に特定して、その欲望の在り処を分節化し、それを梃子に、異性愛の社会慣習そのものの変容を図ろうとした。これらは唯名論的本質主義という撞着語法を逆手にとって、「本質」のなかに社会的含意を込め、それを集合的な異議申し立ての場にするというものである。

ガヤトリ・C・スピヴァックもまた八〇年代末に、本質主義と社会構築主義の単純な二元論に異議を申し立てる。彼女によれば、「主体はつねに中心化されている」ので、「非本質主義的であることはそもそも不可能である」(Spivak, c 109)。彼女いわく、「非原理主義的な哲学でさえ、自らを非原理主義的な哲学として代表/表象しなければならず」、そして「どんな政治的代表/表象も本質主義なしには成立しない」ので、わたしたちに残された道は、「本質主義の還元不可能な契機を自ら意識して用いる」という「戦略的本質主義者」になる可能性である(109)。

では翻って社会構築主義についてはは、スピヴァックはマルクス主義の観点を入れて論じていく。エドワード・W・サイードは、フーコーの権力論を「階級の役割、経済の役割、蜂起と反乱の役割を消し去る」(Said, 243)と批判したが、彼女はこれを受け継いで、それは「人を蠱惑的にし、あらゆるものを神秘化するカテゴリー」(Spivak, f 265)だと断罪した。

「アイデンティティ」から「エイジェンシー」へとシフトするだけでは、そのエイジェンシーを良いとも悪いとも言わないので、その結果、すべてが社会構築されているという見方が反本質主義的だと言っても、じつは〈社会的なもの〉を本質とみなす考え方に帰着するにすぎない。そしてもしも〈社会的なもの〉を本質と捉えてしまえば、資本主義の社会活動を一種の本質、つまり唯一の〈社会的なもの〉(*the* social)にする無検証の仮説に、いとも簡単に結びついていく(Spivak, e 294 強調スピヴァック)。

スピヴァックによれば、このような構築主義的見方は、「知識人の透明さによって印づけられるような、権力と欲望が共謀した内密の主体概念」を立ち上げるだけで、後期資本主義体制によって推進される「労働の国際分業の搾取の側」に寄与してしまうことになる(Spivak, f 265)。それを回避するには、英語では同一の語(representation)として示される〈表象〉と〈代理〉を分離することが重要である。なぜなら「比喩としてのレトリック」(*Darstellung*)と「説得としてのレトリック」(*Vertretung*)——後者は「代理的な意味をより強力に持っている」——のあいだには、たしかに内的連関性はあるものの、もしもこの二つを混同してしまえば、「抑圧された主体が自分で語り、行為し、知る場所」を「この二つを超えたところ」に措定することになり、「本質主義的でユートピア的な政治」にいとも簡単に横滑りして、結局はサバルタンの歴史を「誰からも顧みられることのないかなたへと放逐することになるからだ(259 強調スピヴァック)。したがって彼女は、「比喩としてのレトリック」と「説得としてのレトリック」を「言葉の奇術で融合する」ことなく、マルクスが『ブリュメール十八日』でおこなったように、両者の共謀関係を暴き出して(260)、「記述的概念および変革的概念としての「階級」」(257)を考察することが必要だと述べる。

しかし、そもそも〈女性的なもの〉の「記述的概念」のなかに「変革的概念」を見いだしたのは、七〇年代に大きな潮流をうみ、八〇年代になってフェミニズム内部から、歴史を無視した本質主義と批判されるようになったフレンチ・フェミニズムたちだった。たしかにエクリチュール・フェミニンの提唱者の一人リュス・イリガライは、女の快楽を総体的に捉えて次のように言う。「女の快楽は、他者のなかを、他者を通り抜けて、無限に増殖するがゆえに、現機構(economy)の思惑は、これによって回復不能なまでに妨害されていく」(Irigaray, a 31)。だが歴史的・政治的・社会的次元を無視して、抽象的な〈女〉の一次的快楽に牽引されているようなこの本質主義的主張の直後で、あたかもそれを否定あるいは修正するかのような発言を、イリガライはおこなっていた。

しかし女が、女としての快楽を得る場所に到達するには、彼女に背負わされている様々な抑圧システムの分析を経るという、長い回り道が必要である。そしてもしも女が、自分の問題の解決策として、快楽のみに頼ろうとするなら、彼女の快楽が依って立つ社会的実践を再考する機会を、みすみす取り逃がしてしまうリスクを負うことになる。(31　強調イリガライ)

あるいは、別の章では次のようにも語る。

この特殊な抑圧状況〔〈女性的なもの〉がつねに〈男性的なもの〉によって、〈男性的なもの〉のために、定義され、その逆はありえないこと〕こそ、おそらく今日の女たちに、「政治機構批判」を練り上げるのを可能にさせるものである。というのも、女たちは「商品」として交換法則のなかに組み込まれているにもかかわらず、その法則の外側に位置づけられているからである。政治機構が稼働するときの言説を批判せずして、その機構を批判することはもはや不可能だ。とくにそういった言説の形而上学的な前提を批判せずに、政治機構の批判をすることはできない。そしておそらくこの種の批判は、生産関係の分析に与える言説機構の影響力を、今までとは別様に解釈するものとなるだろう。(85　強調イリガライ)

このように「生産関係」と「言説機構」の共謀関係に着目するイリガライの言葉は、スピヴァックの主張と、さほど遠いところにあるようには思えない。事実、スピヴァックがフレンチ・フェミニズムを批判した論文でおもに標的としたのは、ジュリア・クリステヴァであって、イリガライに対しては、当初から微妙な立場を取っていた(Spivak, a 134–53)。彼女はその論文のなかで、前者の引用部分を紹介したのち、さらに続けて、「〈生物学的なもの〉がどのように〈政治的なもの〉になるのか、言い換えれば、〈生物学的なもの〉の政治機能は何なのかを、わたしたちは問いかけなければならない」という、フレンチ・フェミニストの雑誌『ケスチョン・フェミニスト』の編者の主張に賛同の意を表してもいる(152)。つまりスピヴァックの関心は、本質的なものを持ち出してくることの単なる是非ではなく、その本質的(に見える)形態がどのように政治に関係づけられているか、またその政治がどのように言説レベルで考えられているかということにある。別の言葉で言えば、彼女のこだわりは、本質を語るときの修辞的な介入力の所在にあると言えるだろう。その証左が、以下の彼女のイリガライ分析である。

「フレンチ・フェミニズム再訪」[6]のなかで、スピヴァックはイリガライに一節を使い、「彼女を「本質主義者」として読む通常のイリガライ批判」こそ、「彼女の文章に見られる修辞性の攻撃的役割を無視している」(Spivak, d 74 強調引用者)と述べた。ここでスピヴァックは、イリガライが本質主義的であるかどうかではなく、イリガライを読む行為が本質主義的になっているかどうかに、議論の焦点を移している。その結果、母性的なものが持つ「愛撫の多産性」を「倫理的なものに至る

（不）可能な入口」(78)と称揚したイリガライの主張を、スピヴァックは、単に本質主義的だと決めつけずに、その主張を政治的かつ修辞的に読んでいく必要を強調する。なぜならスピヴァックにとって、「〔母性的なものの〕愛撫のエイジェンシーを学ぶ」ことは、「文字通りの意味で、学んだことを忘れる(unlearning)エイジェンシーでありつづけることであり、またそれは、「政治的」と見なされている闘争の気孔のなかにさえ、書かれて存在すること(*être-écrit(e)*)の空白のための場所を確保しつづけていくことである」(80)からだ。すなわち、「愛撫の多産性」として捉えられる母性的なものは、けっして生物学的決定論を社会的に美化して、粉飾したものではない。むしろそれは、「生物学とかけ離れたところにある性的差異が決定不能なものとして位置づけられ、その決定不能性をまえにして、この置換された「規範」が倫理的＝政治的決定をするリスクをやむなく冒す」(75)という、新しい倫理に向かって開かれている。いわばそれは、「変革」への曙光を、その本質主義的なきわどい位置のなかに内包しているのである。

　このスピヴァックのイリガライ読解は、まさにそのイリガライを、九〇年代になって政治的文脈のなかに積極的、肯定的に引き入れていくドゥルシア・コーネルによって受け継がれているように思われる。コーネルはこう語る。

　リュス・イリガライの引用においては、「〈女性的なもの〉の開花は、性的差異の未来を開いたままにしておく」と同時に、わたしたちの苦しみを表現不可能にさせていた「〈女性的なも

> の〉の歴史の沈黙」という過去について判断することを、可能にさせる。だがその〈女性的なもの〉の開花がおこなわれるかどうかは、ジェンダー・アイデンティティ（もっと一般的には、あらゆる既存のアイデンティティ）の規定的システムを超えた〈差異〉として、〈女性的なもの〉の特殊性を肯定できるかどうかにかかっている。もしも〈女性的なもの〉が否認され、もしも「女性的現実」がいま一度「後方」に追い遣られ、あるいは押し下げられれば、わたしたちがいかに、またなぜそれを正当化するかということに関係なく、わたしたちは古い支配のゲームが演じられる男性的な闘争の場《アリーナ》に取り残されたままとなるだろう。そこにあるのは反復だけで、未来への再‐展開／革命(re-evolution)はない。イリガライはつまるところ、変化の思想家なのである。（Cornell, 9 強調引用者）

コーネルにとってそのような〈女性的なもの〉は、生物学的な母の身体に依拠したり、男性的な象徴界に対抗する女性的な象徴界を召喚したりするのではなく、「想像界と象徴界の厳格な区別に挑戦する」(78)ものである。そしてそれを可能にさせるのが、イリガライの言う「残滓」である。なぜなら「一方の性が他方の性によって、完全に性的／社会的結合を成し遂げられたり(consummated)、消費されたりはせず、そこにはつねに残滓がある」(Irigaray, b 125 強調イリガライ)からで、この残滓を引き出してくるのが、修辞の機能だとコーネルは論じる。したがってスピヴァックと同様にコーネルは、散文詩のようなイリガライの批評的マニフェストを、「身体の真実に本質主義的に訴えかけていると文字通り解釈するなら、文学言語の特殊性を誤解することになる」(Cornell, 160 強調引用者)と述べ、もしもファルスロゴス中心主義の意味作用のなかで〈男性的なもの〉を補完するような〈女性的なもの〉とはべつの、「女性的欲望の特殊性」を見つけたいなら、「《失う術》が必要だ」(164)と提唱する。

このコーネルの《失う術》は、スピヴァックの「学んだことを忘れること」と似た概念のように見え、またコーネルは、スピヴァックと同様に、イリガライの反逆に含まれている「倫理性」と「政治性」を強調する(16)。しかしながら、彼女自身は、スピヴァックとは異なって、自分の議論をどんな意味でも本質主義とは呼ばず、むしろ語気強く、スピヴァックの「戦略的本質主義」やダイアナ・ファスの「政治的な戦略的身振り」を批判する。ではコーネルは、彼女の議論ときわめて近似していると思われるスピヴァックやファスの「置換した本質主義」のどこを批判しているのだろうか。またそれは、デ・ラウレティスが言及する本質主義のリスクとどう結びつくのか。社会構築的な思想は、これらの批判やリスクに応えられるのだろうか。

3　修辞的介入および暴力への内的／外的対峙

コーネルとスピヴァック／ファスの両者は、実際にはさほど隔たった立場を取っているとは思えないが、コーネルによるスピヴァック／ファス批判を検証していくことで、図らずも彼女たちが志向している方向性が共通して孕むリスクを、再確認することになる。コーネルの批判は、以下の二点に要約される。

第一にコーネルは、ある集団や文脈の「特殊性」を、非政治的な文化相対主義にも堕さず、立場性にも固定化させないで言挙げしようとするスピヴァックの姿勢には賛同しつつも、「特殊性」と言うべきところで、スピヴァックが「本質」という語を用いたことに反対する。なぜならこの二つの語の混同は、ナイーブな本質主義に舞い戻ったり、女の苦境に対する無関心を生むからであり、これを回避するには、「本質主義の自己矛盾した位置づけを言語の内部で示す」脱構築の手法が必要だと言う(Cornell, 181)。具体的には、「差異(特殊性)の概念化は、その概念規定によってアイデンティティを再設定してしまう」(182)ので、特殊性を外側から俯瞰的に捉えないで、既存の意味づけの「内側」から、「内部で起こる破綻」をつうじて――つまり「ミメーシスの脱‐存/停止(desistance)」をつうじて――〈女性的なもの〉の特殊性を引き出し、それを存続させることが必要である(182)。

第二の批判もこれに関係したもので、スピヴァックやファスは「〈女性的なもの〉の側から書くこと」を称揚するが、それは「意識的操作」であるから効果的戦略とはならないと言う(182 強調コーネル)。なぜなら〈女性的なもの〉の基盤は無意識のなかにあるので、内側からの脱構築――「神話を単に否定するのではなく、神話の内部で神話を再解釈し変容させる」営為――は、意識的操作としてだけでは捉えきれないからだ。だからむしろ、「〈女性的なもの〉の還元不可能性を肯定すること」は、「〈政治的なもの〉の現行の概念」の次元でなされるのではなく、それを越える「べつの場所」を希求・模索するものでなければならない(182)。

だが八〇年代より、ヨーロッパ中心主義のポストモダンな言語遊戯を嫌って、近年では「グローバル化に対抗し、それに〔現実レベルで〕取って替わるような開発活動」(Spivak, f 429 強調引用者)を求めようとするスピヴァックではあるが、彼女の著述がもっとも難解になるのは、つまり彼女の論調が現行システムに再占有されるような安易な妥協を排したものとなるのは、七〇年代より脱構築の旗手であった彼女自身が、そのための思想的方策として、脱構築的視座、修辞的攪乱力をもち出すときである。事実デリダについて、「起源において答ええない問いに立ち向かうという「危険な責務をあえておこなう」ことができなかった、おこなおうとしなかった」哲学者が、いまやそれをやりはじめるなら、「起源にあるのは、あの避けがたい不可能なものの経験」であり、それを「提供する形象はいまだに文学」(428 強調引用者)と述べている。したがってスピヴァックは、〈代表〉に完全に重心を移して、返す刀で〈表象〉を切り捨てているのではなく、両者をごた混ぜにして、いつの間にか表層的な〈表象〉遊戯に終始する脱政治的な姿勢を問題にしているのである。

となれば、コーネルはスピヴァックよりも精神分析的用語のなかで論じているにもかかわらず、本質主義の語を自らには適用せず、またスピヴァックはコーネルよりもマルクス主義的視野を打ち出しているにもかかわらず、本質主義の語を使うことにためらわないという、興味深い交差はあるものの、両者とも、イリガライのきわどい本質主義的議論をかろうじて掬い上げながら、性的差異の再-形象化を図り、「グローバル規模のファルスロゴス形態主義」[7]を失効させようとしている点において軌を一にしていると考えるべきだろう。そしてむしろ彼女たちのこの交差自体が、性的差異という「起源」に回収して現行の性体制を是認する本質主義の思想に対する、批判の在り処を示していると思われる。

だが、彼女たちが繰り返して語る本質主義的固定化へと横滑りしがちなリスクは、その都度回避しうるものだろうか。あるいはそれにもかかわらずリスクが依然として存在するというのなら、そのリスクがなぜ現れ出るのか、あるいはどこで輻輳化するかの検討が必要ではないだろうか。おそらく皮肉なことに、そのリスクは、本質主義と構築主義の単純な二元論を避けて、〈政治的なもの〉の介入を主張する彼女たちの議論が依拠する修辞の力にあると思われる[8]。しかしこう述べたからといって、わたしがその修辞力を否定しているのではない。むしろ彼女たちと同様に、修辞的言語の行為遂行的な力のみが、おそらくグローバル規模のファルスロゴス形態主義を失効させる手段であるとも思われる。だが、それがまた、グローバル規模のファルスロゴス形態主義を、無傷のまま延命させるという逆説を生むことも事実である——修辞の象徴的／現実的暴力を無視あるいは軽視することによって。

たとえばコーネルは、「神話の語り直しによって……〈女性的なもの〉が特定化できるようになり、そうして「彼女の物語＝女の歴史」(herstory)が語られることになる」(Cornell, 196)と述べ、スピヴァックはもう少しユートピア的なトーンを下げて、経済・社会的な軸を入れ、「留保なき脱構築の〈仕事への取りかかり〉」は「資本の社会的生産の資本(-主義)的利用を不断に退けること——差異化し、繰り延べること」(Spivak, f 430)だと述べてはいるが、両者とも、またファスやデ・ラウレティスにおいても、そのような試み自体が胚胎する暴力性についてはさほど追求しない。そしてこのような彼女たちの姿勢は、〈社会的なもの〉を変革する可能性としてパステーシュやパロディ(9)の修辞的ずらしを持ち出すことで唯名論の袋小路を脱しようとする社会構築的な考え方と、必然的に軌を一にしているように思われる。事実レオ・ベルサーニは『ホモズ』のなかで、それを「ユートピア的転覆性」(Bersani, c 51)と呼び、セジウィックやバトラーによる性的差異の脱‐形象化を批判した。

しかし実際には、ある社会構築をべつの社会構築へと作りかえようとする「政治」は、それが「置換された本質主義」であろうと、「パフォーマティヴな攪乱」への期待であろうと、修辞の力をその契機とするがゆえに、表象可能性と不可能性の閾《しきい》でなされ、そのかぎりにおいて、表象領域――すなわち社会／身体領域――に対して暴力的な介入がなされるはずである。ベルサーニは、そもそも人が自己を形成するときの「最初の心的全体性」は、「自我が自分自身の解体を予測して得る快楽から必然的に生じる激しく痛ましい推測」(Bersani, b 38; Copjec, 88)によって得られると論じた。彼の議論は、そのフロイト再読に首肯するジョアン・コプチェクによってさえ、その自閉性を問題にされるが、しかし通常の物語に抗して自己が立ち上がる軌跡を分析しようとするときに出現する暴力性に、彼が注視したことは看過すべきではないだろう。とくにグローバル資本とテクノロジーの発達と国境を越える国家言説によってもたらされる比喩の増殖と、その逆説的な一元化が、監視的な強制力をますます強め、まだ見ぬ修辞にアクセスする道をさらに狭く閉ざそうとしているときには、むしろそのようなときには、自己のありようが孕む暴力性――ベルサーニにならって言えば、自己粉砕の享楽――は、それが感知されるまえにすでに馴化され、その代わりに、政治／経済／テクノロジーによって歴史的に肥大化されたファリックな超自我（それは、往々にして仮装されているような、歴史を超越した超自我ではない）が、フーコーが言うような「生政治」（biopolitics）をつうじて、暴力を波状的に外部に向かって生み出していく。そのような社会構築の圧倒的なファルスの暴力をまえにして、「置換された本質」としての性的差異の再‐形象化、あるいは「パフォーマティヴィティ」による性的差異の脱‐形象化は、どのように生存可能となるのだろうか。

　コプチェクはベルサーニと異なって、自己求心的ではない対象関係のなかに、超自我の暴力性を回避する道を探ろうとした。そのために彼女は、アガンベンが語る〈死〉の生政治を〈性〉の生政治へと変換し、なおかつ「フーコーの主張とは反対に、精神分析による身体の性別化は、生政治の管理体制に与するものではない」（Copjec. 49）と主張する。だがそもそもファルスロゴス中心主義においては、生物学的本質としてのペニスであろうと、〈不可能なもの〉のシニフィアンとしてのファルスであろうと、ペニス＝ファルスをもつ者ともたない者に二分された性的差異は、自己の内なる暴力性を外部に投射させるための装置として機能していると思われる。つまりペニス＝ファルスをもつ者が一義的な公的領域（社会的なもの）を支配し、ペニス＝ファルスをもたない者が一義的な私的領域（しかし、これもネガとしての社会的なもの）のなかに置かれてはいるが、公的領域と私的領域の双方がともに〈社会的なもの〉であるために、両者の境界画定はつねに恒常的な抗争状態とならざるをえない(10)。この抗争状況を隠匿するために、男女二つの身体的形態の比喩が、闘争を克服して現出する（と想定された）理念的な対《つい》概念として動員されていると考えられる。内部に生じている矛盾・葛藤は、〈女性的なもの〉と〈男性的なもの〉という二つの形態（「形式」と詐称されている）に割り振られて演じられ、欲望の異性愛化という両者の補完作用によって目くらましされる。そして馴化された内なる暴力は、〈女性的なもの〉を比喩化した外部（階級・人種・民族・宗教……）において捏造された他者）へと向けられていく。あるいは、内部で感知された〈女性的なもの〉を、実現不能な解放地点として、はるかかなたに超越的にロマン化する。どちらの場合においても、〈女性的なもの〉は実体ではなく、あくまで比喩として（しかし実体に横滑りする比喩として）、象徴空間に流通する。むろんときには、〈女性的〉という性別化が表面上は隠された「ホモ・サケル」（アガンベン）という形態をとることもあるが――そして、その傾向は日増しに増大するが――しかし、ホモ・サケルを殺す権利をもつ者が、象徴言語であるファルスを所有する者であることを考えれば、ホモ・サケルはある意味で、〈女性性〉の意味づけを隠蔽された〈女性的なもの〉だとみなすこともできる。こうした状況のなかでは、撹乱的な政治的介入は望みえず、むしろ外部に向かう暴力の増殖（戦闘状況の拡大）と、内部的な「超過昏睡」（アガンベン）の延長（生ける屍状況の恒常化）が引き起こされるだけである。

したがって、性的差異の再‐形象化であれ性的差異の脱‐形象化であれ、自己（あるいは自己で非ざる者）の形成過程に埋め込まれる暴力性を考慮に入れないかぎり、変革の契機になることはない。今求められるのは、それが抑圧的なものであれ解放的なものであれ、修辞において、また修辞によって引き起こされるアクチュアルな暴力の解明——つまり、暴力がいかに（非）自己形成の欲望のシナリオのなかに、つねにすでにあるものとして刻印されるかということの解明——だろう。性的差異をめぐる本質主義と構築主義の二元論は、単に本質を社会構築的に置換すること、あるいは修辞として新たに表象／代表される本質（特殊性）から政治性／倫理性を引き出してくるだけでは、本質主義と構築主義の循環論法の環のなかから抜け出すことはできない。むしろ性的差異がファリックな「主体」のなかに持ち込まれ、「対象」の位置がそれに連動して構築される欲望のシナリオのなかで、暴力がいかに比喩化され、身体的形象のなかに、身体的形象として、飼い慣らされてきたか、そしてその機制がいまどのように変質しているかを見ていく必要があるだろう。それは修辞のなかに戦闘を読み取ることであり、「自己解体の享楽」の外的転移の痕跡を予測することである。スピヴァックは最近の著作で、「欲望を非強制的に再配置しようとする企てである人文諸科学の闘技場においては、勝者こそが敗者なのだ」と述べた（Spivak, g 101）。このアナロジーを使えば、おそらく暴力の場面——経済的搾取、法的抑圧、社会的排除、身体的虐待、戦闘行為……——において、「勝者が敗者である」という二重性を引き出してくること、[11] それが「自己解体の享楽」の外的転移の現場を同定して、抑圧・排除・搾取・虐待の暴力に政治的に介入しうる、まだ見ぬ〈わたし〉を構築することになるのではないか。

注

(1) 本論は、日本社会学会二〇〇三年度年次大会シンポジウム「差異／差別／起源／装置――本質主義と社会構築主義」における発表の、おもに前半部分を拡大して、加筆・修正したものである。なお本論の研究は、文部科学省科学研究費補助金(基盤研究(C)(2)15510211号)「《親密圏／公共圏》の再構築の理論化とその表象分析」(二〇〇三―二〇〇六)の助成を受けており、また「二一世紀COEプログラム」研究拠点形成費補助金(学際、複合、新領域)「ジェンダー研究のフロンティア(F-GENS)」(機関番号12611、整理番号J-1、開始年度二〇〇三)の研究活動の一つである。

(2) それまで階級をおもに論じていたブルデューは、九〇年代になって、ジェンダーの軸を入れるようになった。Bourdieu and Wacquant (172) 参照。

(3) 事実、発話の行為遂行性をめぐって、ブルデューは、言語哲学者のオースティンは発話を取りまく社会環境の権力構造を過小評価していると批判した。ブルデューによれば、環境は単に静態的に存在しているのではなく、社会権力の配分によって現実的に構造化されているのであり、本論の文脈で言えば、そこには「政治的なもの」が介入している。だがこのブルデューの見方のなかにも、当の彼が批判した「形式主義」が潜んでおり、正統な発話と非正統な発話の境界を攪乱する要素を認めてはいないと、ジュディス・バトラーは指摘する。Butler, c 第四章参照。

(4) フーコー自身は系譜学的分析の重要性を説いており、社会構築主義そのものとしては提示していない。

(5) 母型とか鋳型という意味の「マトリクス」の語は、言語の統治性のニュアンスを与えてしまうために、*Bodies That Matter* 以降では、置換や再意味づけの可能性を強調する「ヘゲモニー」に変えたとバトラーは断っている(Butler, b 36)。

(6) 本論が「国際的枠組みのなかのフレンチ・フェミニズム」の主張を修正したものであると、スピヴァック自身によって述べられている。彼女のここ一〇年程の関心は、宗主国フェミニストのヨーロッパ中心主義を単に弾劾することではなく、「ポストコロニアルなフェミニストがいかに宗主国フェミニストと交渉していくか」(Spivak, d 58 強調引用者)に移っている。

(7) 精神分析的フェミニズム(とくにフランスのエクリチュール・フェミニン)は、ラカン理論のなかに潜む男性中心主義を弾劾して「ファルス(男根)中心主義」という言葉を作り、またデリダは統合的言語の絶対化と男性中心主義が不可分の関係にあることを示す「ファルスロゴス中心主義」の言葉を作ったが、ダイアナ・ファスは、それが身体形態を固定的に誘導していること、また西洋的な身体解釈であることを示すために、「西洋的なファルス形態主義」という言葉を案出した。本論ではグローバルな資本の移動によって、かならずしも地勢的な西洋に限定されないことを踏まえて、「グローバル規模のファルスロゴス形態主義」と表記した。

(8) 二〇〇三年におこなわれたシンポジウムでは、リスクとしてほかに、本質主義が依然として持っている自然化作用、および精神分析的な性的差異の理解における「形式」の非政治性を指摘し、主体構築における「取り込み」と「投射」の機能について言及したが、本論では字数の制限上割愛する。これらについては、竹村a、第四章参照。

(9) ただしフレデリック・ジェイムスンやジュディス・バトラーは、パスティーシュとパロディにおける意図性の有無に注目して、両者を峻別している。

(10) これについては、竹村b参照。

(11) 現在、増殖・連鎖する暴力の布置を、暴力の対象ではなく、暴力の行為者のホモ・サケル化として捉え、生/死の生政治ではなく、「死にいたる生政治」を論じた拙論(Takemura)参照。なお、その論文は、F-GENS全体シンポジウム「グローバル化、暴力、ジェンダー」分科会A「いかにして権力はパフォームするのか――暴力の再現前とジェンダー配備」(二〇〇四年一二月一一日)で口頭発表された。

文献

Agamben, Giorgio. *Homo Sacer: Sovereign Power and Bare Life*. 1995. Trans. Daniel Heller-Roazen. Stanford: Stanford University Press, 1998.（ジョルジョ・アガンベン『ホモ・サケル――主権権力と剝き出しの生』高桑和巳訳、以文社、二〇〇三年）

Bersani, Leo, a. *The Freudian Body: Psychoanalysis and Art*. 1984. Trans. Cristian Marouby. New York: Columbia University Press, 1986.（レオ・ベルサーニ『フロイト的身体――精神分析と美学』長原豊訳、青土社、一九九九年）

――, b. "Erotic Assumption: Narcissism and Sublimation in Freud." *The Culture of Redemption*. Cambridge, MA: Harvard University Press, 1990. 29-46.

――, c. *Homos*. Cambridge, MA: Harvard University Press, 1995.（『ホモセクシュアルとは』船倉正憲訳、法政大学出版局、一九九六年）

Bourdieu, Pierre. *La distinction: Critique sociale du jugement*. Paris: Editions de Minuit, 1979.（ピエール・ブルデュー『ディスタンクシオン――社会的判断力批判』新評論、一九八九年）

Bourdieu, Pierre and Loie J. J. Wacquant. *An Invitation to Reflexive Sociology*. Chicago: The University of Chicago Press, 1992.

Butler, Judith, a. *Gender Trouble: Feminism and the Subversion of Identity*. New York: Routledge, 1990.（ジュディス・バトラー『ジェンダー・トラブル――フェミニズムとアイデンティティの攪乱』竹村和子訳、青土社、一九九九年）

――, b. "Gender as Performance: An Interview with Judith Butler." *Radical Philosophy* 67 (1994): 32-39.（「パフォーマンスとしてのジェンダー」竹村和子訳、『批評空間』Ⅱ-八号、太田出版、一九九六年、四八

一六三頁）
——, c. *Excitable Speech: A Politics of the Performative*. New York: Routledge, 1997.（『触発する言葉——言語・権力・行為体』竹村和子訳、岩波書店、二〇〇四年）
Copjec, Joan. *Imagine There's No Woman: Ethics and Sublimation*. Cambridge, MA: MIT Press, 2002.［ジョアン・コプチェク『〈女〉なんていないと想像してごらん』村山敏勝・鈴木英明・中山徹訳、河出書房新社、二〇〇四年］
Cornell, Drucilla. *Beyond Accomodation: Ethical Feminism, Deconstruction, and the Law*. Boston: Routledge, 1991.（ドゥルシラ・コーネル『脱構築と法——適応の彼方へ』仲正昌樹監訳、御茶の水書房、二〇〇三年）
de Lauretis, Teresa, a. "The Essence of the Triangle, or Taking the Risk of Essentialism Seriously: Feminist Theory in Italy, the U.S. and Britain." *Differences* 1. 2, 1989: 3-37.
——, b. *The Practice of Love: Lesbian Sexuality and Perverse Desire*. Indianapolis: Indiana University Press, 1994.
Fuss, Diana. *Essentially Speaking: Feminism, Nature, and Difference*. New York: Routledge, 1989.
Irigaray, Luce, a. *This Sex Which Is Not One*. 1977. Trans. Catherine Porter, Ithaca, New York: Cornell University Press, 1985.（リュース・イリガライ『ひとつではない女の性』棚沢直子・小野ゆり子・中嶋公子訳、勁草書房、一九八七年）
——, b. "Sexual Difference." *French Feminist Thought: A Reader*. Ed. Toril Moi. New York: Basil Blackwell, 1987. 118-30.
Jameson, Fredric. *The Political Unconscious: Narrative as a Socially Symbolic Act*. Ithaca, New York: Cornell University Press, 1981.（フレドリック・ジェイムソン『政治的無意識——社会的象徴行為としての

物語』大橋洋一・木村茂雄・太田耕人訳、平凡社、一九八九年）
Laclau, Ernesto and Chantal Mouffe. *Hegemony and Socialist Strategy: Towards a Radical Democratic Politics.* Trans. Winston Moore and Paul Cammack. London: Verso, 1985.（エルネスト・ラクラウ、シャンタル・ムフ『ポスト・マルクス主義と政治——根源的民主主義のために』山崎カヲル・石澤武訳、大村書店、一九九二年）
Marks, Elaine and Isabelle de Courtivron, eds. *New French Feminisms: An Anthology.* Amherst: University of Massachusetts Press, 1980.
Said, W. Edward. *The World, the Text, and the Critics.* Cambridge, MA: Harvard University Press, 1983.（エドワード・W・サイード『世界・テキスト・批評家』山形和美訳、法政大学出版局、一九九五年）
Spivak, Gayatri Chakravorty, a. "French Feminism in an International Frame." *Yale French Studies* 62, 1981. 154-84; reprinted in *In Other Worlds: Essays in Cultural Politics.* New York: Methuen, 1987. 134-53.（ガヤトリ・C・スピヴァック『文化としての他者』鈴木聡・鵜飼信光・大野雅子・片岡信訳、紀伊国屋書店、一九九〇年）
——, b. "Can the Subaltern Speak?" 1985. *Marxism and the Interpretation of Culture.* Eds. Cary Nelson and Lawrence Gossberg. Urbana: University of Illinois Press, 1988. 271-313.（『サバルタンは語ることができるか』上村忠男訳、みすず書房、一九九八年）
——, c. "Practical Politics of the Open End: An Interview with Gayatri Chakravorty Spivak." *The Post-Colonial Critic: Interviews, Strategies, Dialogues.* Ed. Sarah Harasym. New York: Routledge, 1990.（「オープン・エンドの実践政治」『ポスト植民地主義の思想』清水和子・崎谷若菜訳、彩流社、一九九二年、一七一—二〇一頁）
——, d. "French Feminism Revisited: Ethics and Politics." *Feminists Theorize The Political.* Eds. Judith But-

ler and Joan W. Scott. New York: Routledge, 1992. 54-85.

——, e. "Subaltern Talk: Interview with the Editors." 1993. *The Spivak Reader*. Eds. Donna Landry and Gerald MacLean. New York: Routledge, 1996. 287-308.（「サバルタン・トーク」吉原ゆかり訳、『現代思想』二七巻七号、青土社、一九九九年、八〇—一〇〇頁）

——, f. *A Critique of Postcolonial Reason: Toward a History of the Vanishing Present*. Cambridge, MA: Harvard University Press, 1999.（『ポストコロニアル理性批判——消え去りゆく現在の歴史のために』上村忠男・本橋哲也訳、月曜社、二〇〇三年）

——, g. *Death of a Discipline*. New York: Columbia University Press, 2003.（『ある学問分野の死』上村忠男・鈴木聡訳、みすず書房、二〇〇四年）

Takemura, Kazuko. "Violence-Invested（non-）Desire: Global Phallomorphism and Lethal Biopolitics."『F-GENSジャーナル』三号、お茶の水女子大学、二〇〇五年、六五—七一頁。

竹村和子a『愛について——アイデンティティと欲望の政治学』岩波書店、二〇〇二年。

——b「暴力のその後……——「亡霊」「自爆」「悲嘆」のサイクルを穿て」『思想』九五五号、岩波書店、二〇〇三年、三五—五九頁。［本書第一三章］

Ⅲ　バトラー解読

第五章　異性愛のマトリクス／ヘゲモニー
――『ジェンダー・トラブル』について――

1

「異性愛のマトリクス」という概念は、『ジェンダー・トラブル』という著作がなぜこれほどまでに大きな衝撃を与えたのか、それを的確に表すものであると同時に、著者ジュディス・バトラーの思想を誤解して伝えるものでもある。

確かに本書が刊行されたとき、「異性愛のマトリクス」という言葉は新鮮な驚きをもって迎え入れられた。というのも、本書はまさに異性愛を「制度」として明確に位置づけたからだ。もちろんこれまでも異性愛を相対化する視点はあったし、女性性の本質化には疑義が投げかけられていた。そしてそういった議論はどれも――ボーヴォワールも、フーコーも、クリステヴァも、ウィティッグ等々も――性の「制度」に対する分析と洞察によって、里程標的なテクストであり続けてきた。しかし本書でバトラーが行ったのは、こういった思想家が切り拓いた地平を評価しつつも、だが他方で、それらが依然として抱えている性別二分法の桎梏を次々と仮借なく暴いていくことだった。別様に言えば、彼女は本書で「女というカテゴリー」を分析対象から外したのではなく、いかにその「カテゴリー」が、性差別的《セクシスト》で異性愛主義的《ヘテロセクシスト》な言説においてのみならず、解放主義的言説においてさえ再生産されているのかを跡づけ、それによって女と男という二つのカテゴリーを必要とする異性愛の社会構築性をくっきりと浮き彫りにした。つまり、異性愛が文化の「マトリクス」として制定されて、異性愛セクシュアリティへの同一化《アイデンティフィケーション》が強要されていく図式を明らかにした。

しかし母型とか鋳型という意味のマトリクスは、本書で彼女が主張するもう一つの概念、言語の「パフォーマティヴィティ」を削いでいく危険性がある。バトラー自身、次作以降では「マトリクス」という語は使わず、「異性愛のヘゲモニー」に修正した。

何かが社会的に構築されているということは、それが言語によって日々、反復されているということである。つまり「事実性」と考えられているものは、反復という行為によってパフォーマティヴ(行為遂行的)に生産されているにすぎない。したがって、性の事実(女性性や男性性)を表現しているのではなく、それを生産している言語のパフォーマティヴな反復行為は、現体制の強化と同時に、反復行為そのものが必然的に内包する「ずらし」によって、現体制を攪乱する可能性ももつ。固定したイメージを与えるマトリクスではなく、権力のダイナミックな側面を語る「ヘゲモニー」という語を次作以降使うようになった所以である。ここで重要なことは、本書で強調されているように、それがなされるのはあくまでも言語の中において、つまりその社会の成員を統べるシステムとしての「〈法〉のただなか」においてであるということだ。

従来の解放言説は、現体制を攪乱する可能性を、人間が言語を獲得する以前の「〈法〉のまえ」か、未来の理想的なユートピアとしての「〈法〉のあと」に設定する傾向にあった。例えばＳ・ボーヴォワール。彼女の有名な言葉「ひとは女に生まれない、女になる」は、ジェンダーの社会構築性を早々と表明したものだが、バトラーが着目するのは、この定理の中の「ひと」という言葉の使われ方だ。「ひとが女になる」という表現は、女になる以前の「ひと」を中立的・抽象的に「〈法〉のまえ」に措定し、それによって精神と身体というデカルト的二分法を無意識に踏襲する。同様の批判を、バトラーはエクリチュール・フェミニンの思想家（Ｌ・イリガライやＨ・シクスー）にも向ける。前言語的な女性性を解放の基盤にすることは、現存の性体制に汚染されない存在があたかも可能であるかのような幻想を与え、その結果、精神と身体の二分法の陥穽に再び陥ってしまうと警告するのである。

翻って、マルクス主義的唯物論の立場からレズビアンという位置の解放性を打ち出したＭ・ウィティッグに対しては、レズビアンというカテゴリーを立てること自体が、異性愛制度との共犯関係に陥ることになると批判した。「〈法〉のあと」に現出するかのように語られるカテゴリーは、永遠に現実化しえない理念的な構造的他者として、〈法〉に取り込まれてしまう。だから、セクシュアリティの言説性を詳らかにした『性の歴史』の著者Ｍ・フーコーについても、彼が両性具有者エルキュリーヌ・バルバンの〈アイデンティティのない〉状態を理想化した瞬間を鋭く見抜き、そのような審美化が、フーコー自身の主張を裏切って、不可能性を解放の地点として固定する愚を犯すことになると指摘する。むしろエルキュリーヌの性位置が可能な攪乱になりうるのは、〈アイデンティティのない〉ことにおいてではなく、男女二分法的な欲望と身体が混在する中で、アイデンティティの幻想それ自体が輻輳化し、揺らぐときである。

つまり、本書がそれ以前の著作と異なる点は、どのような局面においても(たとえそれが、フェミニズム運動やゲイ解放運動の政治的基盤になるように見えても)、本質主義やアイデンティティ主義からは注意深く我が身を引き離し、それらが引き起こす陥穽に鋭く警鐘を鳴らしたことである。「フェミニズムとアイデンティティの攪乱」という副題がいみじくも示しているように、女であろうと、レズビアンであろうと、いかなるアイデンティティも欲望も自明化せず、それらが言語によって構築されていると徹底的に捉えることによって、性別二分法のみならず、ゲイとストレートの二分法もまた、異性愛の身体(男女二つのセックス)を無意識のうちに自然化してしまうと断じ、フェミニズムに激震を走らせた。

ただしここで重要なことは、アイデンティティの攪乱が意識的・意図的なパフォーマンスによって可能だと、バトラーが安易に述べているわけではないということだ。ジェンダーのパフォーマティヴィティと言うと、ジェンダーの過剰な演出としてのドラァグの実践(例えばドラァグ・クイーンなど)が連想されがちだが、それはパフォーマンスではあっても、パフォーマティヴィティではない。フーコーの言説理論を最も効果的にフェミニズムに持ち込んだバトラーにとって、パフォーマティヴな生産とは、例えば「禁止」の言語それ自体が、それが禁止している欲望を生産するというものである。ここに、彼女がフーコーの衣鉢を継ぎつつ、精神分析に接近する所以がある。

本書で展開されている重要な議論は、Ｓ・フロイトのメランコリー理論を使ってジェンダー体制を看破した部分である。これまでのフェミニズムの理論では、ともすれば女性性の解体はジェンダーの次元で捉えられ、セクシュアリティの次元に及ぶことがなかった。その理由は、女性気質を問いかける議論の中に、異性愛のマトリクスが巧妙に前提とされていたからだ。このメカニズムを、バトラーは近親姦タブーを精神分析的に説明して、以下のように解き明かす。

男児は、母との近親姦的な自他癒着の関係を断念するにあたって、性対象のみを移動させればすむが、女児の場合は、性対象を母から別のものに移動させるだけでなく、母を愛したという同性愛的欲望（性目標）も、併せて断念しなければならない。性対象も性目標も諦めるこの根源的な喪失は、喪失した対象を追悼しうる「悲哀」ではなく、喪失したことも、何を喪失したかも忘却せざるをえない「メランコリー」によって解決される。フロイトによれば、メランコリーによる解決とは、喪失した愛の対象を自らの中に「体内化」して取り込む作用である。つまり母が体現していた女性性を、愛の対象としてではなく、もともと自分の中にあった所与の属性として、自らの身体のうえに存在させていく。そしてこのように「字義どおりの」事実として自らのうえに構築した女性気質が、今度は異性愛構造の基盤となり、同性愛の可能性を思考不可能、認識不可能なものにしていく。つまり「正常に発達した」女児は、自分がかつて欲望したもの、しかしもはや欲望することを禁じられているものに「なって」いき、彼女の欲望の喪失は、解決されるどころか、その喪失を認められることもなく隠蔽されてしまうのである。女という身体を捏造するメランコリーの操作はこのようにきわめて不安定なものなので、だからこそ異性愛を強制する制度は、何度も何度も女性性を言語によってパフォーマティヴに反復する必要があるのである。

このように本書においてバトラーは、社会的・文化的性別であるジェンダーが、そのパフォーマティヴな生産の系譜を隠蔽することによって、セクシュアリティやセックスの二分法を遡及的に生産していることを看破した。ただし彼女は、言語がすべてで、身体が存在しないと語っているのではない。現存の男女二つの身体が唯、一、の身体の事実として認識され、社会的に成形されることを問題にしたのである。こののち彼女は、次作『問題=物質となる身体』の中でこの議論をさらに発展させた。また彼女のパフォーマティヴィティの議論は、2節に述べるように、その後の著作で政治や倫理の領域にまで拡大しつつ精緻に展開され、多方面の学問領域や社会運動に影響を与えている。

2

哲学出身のバトラー(一九五六―)の学問的キャリアは、二〇世紀初頭のフランスにおけるG・W・F・ヘーゲルの『精神現象学』受容に関する博士論文(一九八四年博士号取得)に始まる。タイトルは『欲望の主体』(初版一九八七年、再版一九九九年)。学生時代にフルブライト奨学生として、ドイツのハイデルベルク大学でドイツ思想を学んだ。J・デリダの脱構築やフーコーの言説理論を自論に取り入れるようになったのは、八〇年代半ば以降である。ヘーゲル再読で始めた欲望と承認に関する考察は、そののち変奏されながら、一貫して彼女の関心事となっている。

一九九〇年発行の本書『ジェンダー・トラブル』によって時代の寵児となったが、彼女自身が来日時に述べたように、それは彼女がわずか三〇代前半のことだった。それ以降、次々と著作を発表し、常に世界的な関心の的となっている。次作は『問題＝物質となる身体――「セックス」の言説的限界について』(一九九三年)で、身体性の問題をさらに掘り下げ、文学や文化表象の分析にも手を伸ばした。と同時に、ラカン派精神分析家のS・ジジェクとの間に、性別の理念性に対する見解の相違が鮮明になる。最終章の「批評的にクィア」のみ邦訳されている(Butler, b)。

一九九七年に二作を刊行(こののちも二作同年刊行が続く)。『触発する言葉――言語・権力・行為体』では、人種に絡んだ侮蔑発言や米軍における同性愛の処遇などの事例を基に、パフォーマティヴィティを現実政治の文脈で具体的に展開させ、J・L・オースティン、L・アルチュセール、デリダ、J・ハーバーマスなどを取り上げた。この頃より、自己の自律性をイメージしやすい「主体」に代わって、時々の行為性を強調する「行為体《エイジェンシー》」の概念を使い始める。『権力の心的生――主体化に関する諸理論』では一転して、精神分析とフーコーを生産的に重ねあわせ、主体と権力の関係について、きわめて思弁的な議論を展開した。ヘーゲル、F・ニーチェ、アルチュセール、フロイト、フーコーが各章で適宜取り扱われている。第一章「ヘーゲルの「不幸な意識」論を読む」と

第四章のアルチュセール論「良心がわたしたち皆を主体にする」のみが邦訳されている(Butler, e)。

二〇〇〇年に刊行されたのは、『アンティゴネーの主張——問い直される親族関係』。ギリシア悲劇の登場人物アンティゴネーは、これまで多くの思想家の考察対象となってきたが、彼女はそれを親族関係の中に隠蔽されている近親姦の視点から読み直し、権力と抵抗の関係を発話行為の面から再解釈して、「乱交的服従」という概念を創出した。「乱交的服従」とは、規範的親族関係から逸脱した親密な関係を指し、例えば合法的には追悼できない人を追悼する行為で、のちの彼女の著作にも言葉を変えて、この概念は繰り返される。同年に発表されたもう一つの書物は、E・ラクラウとジジェクとの対話集『偶発性・ヘゲモニー・普遍性——新しい対抗政治への対話』で、各人が三つずつの応答論文を寄せている。性別の位置をめぐって、ジジェクとの差異がさらに鮮明になるとともに、資本主義の問題も語られる。

二〇〇四年には『生のあやうさ——哀悼と暴力の政治学』と『ジェンダーをほどく』が出版された。前者は九・一一が米国に引き起こした民主主義の危機を鋭く省察し、その個別的危機が人の「生」の様態といかにつながっているか、また危機を乗り越える可能性はどこにあるのかを粘り強く考察したものである。後者は、レズビアン/ゲイの結婚やトランスジェンダー、国際的な養子縁組、人工授精、児童売買、遺伝子選別などが取り上げられ、彼女の仮借ない理論的見解が、現在の具体的政治の中で、いかに現実的な可能性へと押し広げられるかが模索されている。なおこの両著作で、彼女のユダヤ性が彼女自身によって語られる。翌年には『自分自身を説明すること——倫理的暴力の批判』を上梓、倫理と暴力の問題を、特に自己意識の限界を理論的に問いかけることで追究した。この頃よりＥ・レヴィナス、Ｔ・Ｗ・アドルノ、Ｊ・ラプランシュが論じられ始め、フーコーの再再読もなされる。

二〇〇七年にはＧ・スピヴァクとの対話『国家を歌うのは誰か？——グローバル・ステイトにおける言語・政治・帰属』を発表し、また翌年には『会話のなかのジュディス・バトラー』が出た。特に前者は、近年のフェミニズム研究や思想を牽引してきた両名が、グローバル化を加速させる現代社会の状況を、各々の関心や経験に根ざしつつ、初めて向きあって語ったものである。二〇〇九年には、戦争・暴力・権力・メディアなどについての論考『戦争のフレーム——生が追悼可能になる時』を上梓。さらに現在、ユダヤ教／ユダヤ主義についての本を執筆中である。

3

本書『ジェンダー・トラブル』は、同年に上梓されたＥ・Ｋ・セジウィックの『クローゼットの認識論』とともに、一九九〇年代にセクシュアリティ研究が爆発的に花開いていく契機となった。それは、八〇年代のレーガン／ブッシュ父の共和党政権下におけるエイズへの偏見と強力な同性愛嫌悪の風潮からの脱却を印象づけた。ちなみにビル・クリントンが、レズビアン／ゲイへの理解を示して大統領に選ばれたのは一九九二年である。

一九九一年にフェミニズム学術誌『ディファレンシス』が「クィア理論」を特集し、性的カテゴリーやアイデンティティに係留することのないセクシュアリティ研究が「クィア理論」と呼ばれるようになった(そのときの編者はT・デ・ラウレティスで、同題の序論を載せた)。セジウィックとともに、クィア理論の第一人者と呼ばれたバトラーだが、本書刊行時にはこの概念はなく、そう名づけられることに戸惑ったと、一九九四年のインタビューで語っている。

本書および、そこで主張されたパフォーマティヴィティを、さらに理論的に、また文学や政治の文脈に拡大して論じていく彼女のその後の仕事は、人文学、社会科学を中心に多くの学問分野で、また社会運動などの現実政治の場面で、多大な影響を与え続けている。おそらく二〇世紀末に登場した最も卓越した思想家の一人として、後世においても評価され続けるだろう。

他方バトラーの著作は、それが論じる先行研究の位置を丁寧に説明するという労をとらずに、著者と同じ知識を読者にもいきなり要求してくるので、彼女の論を把握することはなかなか困難であり、またその議論もきわめて抽象性が高い。加えて、彼女が主張する「アイデンティティに依拠しない政治」は、デリダの脱構築と同様に、現実の政治や社会運動に直接的な青写真を提供するものではない。したがって、彼女の著作はエリート的で、ペダンティックで、現実から遊離したものだという批判が、当初から寄せられていた。また身体性を軽んじたポストモダンな戯れの思想家だという非難も投げかけられた。例えば、T・モイ。しかしM・ヌスバウムとなると、語気強くというより、悪意に満ちてバトラーを「パロディの教授」と呼び、物質性を軽視し政治性が希薄であると弾劾するが、このような批判はバトラーの一面を歪曲したものにすぎない。同様の中傷は、バトラーの論文が一九九八年の悪文大賞に選ばれた折に耳目を集めたが、バトラー自身、翌年『ニューヨーク・タイムズ』紙に反論を載せ、議論の攪乱性と文体の革新性の連動を主張した。

日本でもジュディス・バトラーの思想は、特に一九九〇年代後半からアカデミズムの内外に浸透し、学術誌の特集もたびたび組まれて、ボディブローのような影響を与え続けている。二〇〇六年に初来日し、「ジェンダーをほどく」というタイトルで講演した(Butler, k)。

レズビアンのセクシュアリティは、「セックス」とか「女」とか「自然な身体」というカテゴリーに異を唱えるだけでなく、「レズビアン」というカテゴリーに対しても異を唱えるものだと理解することはできないか。(Butler, a 邦訳二二六)

もしもアイデンティティが政治議論の前提として固定されず、また政治が一対の既成の主体の利権から導き出される一対の実践ではないと理解したとき、新しい政治配置は、古いものの廃墟から確実に姿をあらわしてくるはずである。そのとき、セックスとジェンダーの文化配置は増殖する。あるいはむしろ、現在の増殖が、一方ではセックスの二分法を混乱させ、その基盤の不自然さをあばきつつも、他方では理解可能な文化生活を打ち立てている言説の内部で分節可能となっていくだろう。(二六〇)

文献

Butler, Judith. a. *Gender Trouble: Feminism and the Subversion of Identity*. New York: Routledge, 1990; 10th Anniversary ed. 1999.（ジュディス・バトラー『ジェンダー・トラブル――フェミニズムとアイデンティティの攪乱』竹村和子訳、青土社、一九九九年）

——, b. *Bodies That Matter: On the Discursive Limits of "Sex"*. New York: Routledge, 1993.（最終章「批判的にクィア」クレア・マリィ訳、『現代思想』二五巻六号、青土社、一九九七年、一五九—七七頁）〔『物質／問題となる身体（仮）』竹村和子ほか訳、以文社、二〇一三年刊行予定〕

——, c. "Gender as Performance: An Interview with Judith Butler." *Radical Philosophy* 67 (1994): 32-39.（「パフォーマンスとしてのジェンダー」竹村和子訳、『批評空間』II-八号、太田出版、一九九六年、四八—六三頁）

——, d. *Excitable Speech: A Politics of the Performative*. New York: Routledge, 1997.（『触発する言葉——言語・権力・行為体』竹村和子訳、岩波書店、二〇〇四年）

——, e. *The Psychic Life of Power: Theories in Subjection*. Stanford, CA: Stanford University Press, 1997.（第一章「ヘーゲルの「不幸な意識」論を読む」大池真知子訳、第四章「良心がわたしたち皆を主体にする」井川ちとせ訳、ともに『現代思想』二八巻一四号、青土社、二〇〇〇年、一〇四—二四頁、八四—一〇三頁）〔『権力の心的な生——主体化＝服従化に関する諸理論』佐藤嘉幸・清水知子訳、月曜社、二〇一二年〕

——, f. "A 'Bad Writer' Bites Back." *The New York Times*, March 20, 1999.

——, g. *Antigone's Claim: Kinship between Life and Death*. New York: Columbia University Press, 2000.（『アンティゴネーの主張——問い直される親族関係』竹村和子訳、青土社、二〇〇二年）

——, h. *Precarious Life: The Powers of Mourning and Violence*. London: Verso, 2004.（『生のあやうさ——哀悼と暴力の政治学』本橋哲也訳、以文社、二〇〇七年）

——, i. *Undoing Gender*. New York: Routledge, 2004.（『ジェンダーをほどく』越智博美・三浦玲一訳、明石書店より刊行予定）

——, j. *Giving an Account of Oneself*. New York: Fordham University Press, 2005.（『自分自身を説明するこ

と――倫理的暴力の批判』佐藤嘉幸・清水知子訳、月曜社、二〇〇八年）
――, k. "Un Doing Gender."『F-GENSジャーナル』五号、お茶の水女子大学、二〇〇六年、一九二―二〇〇頁。（「ジェンダーをほどく」竹村和子訳、『思想』九八九号、岩波書店、二〇〇六年、四―一五頁）
――, l. *Frames of War: When Is Life Grievable?* London: Verso, 2009.［『戦争の枠組――生はいつ嘆きうるものであるのか』清水晶子訳、筑摩書房、二〇一二年］
Butler, Judith, Ernesto Laclau, and Slavoj Žižek. *Contingency, Hegemony, Universality: Contemporary Dialogues on the Left.* London: Verso, 2000.（バトラー、ラクラウ、ジジェク『偶発性・ヘゲモニー・普遍性――新しい対抗政治への対話』竹村和子・村山敏勝訳、青土社、二〇〇二年）
Butler, Judith and Gayatri Chakravorty Spivak. *Who Sings the Nation-State?: Language, Politics, Belonging.* London: Seagull Books, 2007.（バトラー、スピヴァク『国家を歌うのは誰か?――グローバル・ステイトにおける言語・政治・帰属』竹村和子訳、岩波書店、二〇〇八年）
Davies, Bronwyn, ed. *Judith Butler in Conversation: Analyzing the Texts and Talk of Everyday Life.* New York: Routledge, 2008.
de Lauretis, T. "Queer Theory." *Differences* 3. 2 (Summer 1991).（テレサ・デ・ラウレティス「クィア・セオリー」大脇美智子訳、『ユリイカ』二八巻一三号、一九九六年）
Moi, Toril. *What Is a Woman?: And Other Essays.* Oxford: Oxford University Press, 1999.
Salih, Sara. *Judith Butler.* London: Routledge, 2002.（サラ・サリー『ジュディス・バトラー』竹村和子ほか訳、青土社、二〇〇五年）
Sedgwick, Eve Kosofsky. *Epistemology of the Closet.* Berkeley: University of California Press, 1990.（イヴ・K・セジウィック『クローゼットの認識論――セクシュアリティの二〇世紀』外岡尚美訳、青土社、一九九九年）

第六章　いかにして理論で政治をおこなうか
――『触発する言葉』訳者あとがき――

フーコーは言うまでもなくデリダ、アルチュセールらのポスト構造主義思想を使いながら、というよりもそれらの語らざるところを衝きながら、ヘーゲル、ニーチェ、フロイト、ラカン等をフェミニズムの観点から批判的に読みなおしてきたジュディス・バトラーは、一九九〇年代以降のフェミニズム「理論」を新しい地平へと押し広げた批評家と言われている。そのためか、あるいは彼女独特の文体もあってか、彼女の著作は「難解」であり、「悪しき脱構築」の見本であり、「非政治的」だと批判されることも多い。このことは、事実上の彼女のデビュー作となった『ジェンダー・トラブル』(一九九〇年、邦訳一九九九年)がＥ・Ｋ・セジウィックの著作とともに一九九〇年代の「クィア政治」を牽引してきたことを思うと、なんとも皮肉なことである。しかし、フェミニストによってさえ自明視されてきた事柄を議論の俎上に載せることによって、「フェミニズムの政治」を覇権的言説の再領有から避けようとすればするほどに、彼女の議論は従来の語彙の使用を混乱させ、また従来の思考方法を揺るがすものになっていく。一般的に言っても、「常識《コモンセンス》」の壁を突き破ろうとする思考は、その含意のすべてを読者が瞬時に理解し同意して、新しい「常識」、新しい「共通理解」へと導くものにはなりにくい。事実バトラーが批判の眼を向けているのは、本書〔ジュディス・バトラー『触発する言葉──言語・権力・行為体』竹村和子訳、岩波書店、二〇〇四年〕でも明らかにされているように、まさにこの「共通理解」や「常識」の陥穽であり、その表面上の安易さである。

したがって、たしかに彼女の文章には読者を混乱させる「悪文」の要素があるとしても、それを割り引いても、ある種必然的な成り行きから、彼女の議論は、すぐに効果の上がる行動を示していくわかりやすい政治を扱うものではなくて、そもそも「政治」を成り立たせている「認識」とは何なのかを思弁的に追求するものとなる。『問題なのは身体だ』(一九九三年)の大部分の章、および本書と同年に出版された『権力の心的生』(一九九七年)、ラクラウ、ジジェクとの共著『偶発性・ヘゲモニー・普遍性』(二〇〇〇年、邦訳二〇〇二年)、スピノザ講義シリーズの一巻『自分自身を説明すること』(二〇〇五年)がそれである。しかしこれらの著作のなかにフェミニズムの政治──とくにセクシュアリティにまで踏み込んだフェミニズムの政治──が確固として刻まれていることは、皮肉なことに何かをこじ開けようとのたうち回るようなその文体のなかに、如実にあらわれている。この意味で彼女の仕事は、けっして分析的中立項としてジェンダーを扱う日和見的フェミニストのそれでもなければ、ジャーゴン(仲間内の専門用語)を振りまくだけのアカデミズムに自閉するものでもない。それが典型的にあらわれているのが、本書『触発する言葉』〔一九九七年〕である。

これ以外の著作では、現実の政治は例としてのみ挙げられているのに比べ（たとえば『問題なのは身体だ』ではドラァグ、『偶発性・ヘゲモニー・普遍性』ではゲイの婚姻、『アンティゴネーの主張』［二〇〇〇年］では拡大家族）、本書では、現在の米国の政治状況がそのまま考察の対象となっている。すなわち第一章では、黒人の家の前庭で十字を燃やす行為を「憎悪発話」とみなして罰するかどうかの判決をめぐって、第二章ではポルノの取り締まりを国家に要求することの是非、第三章では同性愛者の処遇をめぐる米軍の政策の意味である。本書は、彼女が一貫して論拠としてきた行為遂行性（パフォーマティヴィティ）の理論が、これら具体的な政治状況をまえにして、いかなる政治的意味を持ちえるかを問いかけている。

しかし、あるいはだからこそ、本書は単にそれぞれの政治的場面における白黒明確な行動計画を処方しているわけではない。ここで考察されているのは、そこに存在する政治性がいったい何を根拠に、どんな政治（＝権力布置）を現出させているかであり、そのため本書は、行為遂行性（言葉が物事をおこなうこと）の根幹をなす「言葉」と「行為」の関係を、執拗なまでに探査している。批判的に取り上げているのは、J・L・オースティンの『言葉で物事をいかにおこなうか』（邦訳『言語と行為』）であり、それに対するデリダの論考「署名、出来事、コンテクスト」やピエール・ブルデューの『言語と象徴権力』であり、またルイ・アルチュセールの「呼びかけ」の理論である。これら一連の議論を引き起こす動因となっているのは、ポスト構造主義以降に取り沙汰されている、主体なき社会における解放の問題である。

オースティンによれば、語ることが即時的効果を生産する「発話内行為」において、「発話」は「行為」となる。これを憎悪発話に援用すれば、憎悪発話は、発話と同時に従属的な社会的位置(「黒人」や「女」)を生みだし、憎悪や侮辱の再生産につながる。しかしそういった発話をやみくもに法律で禁止することは、発話と行為にまつわる権力関係や、発話と行為のあいだの時間性や歴史性を検証しないまま、トラウマを封印することになる。あるいはまた、軍における同性愛者のカミングアウトやポルノについては、発話の行為性を過度に主張してこれを禁じ、人種的な憎悪発話については、発話性に固執してこれを擁護するというように、発話の行為遂行性の解釈をめぐって二重基準が敷かれ、結果的に保守的政治に悪用される危険性をもつ。

さらに重要なことには、発話を行為とみなせば、発話する主体は行為する主体となり、発話(行為)のまえに主体が設定されることになって、行為遂行的な発話が有する可変性が阻止される。発話行為は、それをおこなう主体に還元され、侮蔑的な発話行為は、主体という起源に固定され、その場面においてのみ有責性が問われることになる。有責の因果関係を求めようとする道徳観によって、遡及的に主体が措定されるのである。バトラーはこの道徳観に抗して、発話が行為として機能するには、それを成りたたせる慣習——儀式的に繰り返される慣習——が必要であると、つまり発話行為の時間はじつは即時的な瞬間ではなく、語られる「現在」のなかに「過去」と「未来」をもつ凝縮された「歴史性」であり、この歴史性のゆえに、発話は行為となり、それに対して社会的意味が賦与されていくと主張する。

じつはオースティンもこの歴史性にすでに着目していた。彼は、言語上の発話にしかすぎないものがなぜ行為となるかは、それを取りまく慣習に発話が依存しているからであり、そこから力と効果を得ているためだと説明し、社会的文脈が発話時に示されずに、発話が首尾良く行為しない例を数多く挙げている。たとえば裁判官でない者が有罪を宣告しても、司法上の有罪にならない場合である。けれどもひとたび「適切な」状況が設定されれば、発話は自動的にかならず、語っていることを行為する。社会学者ピエール・ブルデューはこれと同じ立場をとりながらも、言語哲学者のオースティンは発話を取りまく社会環境の権力構造を過小評価していると批判する。ブルデューによれば、環境は単に静態的に存在しているのではなく、社会権力の配分によって現実的に構造化されているのであり、したがって発話が行為となるかどうかは、つまり発話が正統的なものになるかペテンになるかは、発話者に社会的権威が賦与されているかどうかによって決まる。

バトラーはこの点においてブルデューに賛同しながらも、議論をなおも進める。というのも、オースティンを「形式主義」と批判したブルデューもまた、オースティンと同様に、権力構造を固定したものとみなして正統な発話と非正統な発話のあいだの線引きを動かさないからだ。これは「構造化し、構造化される」ハビトゥスという循環的定理を立てたブルデューにとっては当然のことかもしれないが、抑圧的な現行の構造をどのように変革するかという課題に答えを与えるものではない。このことは後述するように、フーコーの言説理論が陥りやすい袋小路でもあるが、そこから抜け出すためにバトラーが引いてくるのは、同じくブルデューによって「言語的形式主義」とか「文学寄り」として暗に弾劾されているジャック・デリダの議論である。

デリダもまた、発話は儀式の形態をとって反復されることによって、行為遂行的な力をもつと考えた。しかしその理由は、発話が発話前とまったく同じ文脈を想起させるからではなく、むしろ反復によって先行する文脈から切り離され、新しい文脈を呼び込むからである。つまり慣習は継続的文脈のなかでおこなわれているとしても、その継続はつねに新しい文脈に晒《ヴァルネラブル》されており、この被傷性《ヴァルネラビリティ》が構造の脱構築をもたらすとデリダは主張する。スピヴァックと同様に脱構築の思考方法をとるバトラーは、むろんデリダのこの主張を取り入れるが、そのうえで彼に異を唱えていくのは、彼が先行の文脈からの断絶を構造的特質とみなした点においてである。デリダは、先行文脈からの断絶はすべての記号に本来的に備わっているものであり、社会的文脈や意味論の次元ではなくて、構造の次元で起こる事柄だと結論づけた。

しかしそれならば、なぜある発話が先行する文脈からずれて、それが語っていることを行為できないという「不首尾」に終わり、なぜある発話が先行する文脈をなぞって、少なくとも当面は「首尾よく」行為できるのかという、現実的な疑問が残される。「形式主義」とも言えるデリダの説明に反駁するバトラーの議論は、のちに普遍性の次元をめぐってジジェクと正面切って対立する『偶発性・ヘゲモニー・普遍性』を予表するものである。なお本書第二章に置かれた「普遍の抗争」の節は、この共著書の前振りのような役目をしている。

さて右記の疑問について考えるために、本書の議論の道筋では相前後するが、序章で展開されているアルチュセール再読に戻ってみよう。アルチュセールによれば、主体は「呼びかけ」によって形成されるので、憎悪発話は、憎悪され侮辱される主体を生産していく。だがこの定理だと、侮辱は起源としての呼びかけの声に還元され、呼びかけによって機械的に予測可能なものとして再生産される。この呼びかけの理論では、主体はつねにシステムの声によって生産されるために、社会変革の可能性を見つけることはむずかしい。なぜならフーコーの言説権力論の場合と同様に、主体がおこなう主体的行動とは、とりもなおさず言語によって与えられる幻想にすぎないので、現行の社会体制（つまりは言語体制）の抑圧をなくそうと思っても、その抵抗そのものがあらかじめ現行の言語体制によってプログラミングされており、抵抗しているように見えて、じつは巧妙な権力操作に取り込まれてしまうからだ。たしかにこの考え方は、とくに六〇年代の「政治の時代」に叫ばれていた「主体たれ」のスローガンの胡散臭さを味わったのちには、実感として共鳴できる部分があるだろう。しかしそうなると、言説と主体が互いに再生産されていく循環から脱する糸口はどこにも見いだせず、排他的な権力構造は、ますます肥え太る一方となる。

そのためアルチュセールの「呼びかけ」は、次の二点において修正される必要がある。ひとつは、呼びかける声に「神」の声という絶対性を与えてはならないことである。なぜなら呼びかける声もまた、そのまえに呼びかけられているのであり、したがって、語る声の権力も、つねにどこからか借りてきたもの、その始源を発話時の声に遡ることができないものであるからだ。二つ目は、呼びかけが起こるとき、主体はかならずしもふり向く必要がないということである。主体は自分では気づかないうちに呼びかけられていることがある。だから主体は、自分でそう認識していない呼びかけをこうむるものであり、主体が使う言語は呼びかけの言語とまったく同じではない。

それでは行為遂行性の理論であれ、呼びかけの理論であれ、発話を行為とみなしつつ、言語そのもの(差別的な既存の社会体制)を攪乱する契機を、具体的にどこに見つければよいのだろうか。バトラーによれば、それは、呼びかけられ、かつ呼びかける——すなわち、言語によって形成され、かつ言語を使用する——発話においてであるという。そのような発話は、その歴史性がもつ「発話」と「行為」の隔たりによって、また呼びかける声にさらに先行する「呼びかけ」によって、慣習をあらためて呼びおこすと同時に、その意味づけ直しの可能性ももつ。バトラーは、言語を自律的に作りだす統治的「主体」ではなく、言語を使用する——つまり言語を「引用」する——「行為体」という概念を編みだした。けれども「行為」をおこなうものは、かならずしも個人だけではない。なぜなら個人のまえに、それに呼びかける声(言語)が存在するからである。だから言語そのものも、言語をおこなう動態的な「行為体」と言うことができる。

さらにバトラーは、ブルデューのハビトゥス論を権力構造の固定化だと批判したが、他方で、彼がハビトゥスを身体レベルでなされるゲームと指摘したことは評価した。それはちょうどアルチュセールがパスカルを引き合いに出して、「ひざまずき、唇を動かして祈りの言葉を唱えよ。そうすれば神を信じることになるだろう」と述べたときに示唆された身体の行為遂行性であり、またショシャナ・フェルマンが『語る身体のスキャンダル』で、語る身体が、語られている内容に収斂されないことを指摘したときの身体行為であり、またトニ・モリスンがノーベル賞受賞講演で、言語を「生き物」に譬えた比喩に通じる身体性でもある。主体形成を一回きりでなされる形式レベルの事柄とみなさずに、刻一刻引き受けていく身体レベルの営為と主張して、そこにスキャンダラスな解放の契機を見いだそうとする彼女の姿勢は、前作『問題なのは身体だ』、とくにその第二章「レズビアン・ファルスと想像界の形態学」から引き継がれていると思われる。

言語と人間――もっと正確に言えば、言語と身体――のあいだのこの双方向の関係によって、当初の文脈とはべつの新しい文脈、新しい身体が立ちあらわれてくる。ゆえに言語使用の「責任」は、言語の上位にいて、言語を作りだすこと、その統治的な精神作用にあるのではなく（それは不可能な幻想である）、発話の引用機能のなかに生じるノイズを封印して、それによって既存の身体をそのまま再生産してしまうことにある。しかし侮蔑的な名称の使用は、侮蔑の文脈を再生産する一方で、そのまさに侮蔑の場所に、思いがけない新しい事柄を呼び込んでいく――過剰さを抱えた「触発する言葉」として。現在では語りえない行為体は、侮辱が内包する排除の限界地点で、新しい可能性として登場しはじめる。

本書は、社会構築論の目覚ましさの反面に存在する社会構築論の閉塞性（社会体制を瓦解させる契機を主体に求めることができない苦境）を打開しようとした点で、現代の理論の先端をゆくもののひとつである。とくに文化唯物論を展開するさいにはつねにつきまとう解決困難な政治と理論の具体的かかわりについて、一石を投じた。本論の冒頭で、バトラーの議論はたとえそれがどんなに

「難解」で「衒学的」に見えたとしても、のたうち回るようなその文体のなかにフェミニズムの政治が刻まれていると述べたのは、まさにこのゆえである。安易な解決はかならず言語の再生産磁場のなかに搦めとられるので、どう行動すべきかという処方箋はおよそ作りようもない。しかしバトラーの試みは、こういった状況を単に高踏的に概説してみせるのではなく、現行の権力構造から排除されて「女」や「同性愛者」と命名された者が、現在経験している閉塞的苦境を何とかこじ開けようとするものである。理論と政治を結びつけ、緻密な理論が政治参加になりうることを示したという意味で、本書は現代における理論の政治的可能性を開示した。ちなみに今年［二〇〇四年］四月刊行予定の *Undoing Gender*［Routledge, 2004］も、ゲイの婚姻、トランスセクシュアル、生殖テクノロジー等にまつわる火急の政治的課題を直接に取り扱っており、その点で本書と同列の著作と位置づけられる。

さまざまな差別が錯綜し、またそれらが比較的に可視化している合衆国では、本書は重要な政治的、理論的意味をもつが、日本では差別自体が不可視である場合が多いので、バトラーの議論の現代性、政治性はいくぶん見過ごされるかもしれない。けれども本書で問題とされている発話行為には、日常の個々の発言だけでなく、それについての体制側からの検閲も含まれている（重点はむしろこちらにある）。その意味で、日本でも問題になっている差別用語の使用をめぐる議論や、報道の自由と人権の蹂躙の関係についての論議に、また名称権にまつわる最近の金融上の事柄にも、本論は示唆を与えることだろう。発話の禁止という政治的判断が逆に差別の温存や固定化につながるメカニズムを緻密に論じている本書は、思弁的な理論としてだけではなく、社会学やマスコミュニケーション論、政治学、政策、市民運動、そして文学や哲学などにもわたって、広範囲の領域に影響を与えると思われる。

だがそれでもなお本書に不十分なところがあるとすれば――事実、訳者は不十分と思っているのだが――バトラーが本書で挙げた事例の数々のなかでふるわれている暴力の、その後についての考察がなされていないことである。なるほど先行する文脈から袂を分かつ政治は、新しい社会的文脈、新しい身体を作り上げていく。むろんバトラーは、この作業が単線的な解放の道筋だと楽観視しているわけでも、あるいは新しい文脈、新しい身体が完全にユートピア的なものだと考えているわけでもない。しかしそのプロセスとして言及されているのは、クィア(変態)という語の攪乱的な行為遂行性であり、セクシュアル・ハラスメントを司法に訴えることによってさらなるセクシュアル・ハラスメントを被ることになったアニタ・ヒルが、それでもなおかつ彼女を苦しめる性化作用をずらすことができるという、言語の可能性である。

しかしもう一方でバトラーが言及している「ウィスコンシン州対ミッチェル」判決の場合はどうだろう。トッド・ミッチェルは、たしかに不当な暴行を見ず知らずの若者におこなった。しかしもしもこの暴力が、「R・A・V対セントポール市」判決でセントポール市の訴えを退けた(ということは、黒人の家のまえでおこなわれた威嚇行為を言論の自由として認めた)連邦裁判官の多数派の一人に向けられたものであったら、ミッチェルの行為は、映画『ミシシッピー・バーニング』と同様の、指示対象を入れ替えた攪乱的な憎悪発話として首肯されうるのか。あるいは裁判官その人たちには向けられないとしても、その文化や認識を共有するように見える社会集団に向けられたと考えられる場合は、どうだろう。事実その可能性を、裁判官自身が示唆している――べつの文脈においてであるが。そのときミッチェルがおこなう発話としての攪乱性と、その行為の暴力性を、どのように峻別すればよいのだろうか。この箇所でのバトラーの関心は、法廷「発話」が有する権力性に当てられている。しかし憎悪発話が「行為」であることを考えれば、先行文脈からずれていく発話の攪乱作用は、狭義の言説次元だけでなされるわけではない。まさに現実に、身体が身体に向けて発する発話でもある。そして昨今、むしろこの傾向は、個人レベルにおいても、国家(あるいは共同体)レベルにおいても、加速している。

わたしがバトラーの著作を読んで物足りなく思うのは、彼女が「新しい民主主義」や「新しい意味づけ」へと、議論を最後に急いで纏め上げてしまうことだ。それは、それまでの粘着的な議論に比して、あまりにも短兵急である。トッド・ミッチェルや、『ミシシッピー・バーニング』で描かれている職務を逸脱した司法の役人は、反転した憎悪発話を身体レベルでおこなった。彼らの発話を「行きすぎた行為」とのみ断じることは可能だろうか。あるいはそのような行為を、「男性性の構築」とのみ言えるだろうか。身体レベルでの攪乱性は、新しい身体の構築としてだけではなく、従来の身体の破壊としても論じられなければならない。わたしたちは自爆テロや、さらには女の自爆テロリストを、どのようにフェミニスト的に分析すればよいのだろうか。むしろいまわたしたちが現実性のある「理論」として考察しなければならないことは、発話行為(とくに反転した憎悪発話)としてなされる行為の暴力性を、承認《レコグニッション》／認識の次元で批判的に丹念に読み解き、その暴力を回避する道を探ることではないだろうか。

たまたまこの原稿の初校のおりに、バトラーのもうひとつの近刊著 *Precarious Life*[*Precarious Life: The Powers of Mourning and Violence*, Verso, 2004(『生のあやうさ——哀悼と暴力の政治学』本橋哲哉訳、以文社、二〇〇七年)]の原稿が届いた。「危うさを生きる」とでも訳される著作に収められた五つの論文は、すべて二〇〇一年九月一一日以降に書かれたものであることが、冒頭で述べられている。「暴力の循環を阻止して、より暴力的でない結果を生み出す」には、「戦いの雄叫びではなく、悲嘆を何に変えていくか、悲嘆をどう考えるかが重要である」と語られる近著は、本書の続編として興味深い。暴力が席巻する現代の状況から離脱するためには、「恐怖や不安が血なまぐさい行動に転化するのを防ぐ……倫理」の力が必要だと彼女は説く。その「倫理」を「政治」につなげる道筋は、何が語られうることで、何が語られえないことかの線引きを変えていくことだとバトラーは主張する。この議論にわたしがさらに付け加えたいことは、何が語られうることで、何が語られえないことかの線引きは、政府の言論統制や、それに準じるマスコミの沈黙だけでなく、そういった方策を受け入れてしまう個人の思考メカニズムにもよっているということだ。たしかに、何を語りうるかということは何を嘆きうるかにつうじる。しかし——だからこそ——それは、何を「喪失」

として感じ取るかということにも繋がっていく。暴力はその生の連鎖のもっとも末端の部分で、しかし暴力であるがゆえにターミネーターとして、破壊的終結をもたらす危険性を秘め、そこから振り返って生全体を規定して、「喪失」を糊塗するような生を、日々立ち上げていく。暴力は、暴力的行為のなかだけにあるのではない。暴力のその後、わたしたちの生そのもののなかに根を張っている。したがって暴力を、基盤的、普遍的な構造として捉えず、また政治の現象としてのみ捉えず（しかしこれが重要であることは言うまでもない）、個々人の心のなかに生起する感情や感覚や思考の仕組み（しかしこれこそ、社会や政治を構成し維持するものである）として捉えて、敗北と勝利、悲嘆と歓喜、喪失と獲得、リビドー挫折とリビドー充足が相重なる重層的物語のなかに、さらに深く分け入って検討することが必要であるように思われる。

最後に訳語について補足したい。本書［『触発する言葉』］の題名であるExcitable Speechは、「刺激に敏感な、触発される発話」という意味だが、日本語の響きとして、また受動態と能動態という違いはあれ、その含意は変わらないと判断して「触発する言葉」とした。語り手が思いもかけなかったこと、あるいは先行文脈にない事柄までも引用してしまうという謂である。また本書のキーワードの一つagencyも、日本語に訳しにくい言葉である。言語理論では「行為者」と訳される場合もあるが、ある結果をもたらす媒介作用という抽象的含意が加わり、かつ本書では「言語」にも使用されていることから、「行為体」と訳した。「主体」に代わる語であることに注意を向ける意図もあった。またときに「行為」「行為性」「行為するもの」等と訳しわけ、その場合にはエイジェンシーとルビをふった。「被傷性」は vulnerability の訳である。また call a name は英語の慣用句で、「悪口を言う」という意味をもつ。バトラーはこの慣用的意味に、アルチュセールの「呼びかけ」の理論をかけて論を展開したのだろう。hate speech については、訳者が知るかぎり定訳はない。憎悪や差別意識に基づき、またそれらを掻き立てる表現や行動という意味だが、カタカナで「ヘイトスピーチ」と記されたり、「侮蔑発言」と訳されたり、叙述的に「憎悪的表現・行動」と説明されているようだ。同様の熟語に、それが明確な犯罪となる hate crime がある。本書では発話行為論によって分析されているので、「発話」という単語を残して、「憎悪発話」と訳した。また performativity については、訳者自身そのままパフォーマティヴィティと記述する場合もあるが、perform（おこなう）ことの意味を明確に訳出するために、ここでは「行為遂行性」とした。the performative も同様に、「行為遂行性」あるいは「行為遂行的なもの」と訳した。

なお本書の副題および各章の邦訳は、かならずしも原著どおりではない。多くの読者に手に取ってもらえるように、多少でも馴染みのある言葉を盛り込んだ。それぞれの原題は、以下である。

Introduction: On Linguistic Vulnerability〔言葉で人を傷つけること〕
Chapter 1: Burning Acts, Injurious Speech〔中傷発言、燃え広がる行為〕
Chapter 2: Sovereign Performatives〔ポルノと検閲——行為遂行性の権力〕
Chapter 3: Contagious Word: Paranoia and "Homosexuality" in the Military〔伝染する言葉——

米軍の「同性愛」パラノイア」
Chapter 4: Implicit Censorship and Discursive Agency［見えない検閲と身体の生産——言説的行為体の未来］

著者ジュディス・バトラーは、現在［二〇〇四年］カリフォルニア大学バークレー校の修辞学および比較文学で教鞭をとっている冠教授、マキシーン・エリオット教授である。おそらく本訳刊行時には、前述した *Undoing Gender* が Routledge から、また *Precarious Life: The Powers of Mourning and Violence* が Verso Books から出版されていることだろう。

第七章　生存／死に挑戦する親族関係──セクシュアリティ研究の理論展開
──『アンティゴネーの主張』訳者あとがき──

親族関係という言葉に、時代錯誤的な響きを感じ取る読者もいるかもしれない。ポスト産業社会の日常感覚では、表層的なポストファミリーの言説が浮遊するなかで、親族関係はどこか遠い世界、因習的な過去の出来事のように錯覚される向きもあるかと思う。けれども法の世界では、親族関係という概念はさらに精密に腑分けされて、今でも人の法的位置を厳格に規定し、それによってわたしたちの社会的位置、つまりはわたしたちの日常を構成している。非嫡出子の処遇や、「日本人」の女と「日本人以外」の男のあいだの子どもの国籍取得の問題は記憶に新しいが、このところ長く国会で迷走している別姓をめぐる法言説、またさらには北朝鮮による拉致被害者と国家の関係を考えると、親族関係はきわめて現代的なテーマであると同時に、現代社会を未来に向かって押しひろげていくためのスプリングボードでもあることが了承されるだろう。

右のこととはべつに(とはいえ、密接に関係しているのだが)、ここ一〇年ほどのセクシュアリティ研究は、必然的に親族関係の再考に発展していくものと思われる。なぜなら、そもそもセクシュアリティ研究は、核家族を基底とする近現代社会が、ジェンダーのみならず、セクシュアリティやセックスの次元において、男女二つのカテゴリーを階層的に必要とするものであることを暴いていった。したがってセクシュアリティ研究の動因でもあり、また研究の目標ともされている事柄は、現代社会の性差別(セクシズム)および異性愛主義(ヘテロセクシズム)――これをわたしは(ヘテロ)セクシズムと呼んでいる――のイデオロギー的な偶発性・恣意性を衝いて、その枠組みを攪乱させることである。

だが周知のとおり、その実現はそうたやすいことではない。というのも、セクシュアリティは次代再生産を基軸にして捉えられてきたために、次代再生産を請け負ってきたファミリー(家族・家庭)の概念と強力に結びついており、そして家族はまさに、国家や社会の次代再生産をになう装置なので、ということはつまり、それらの現状の安定化を下支えする装置なので、家族を成り立たせている親族関係に対しては、それに関する数々の実体化されたフィクションが心的・社会的・法制的に幾重にも縫い込められてきた。言葉を換えれば、近現代の家族形態が抑圧的な(ヘテロ)セクシズムの牙城であり、これをなんとかこじ開けていくことが必要かつ重要であると、かりに了解したとしても、ではそれに代わる新しい「親族関係」――わたしはむしろ、新しい「親密関係」と呼びたい――をどのように想像し、どのように現実的に作りだしていくかという課題は、一夜にしてその解答が与えられるようなものではない。わたしたちは、母・父・娘・息子・姉妹・兄弟などの語を離れて、あるいはそれらの語の意味を抜本的に崩して、新しい親密な関係性をどのように組み立てることができるだろうか。むしろ新しい親密性と呼ばれるものも、いつの間にか旧来の語彙を、わたしたちの感情や日常行為の拠りどころとして流用することになるのではないだろうか。

しかし視点を変えれば、わたしたちが言語的存在であるかぎり、すでに現存の語彙のなかに生きており、それとはまったく無縁の、汚染されていない言葉を使う——使うことができると思う——ことの方が、非現実的な夢想へと後退し、結局は現存の秩序を補完してしまうことになると危惧される。そうであるならば、むしろ現在流通している親族関係の言説が、社会や国家のなかの何を、どのように守ってきたのか、あるいは何を、どのように予め排除してきたのかを探っていくことが、まず求められるだろう。それを高度に理論的に実践したのが、本書、Judith Butler, *Antigone's Claim: Kinship between Life and Death* (New York: Columbia University Press, 2000［『アンティゴネーの主張——問い直される親族関係』竹村和子訳、青土社、二〇〇二年］)である。

この企てをおこなうにあたり、ジュディス・バトラーはソフォクレスの戯曲『アンティゴネー』の主人公アンティゴネーを思考の対象とした。そのさいに、アンティゴネーにまつわる親族関係を再考するために、適宜、同じソフォクレスの悲劇『コローノスのオイディプス』や『オイディプス王』に言及している。よく知られているように、アンティゴネーは、精神分析の作業概念であるオイディプス・コンプレックスで馴染みぶかいオイディプスの娘であり、同じオイディプスの息子ポリュネイケースとエテオクレースが領土の相続をめぐって争い、両者がともにその戦いに斃れたのちに、叔父でありテーバイの統治者であるクレオーンの命によってポリュネイケースの埋葬が禁じられたさいには、その命令に逆らって彼の埋葬をおこない、また自分がその行為をおこなったことを打ち消しもせず、そのゆえに生きながらにして墓に埋められ、そこで縊死した悲劇の主人公である。古代ギリシアの神話上のこの人物は、バトラーが解読する以前にも、あまたの文学者や思想家を引きつけてきた。その文学的翻案をした作家は、思いつくまま挙げてみても、ジャン・コクトー、ジャン・アヌイ、ベルトルト・ブレヒト、イワン・ブーニン、ロルフ・ホーホフート、ヴァルター・ハーゼンクレーフェルなど多言語にわたっており、また思弁的に論じたり言及した作家、思想家は、ヘルダーリン、ゲーテ、ヘーゲル、ハイデッガー、シモーヌ・ヴェイユ、ジョージ・スタイナー、イリガライ、ラカン、デリダ、ジジェク……、そして一九九〇年代後半の批評家だけをみても、セイラ・ベンハビブ、マーサ・ヌスバウム、ティモシー・グールド、パトリシア・ジョンソン、ピーター・ユーベン、ニコル・ロロー等々と、そのリストは延々と続く。さらには独仏合作の映画ストローブ=ユイレの『アンティゴネー』(一九九一―九二年)を記憶に留めている人もいるかもしれない。

だがバトラーが試みようとしたことは、これまでどの思想家も作家もおこなおうとしなかったこと、すなわち、「アンティゴネーは生きることができるだろうか」という問いを立てたことである。それはすなわち、「アンティゴネーはなぜ死ななければならないのか」という問いに分け入るものである。そしてまたこれらの問いは、親族関係がわたしたちの社会のなかでどのような地位を占めてきたのかを検証し、非規範的な新しい親密関係を切り拓く可能性はどこにあるのかを模索する作業でもある。そのためにバトラーは、従来のアンティゴネー解釈の典型と思える二人の批評家の論を詳細に読み解いていく。ヘーゲルとラカンである。

まずヘーゲルについて。ヘーゲルは国家と親族関係を対立させ、アンティゴネーを親族関係の象徴とみなす。この場合、国家は、ヘーゲルの言う「人倫性」の領域であり、社会的なものが構成される場である。親族関係はこれに対置されるが、もう少し正確に言うと、親族関係は国家という公的な領域の限界部分にあって、国家によって、それ自身の設立と維持のために前提とされながらも、かならず乗り超えられていくものである。ヘーゲルにとって親族関係は、具体的な「血」の絆であり、母の領域、私的領域に属するものであり、他方、国家は父性的なものであり、公的領域である。しかしその公的領域にすまう公民《シティズン》は、母から生まれ出ることによって、そもそも母とは血の絆をもっているはずである。だが国家は、その存続のために闘う男を兵士として必要とし、それゆえ国家は、母親からかならず息子を取り上げる。逆に言えば、息子は母のもと(親族関係)から立ち去ることによって、はじめて国家の公民となることができる。

国家は公民を生産する親族関係を必要とするが、またその公民を親族関係から取り上げることによって親族関係を打ち捨てていくという、このヘーゲルの分析では、「国家のために闘う」という言葉を、「戦場に赴く」という意味で字義通りに解釈することも、あるいは「公的領域で活動する」というふうに広義に解釈することもできる。むろんヘーゲルが生きていた時代を考えると、前者の意味が前景化されるだろうが、現代では後者の意味で使うのが、議論の射程を広げることができるので、有益なように思われる。しかしとくにいま現在(二〇〇二年秋に)わたしたちが身を置いている危機的な政治情勢と、そのなかで流通している世界規模の戦時的言説を考えると、前者の視点は、理論的に重要であると同時に、きわめて現実的で緊迫した含意をもつものであるように思われる。またさらに「国家の欲望」について言えば、ヘーゲルは、青年期の男に対する女の欲望が、彼らに対する国家の欲望に取って代わられるとのみ記述し、バトラーもまた、欲望備給のこの切り替えのなかで、アンティゴネーが女一般として忘れ去られることに着目するだけである。しかしバトラーが一言だけつけ加えた「国家のホモソーシャルな欲望」という見地でこのことを見直せば、国家の欲望はさらに複雑な様相を呈しはじめるだろう。

他方で、アンティゴネーは母になったことはなく、またそのことを彼女自身が劇中で嘆いているのに、なぜ出産という血の繋がりを想定して彼女が解釈されてしまうのか、という疑問も生まれることだろう。その答えは、まさにバトラーが強調しているように、彼女と兄のあいだに近親姦の可能性を読み込まないヘーゲルのアンティゴネー解釈のゆえである。なぜなら、ここに具体的な近親姦の可能性を読み込まないかぎり、親族関係は次代再生産の規範によって統合されたものとなり、それ自体の意味を撹乱する不穏因子はそこには含み込まれないことになる。その結果、親族関係が意味するものは、次代再生産にまつわる「女性的なもの」のみとなり、それは、男が活動する公的領域とは明確に区別され、対置される。こうしてアンティゴネーは、彼女自身は母になることはなくても、女一般の表徴として親族関係を代表する機能を帯びさせられていく。

この解釈のもとでは、アンティゴネーが兄の埋葬に固執する理由も、二人のあいだに欲望が存在しているからではなく、彼が彼女の「兄」であるからであり、二人のあいだの親族関係の承認の儀式として、兄の埋葬が持ち出される。だがヘーゲルが他所で述べているように、欲望とは承認を求める欲望――他者のなかに自己を映し出したいと願う欲望――であるなら、欲望が欠如したところで承認を求めるアンティゴネーの行為は、そもそもが自家撞着となる。あるいはここで想定される兄は、実体をそなえた人物ではなく、「兄」という象徴的な親族位置にあくまでとどめおかれる者となる。その結果、そのような象徴的な「兄」を埋葬するアンティゴネーの行為は、象徴的な親族関係を指し示すものとなり、この点が、「血」の絆を強調したはずのヘーゲルと異なって、象徴性を前面に押し出すラカンのアンティゴネー論と、ヘーゲル解釈が交差する部分だと思われる。

ではラカンの場合はどうなのか。ラカンもまた親族関係を公的領域にはけっして現われないものとみなしたが、ここにはそれを媒介するものとして「象徴的なもの」という概念が導入される。「象徴的なもの」という概念を理解するために、親族関係とは、そもそも何なのかを考えてみよう。それは、親族のなかにおける自分の位置を指し示すもの、つまり子どもにとっての母や父の位置であり、同じ親から生まれた者に対しての妹や姉や弟や兄という位置である。そして近代の核家族の枠組みでは、父母のあいだには性的関係が想定されるが、それ以外の者には性的関係は想定されない。逆に言えば、親族における性的関係の規則(あるいは禁忌――つまり近親姦のタブー)が、親族間の関係を語る語彙を規定し、ひいては社会関係を規定していく。

だがこの親族配置、すなわち父・母・娘・息子・兄弟・姉妹という概念は、きわめて言語的・数理的なものであり、具体的な指示対象によってつねにどこか裏切られていく。しかも核家族の親族配置はきわめて偶発的で歴史的なものであり、それが非歴史的で超越論的に真実であるという証拠はどこにもない。だがラカンに言わせれば、これらの親族関係の語彙が普遍的なのは、それが普遍的にどこにおいても正しいからではなく、またその普遍性を裏付ける根拠が現実に存在するからでもなく、これが何の根拠もない普遍性であり、つねに裏切られる可能性に晒されているからである。言い換えると、それが何の根拠もない空虚であるからこそ、それは「理念」としての普遍性・超越性を獲得することになる。したがってラカンは、現実世界の社会的なもの(公的なもの)と親族関係を分離して、親族関係は象徴的なものであり、この象徴的な親族関係が形式として作用して、社会的(公的)な性配置を具体的に配列させていくと言う。

それではアンティゴネーはどこに位置しているのか。ラカンによれば、アンティゴネーはまさに「理念」としての象徴的なものの場所に位置しており、さらに言えば、象徴的なものの限界部分に位置している。彼女は、これを過ぎると人が生きてはいけない致命的な魅惑の領域、死の領域にいて、象徴的なものの理念性を、彼女の生存不能性によって裏から補強している。いわば彼女の位置は、それを想定することによってのみ象徴秩序の「全体」が立ち現われ、そしてその象徴秩序にのっとって社会体制が編成されるような法(本文中の言葉をつかえば「書かれない法」)であり、あるいはそれを生きることはけっしてできない生であり、また、それに「還る」ことが不可逆的に死の領域に入ることでありながらも、まさに生の領域のなかに亡霊として徘徊している予めの排除、「法の無意識」とも言うべきものである。

バトラーはさらに、このラカンのアンティゴネー解釈を、ラカン自身の「象徴界」（英語では、「象徴的なもの」と同じ単語で the symbolic）の概念の誕生に結びつける。ラカンはこの概念をレヴィ゠ストロースから借りてきたと述べるが、レヴィ゠ストロースこそ、親族の基本構造に、生物学的なものに還元されない「象徴的な」近親姦タブーをおいた思想家であった。だがバトラーはフーコーの言説理論に準じて、この近親姦タブーは、象徴的に近親姦を禁じているだけではなく、その禁止によっておびただしく近親姦を増殖させていることを指摘する。だからこそ、従来のアンティゴネー解釈のなかに――つまり、近親姦の可能性としてアンティゴネーの行為を読まない解釈、あるいは近親姦は単に弁証法的に規範的親族関係に再回収される逸脱でしかないと断じる解釈のなかに――つねにつきまとう自家撞着や袋小路は、この近親姦タブーの生産性に着目しないことによって生じる必然的な論の破綻、「蒙昧さ」の帰結、ということにもなるだろう。それは、レヴィ゠ストロースが「神」を一方のドアから追い出しながら、他方のドアから導き入れたと批判するラカンにもつきまとっている蒙昧さであり、近親姦タブーをラカンが普遍的前提、絶対的禁忌とみなしているかぎり、それを根拠にした親族関係を、同じく普遍的で理念的な象徴に固定して、それ以上の思考を封じるものとなる。その結果アンティゴネーは、どのような意味においても、現実社会においては生きることが叶わぬ、死を宣告された人物となり、彼女の反抗は、現実的な社会の磁場のなかに置きなおされることは永遠になくなってしまう。

だがいったいアンティゴネーは何をおこなうことによって、その有罪性を宣告されたのだろうか。彼女が公的領域と対立する「血」の絆の形象だからだろうか（ヘーゲルの解釈）。それとも、象徴秩序を開始させる理念的な親族関係――その永遠の不可能性である近親姦――の形象であるからだろうか（ラカンの解釈）。バトラーは、アンティゴネーの反抗を「乱交的服従」という奇異な概念を創造して、説明する。

思えばアンティゴネーの家庭は、そもそもが非常にクィアな家庭である。なぜなら父オイディプスは、知らぬこととはいえ父を殺害し、母（イオカステー）と結婚した。そうして生まれたのが、アンティゴネーたちである。したがってオイディプスは、アンティゴネーの父であると同時に、同じ母イオカステーから生まれた兄でもある（そしてイオカステーは、アンティゴネーにとって母でもあり、また祖母でもある）。またアンティゴネーの兄弟たちは、そのような兄オイディプスの子どもなので、アンティゴネーの甥でもある。このテクストでは、親族関係の語彙は、眩暈を起こさせるような多義性、多価性のなかで、その規範化能力を失いはじめているようだ。

しかもアンティゴネーは、オイディプスが自分の運命を呪いつつ、盲目となって自国を追われたさいに、父に「従順に」従ったが、そのようなアンティゴネーに対して、オイディプスは「死んでいる男以外にどの男も、この先おまえにはいないだろう」という意味の予言をおこなう。このとき

「死んでいる男」という言葉でオイディプスが意図したのは、父である彼自身だったが、彼もまたアンティゴネーの兄であることを思えば、同じ兄ポリュネイケースに忠誠を捧げたアンティゴネーは、オイディプスの予言をそのままに生きたということにもなる――ただし「兄」という言葉の指示対象を、オイディプスからポリュネイケースに入れ替えて。同様に、「兄」という言葉にポリュネイケースだけを意味させようとするアンティゴネーの意思もまた、彼女自身の家庭の錯綜した親族関係によって切り崩される。「兄」という言葉は増殖し、それは「父」オイディプスをも意味するものとなり、兄への愛は父への愛と融解する。逆もまた真なりである。さらに言えば、兄は男のきょうだいを意味する言葉であるが、決然と「男のように」反逆する「妹」によって埋葬の儀式を執りおこなわれるポリュネイケースは、「兄」という言葉に秘められている男性性を、アンティゴネーに譲り渡したようだ。そしてこのジェンダーの逆転はすでに、父（＝兄）のオイディプスに導かれながらも、実際にはアンティゴネーの方が盲目の父（＝兄）の手を引いて導くという、主従の関係の逆転によって、予表されていたことでもある。支配的な言語に服従しつつ、禁じられた愛、禁じられた転倒を連鎖的に意味してしまうアンティゴネーの反抗を、バトラーは「乱交的服従」と呼んだ。

さらにバトラーは、物語のなかの時系列と、ソフォクレスの戯曲の発表年代のあいだの逆転に着目し、それらの予言や予表は、本来の時間の流れに逆らって、あとから遡及的に語られる予言であり、予表であることに着目する。つまりここで発せられる（未来を語るはずの）予言や予表は、もうすでに過去に起こっていたこと――じつはつねに起こっていること――を追認し、それらを必然性のかたちで裏書きするものとなっている。バトラーが『ジェンダー・トラブル』のなかで、セックスがジェンダーから遡及的な事実性として生産されるという目覚ましい解釈をおこなったことと考え合わせれば、このソフォクレスの劇における時系列の転倒は、彼のテクストのなかで描かれている乱交的服従が、個別的で現象的な出来事ではなく、むしろ規範的な親族関係そのものがその発端においてすでに脱‐規範化されているゆえであることを、遡及的にパフォーマティヴに追認するものとも考えられるだろう――この場合は、性のヘゲモニーを攪乱させるかたちで。

バトラーは本書をつうじて、アンティゴネーの反抗が、単に禁じられている行為をおこなったというだけではなく、その行為を言葉でうち消すことを拒否したことでもあると、再三再四強調する。言葉で拒否するときに使われるのは、クレオーンの支配言語の言葉であり、また拒否することによって自分の行為の反逆性をさらに確定するふるまいは、発話によって行為をおこなうクレオーンの統治的権力を流用することでもある。しかしアンティゴネーのこの支配言語の倒錯的流用は、支配言語やそれが死守してきた価値のずらしや流動化を招く。クレオーンはアンティゴネーの反抗的発話によって彼自身の男性性を危機にさらし、彼の統治的発話の弱体性を露呈させる。反抗したアンティゴネー自身も、彼女が流用した支配言語によって、先に述べたように、「兄」に対する埋葬の意味を掘り崩していく。この点において、バトラーのアンティゴネー解釈は、同じく男根ロゴス中心主義に異議を唱えるリュス・イリガライとは袂を分かつ。なぜならイリガライは、アンティゴネーを、国家の言語や国家の権力とはまったく無縁な場所――女の領域――において国家に反逆する形象であるとみなし、彼女のふるまいを解釈したからである。

バトラーは『触発する言葉』で、J・L・オースティンの発話内行為《イロキューション》の概念を理論的に展開させ、パフォーマティヴィティの（肯定と否定の両面における）攪乱的戦略を、具体的な政治言説の分析のなかで詳述した。本書でもこの概念を用いて彼女が論じるのは、国家によって「不可能」とされて、国家の外に放擲されたり（ヘーゲルの解釈）、国家の基底にある「理念」として、国家の内部に秘匿される（ラカンの解釈）女の形象ではない。バトラーが強調するのは、「乱交的服従」という撞着語法的な反抗をとおして、親族関係とそれを成り立たせているジェンダー双方の首尾一貫性の虚構をスキャンダルに攪乱するアンティゴネーの形象の政治的意味――とくに、国家の承認を求めるフェミニズムの声がそこかしこに聞こえているときに、国家とフェミニズムの関係を再考するさいのアンティゴネーの政治的意味――についてである。

したがって重要なことは、ここでこのような親族関係の攪乱が、純粋に理論的意味でのみ思考されているということではない。むしろ親族関係が確固不抜のものではなく、可鍛的なものであることを読み解く理論は、現代社会で進行している拡大家族や、シングルマザー、養子縁組、ゲイが親となること、国境を越える移動に伴う複層的家族構成などを、単に社会現象としてだけではなく、理論的・文学的に説明し、それらに社会的で心的な生存可能性の根拠を与えるものとなりえる。むろん冒頭で述べたように、その結果、どのような親族関係の新たな配置が社会的に出現するかという体系的概要が、ここで提示されているわけではない。むしろわたしたちが政治行動の一つとして追求していかなければならないことは、規範的な親族関係と、それが保持しようとしている価値が、どのようにわたしたちを構成し、何をわたしたちから奪っているのかを、そして現実に存在している(しかし不可視化されたり、排除されている)非規範的な親族関係と、右記のメカニズムがどのように関連しているかを、深く詳細に分析することだろう。わたし自身にとって、それは親密圏、あるいは親密な関係性のエコノミーを組み直す可能性を模索することだが、おそらくセクシュアリティ理論・フェミニズム理論・政治理論・社会理論・文学理論・哲学思想……は、それらが現状への単なる追認や傍証とはならず、まだ見ぬ社会の地平を切り拓こうとするものならば、親族関係=親密関係が不断に切り分けていく生と死の力学は、かならず俎上にあげられなければならない課題であると信じている。

第八章　未来のバトラーとの対話に向けて

1　批判／批評(criticism)のアポリア

今年［二〇〇六年］一月の来日時におこなわれたインタヴューのなかで、ジュディス・バトラーが強調したことの一つに、生存可能性の確保ということがあった。「生存可能性」(viability)という言葉は、すでに一九九七年に刊行された『触発する言葉』あたりで登場しており、その後の著作においても使われている。けれども精緻な議論を展開する著述においてではなく、彼女の研究姿勢や生き方を一般紙(1)の読者を念頭に尋ねるインタヴューのなかで、この言葉が彼女の口から幾度も発せられたことに深い印象を受けた。というのもこの言葉には、現在は生存不可能とされている人々が生存可能になる社会への強い希求――政治的意志――が感じられるからだ。

むろん彼女の第一作『ジェンダー・トラブル』(一九九〇年)においても、現行の性体制からの脱却は語られていた。〈女〉という一枚岩的アイデンティティを徹底的に問題化してフェミニズムに激震を走らせた書物ではあるが、そこで彼女がやろうとしたのは「アイデンティティの脱構築」であって、「政治の脱構築ではない」(Butler, a 邦訳二六〇)。「もしもアイデンティティが政治議論の前提として固定されず、また政治が一対の既成の主体の利権から導き出される一対の実践ではないと理解したとき、新しい政治配置は、古いものの廃墟から確実に姿をあらわしてくるはずである」(二六〇強調引用者、以下同)と彼女は結んだ。『問題＝物質となる身体』[2](一九九三年)においても、「その言葉〔女〕に問題があるからといって、その使用を禁じるということではなく」、むしろ「論争によって民主主義を推し進める文化のなかで、その政治的シニフィアンの偶発性をいかに生きるか」(Butler, b 222)を知ることのほうが大切だと述べている。あるいは『権力の心的生』(一九九七年)――『触発する言葉』と同年の出版だが、それよりも思弁性が強い著作――においても、「規制的権力は、〔皮肉なことに〕規定的ではない自由へと向かうポストモラルな身振りを可能にする」(Butler, e 82)と語り、新しい政治モラルへの期待をのぞかせている。

　このように九〇年代に書かれた著作においても、新しい政治を求める姿勢は一貫しており、おそらくはそれが、「難解」な彼女の著作をこれほどまでに世界的に、また多層な読者に、広めた主たる要因であるだろう。しかしそうではあっても、九〇年代の著作がおもに焦点を当てたのは、それまでの哲学・思想において、またそれのみならずフェミニズムの文脈においても、いかに性別二元論を基盤とした――あるいはそれに回収されてしまう――理論が展開されてきたのかを、認識哲学・主体生成・発話理論・身体論の面から仮借なく追求・分析することであり、当然ながら彼女の批評(criticism)は、まさに批判理論(*critical* theory)であった。加えて、初期の著作ではさほど言及されていないが、ミシェル・フーコーとジャック・デリダの影響下にあると思われる彼女の理論は、政治的抵抗の分節化を妨げるものでもある。いやむしろ、政治的抵抗を指し示す解放主義的な地図のなかに、分節化が拠って立つ二分法の陥穽が潜むことを――すなわち他者の産出が始まることを――執拗に暴いていくのが、彼女の議論の精髄であった。それがもっとも鮮明に出ているのは第一作だが、それ以降の著作においても、現実界の性化傾向(ジジェクに対して)(Butler, b; Butler, Laclau, and Žižek)、メランコリーの権力(フロイトに対して)(Butler, e)、主人＝奴隷図式の身体化(ヘーゲル、フロイト、フーコーの連動性に対して)(Butler, e)、「呼びかけ」の時間性(アルチュセールに対して)(Butler, e; Butler, Laclau, and Žižek)、発話の歴史性(ブルデューに対して)と形式性(デリダに対して)(Butler, d)などについて、彼女の批評／批判(criticism)の手が緩められることはなかった。

しかし、批評はそもそも現体制への問題提起であり、また革新的理論は従来の思想パラダイムへの批判であるとしても、問題提起や批判それ自体のなかから、オルタナティヴな社会の姿は見えてこない。加えてバトラーがその多くを負っているポスト構造主義の考え方は、近代主義的な主体を空洞化するので、個人の外延を特定しない新しい政治的枠組を、明示的・具象的に叙述することは困難である。けれどもこれはバトラーだけの苦境ではなく、ポスト構造主義の現代批評に通底するアポリアである。それを克服するために、たとえば晩年のフーコーはカントに接近して、現在性(actuality)における「自己への配慮」という概念を創成したが(3)、早すぎた死のため、それを十分に展開するには至らなかった。デリダもまた、九・一一後の著作ではカントに言及して、(4)それまでの脱構築思想とは裏腹の「自律的力を備えた国際的な法組織と国際的な裁判所という地平」(Derrida, b 115)の必要性を口にするが、そのすぐあとで、「これが一見してユートピア的性質をもつことに自分が気づいていないわけではなく」、いやじつは、これは「ユ、ー、ト、ピ、ア、的であるだけでなく、アポ、リ、ア、的でもある」ので、今後「わたしたちのあらゆる決定を統治していくべきものは、この不可能性の可能性を信じること——実際のところ知や学や良心の観点からは決定不能であるようにみえることを信じること——〔だけ〕である」(115 強調デリダ)と断っていく。バトラー自身も初期の段階から、「パフォーマティヴなずらし」の攪乱性を提言してはいるが、パフォーマティヴィティは意図的なパフォーマンスとは異なるものであり(Butler, c 邦訳五〇)、またその非意図性こそが脱主体化を呼び込んでその攪乱性を保証するがゆえに、パフォーマティヴなずらしの先に出現する社会体制は、現存の親族関係や性規範を、発見学習的に掘り崩すという以外に描出することは困難である。そのためバトラーの理論の政治性については、おそらくは彼女の意に反して、多くの疑義が寄せられてきた。

2　自由・自律への警告的回帰

しかし「生存可能性」という言葉を使い始める一九九七年の『触発する言葉』あたりから、バトラーは意識的に現行の政治情勢を俎上にのせるようになってきた。そしてこの傾向が以前にもまして顕著に示されるのが、二〇〇四年に出された『ジェンダーをほどく』であり、本誌〔『思想』九八九号、二〇〇六年〕に採録されている日本での講演も、タイトルを含め、その延長線上にある。

ここで彼女が大きく舵を切って、介入していくのは、トランスセクシュアリティやトランスジェンダリズム、およびレズビアン／ゲイの結婚のイシューである。双方とも、医療界の変革やマルチカルチュラリズムの進展のほかに、まさにバトラーらが思想面で主導してきたクィアの社会的可視化にも後押しされて、九〇年代以降ますます現実と地つづきの政治的事柄となっているが、皮肉なことにそのどちらもが、二極的なジェンダー配置を問題化する彼女の理論枠組とは一見して相容れない方向性をもつ。というのも、たとえばトランスセクシュアリティやトランスジェンダリズムは、二極的なジェンダーをまずは自明化するものと捉えられ、ジェンダー規範を強化する側面と、ジェンダー規範がふるう暴力を顕在化させる側面が、そこでは拮抗するからだ。「性倒錯」という病理化によってセクシュアリティが管理されることに異を唱える立場と、病理という「診断」を介して「正規」医療にアクセスすることを望む立場は、身体の医学的取り扱いをめぐって相反する位置にある。このためかトランスセクシュアリティやトランスジェンダリズムについては、これまで正面から論述することが少なかった彼女だが、(5)「ジェンダーをほどく」という概念のもとに焦点を当てはじめるのは、身体の医学的処置の是非ではなく、医学的処置のなかにすべりこむ言説の権力だ。たとえばそれは、「性別適合」施術の前提となっている性自認に関するカウンセリングの存在であり、また、たとえばブレンダ／デイヴィッドの場合においては、ブレンダ／デイヴィッドがその生をもって浮き彫りにした権力──何をもって「愛されうる」(lovability)と判断されるかに潜む権力(6)(7)である。しかしこのような言説権力の分節化は、やはり現行の性制度に対する批評／批判にはなっても、その言説権力の網の目のなかに生きている個人が、そこからいかにして身を引き剝がしうるかという問いに答えるものではない。むしろこれについては、バトラーは搦め手から、非常に興味深い発言をする。それは「自由」についての記述である。

「性別適合」施術を含め、そのために用意される(かもしれない)さまざまな制度──カウンセリング、手術の助成金(grant「授ける」という意味がある)、自助システムなど──を列挙して、それらが施術を希望する者に協力的にはたらく可能性を示唆したのち、バトラーが指摘するのは、「自分自身であろうとするためには、自分自身でないものに依存しなければならない」というパラドックスである。人は、自己の生存可能性を得ようとして社会システムを変えようとするとき、これまで自分から生存可能性を奪ってきた、まさにそのシステムに頼らなければならない。彼女は以下のように言う。

社会状況が根本的に変化するまでのあいだ、自由は、不自由を必要とするし、また自律は従属に連座する。もしも自律を可能にするために、社会的世界──わたしたちが構造的に他律的であることのしるし──を変革しなければならないなら、わたしたちの誰もが意のままに創り出せるわけではない状況に、個人の選択がそもそもの初めから依拠していることがわかるだろう。またそののち社会的世界が根本的に変容しても、その外側に個人の選択があるわけではない。(101)

ここでバトラーは、「自由」や「自律」の概念を単純に手放しているわけではなく、またそれが否応なく含意する従属を、批判的に言挙げしているだけではない。むしろ彼女は、社会に従属することによって「ある種の自由」を新しく獲得することを肯定したうえで、しかしそこに潜む自律のパラドックスに注意深くあろうとする。つまり、フーコー的な唯名論の内部で自縄自縛に陥る〈絶望の政治〉ではなく、その危険性に意識的でありつつ歩を進めるという、いわば〈警告の政治〉とも言うべきものへと、その姿勢を変えているように思われる。

彼女はこうも語る。「自分自身を行為する(do)ためには、自分自身がバラバラにされ(undone)なければならない」(100)。ここで「バラバラにされる」という言葉で表現されているのは、自己の自律が崩れて、社会システムに取り込まれている状況である。しかし他方で、この著作全体をつうじて肯定的に語られている「ジェンダーをほどく」についても、使われている単語は同様の"undoing"である。興味深いのは、"doing"(する・作ること)が"undoing"(ほどく・壊すこと)に連座する——その逆もある——というパラドックスだけではなく、"doing"の価値と"undoing"の価値もまた、文脈に応じて肯定と否定が入れ替わることである。これまで彼女が攪乱の可能性として提示したパフォーマティヴなずらしの例では、どちらかと言えば、「クィア」や「女」といった周縁的な用語の奪取に焦点が当てられていた。したがってそこでは、固定した意味をずらすことで生じる脱主体化や脱中心化が強調されていた。むろん今でも彼女の主眼はたしかにそこにあるのだが、重心を、脱構築的な解体ではなく、おのれ自身に警告を発しつつも、システムのただなかへ歩を進めていく現実的な政治実践へと移しかえ、それにともなってポストモダンな語彙であるパフォーマティヴィティに加えて、一見して近代主義的な「自由」「自律」という語彙が登場してくることになったと言えるだろう。

同様のことが、デリダの発言にも見受けられる。九・一一ののち、彼は「来るべき民主主義」を訴え、それは「通常定義されてきた「政治的なもの」を超える」としても、「脱政治化には繋がらない……連帯(alliance)」の可能性だと主張する(Derrida, b 130)。そしてそのさいに彼が持ち出してくるのが、やはり「自律」や「自由」の概念である。デリダは次のように言う。「わたしたちは、自律や自由の価値を簡単には放棄できないし、そうするべきでもなく」、わたしたちがしなければならないことは、「無条件の自－律(auto-nomy)……と他－律(hetero-nomy)をいかに調停するか」(131-32)である。デリダの言う「他律」とは、「無条件の歓待」をおこなうときに発生する他律性、すなわち「生命を晒すこと」(129)をも含み持つので、バトラーの引用にあるような、社会的存在としての他律性とまったく同じものではない。しかしバトラーが他所で、別様の生を生きるためには、《他者》ではなくて《他者》の《他者》を構築する地平が必要だと述べていることから、彼女の言う他律性は、デリダ的な意味をも、新たな社会配置においては含意すると思われる。いずれにしろバトラーにおいてもデリダにおいても、ポスト構造主義的なアポリアをこじ開けるために、(留保つきではあれ)「自由」や「自律」といった概念が、再度、議論のアリーナに引き出されてくる。

3　法と暴力

新しいかたちとしての、あるいは「つねに進行中」(ongoing)という不安定なかたちとしての「自由」や「自律」は、それを保障する「法」の再定義を必要とする。デリダはそれを「世界市民の法という理念」と呼び、しかしそれが「規範的理念のように聞こえる」(Derrida, b 133)という反論に応えて、三つの留保を挙げる。一つは先にも書いた「不-可能性」であり、可能な秩序にとっては見知らぬものでありつづけること、二つ目は「決定や完済(do)」ではない責任／応答のとり方、三つ目は「普遍の法則」そのものではなく、そこへと「無限に向かう接近あるいは漸近」(134-35)であることだ。

恐怖の暴力(terrorism)――これは他から到来するだけでなく、自己のなかに再生産されるものでもある――に抗して、「寛容の共生」(127)を実現するために普遍の法を求めつつ、デリダが加えた留保は、そのままに、バトラーが『ジェンダーをほどく』の「社会変容の問題」と題した章のなかで主張している論考に重なる。彼女はこう述べる。社会手段が身体的被傷性を保護するような世界を作るには、「たしかにある種の規範が有効である。しかしそういった規範は、誰かによって所有されているものではなく、また規範化や人種的・民族的同化をつうじて機能する規範でもなく、むしろ、永続的な政治的努力がなされる集合的な場所となることによって機能するような規範である」(Butler, i 231)。ここで論じられているのは、グロリア・アンサルドゥーアやガヤトリ・C・スピヴァクを援用しつつ、人種・民族の面から、「国際的フェミニズム」が指し示す「人権」概念の検証を求めていくことだが、たとえばこのことは、前節の最初で触れた、近年の彼女の関心事であるレズビアン／ゲイの結婚のイシューにも当てはまる(8)。

バトラーは公民権の拡大という意味では、レズビアン／ゲイの結婚の承認を求める運動にまっこうから反対はしない。彼女は、たとえばインタヴューで述べているように、レズビアン／ゲイの結婚の「法制化」を求める運動に理解を示しつつ、他方で、結婚という制度が親族関係を決定する不変・普遍の法となって固定化することに対して警鐘を発する。すなわち、「法‐規範」に関しては、ポスト構造主義的な留保を置いて――つまり、不断の書き換えとしての「法‐規範」の再構築という条件のもとに――新たな「法‐規範」を求める方向へと、バトラーは意識的にシフトしており、その点でデリダと軌を同じくしていると言えるだろう。

さらにバトラーは、デリダよりももっと具体的な政治領域に踏み込んで論を展開する。というのも、三つの留保を置いたデリダの「世界市民の法」は、彼が他所で述べたような、その精髄においては具象的なことは何も語らない「絶対的な応答／責任」(Derrida, a 58-62) にきわめて近似するからだ。デリダへのインタヴューにおいても、このキルケゴール的傾倒はジョヴァンナ・ボッラドリによって指摘されている(Derrida, b 135)。他方バトラーは、哲学という学問分野を専攻するにいたる自身の道のりを語るなかで、キルケゴールに言及するが(Butler, i 236-37)、ここで彼女が焦点を当てるのは、哲学における字義性と修辞性の葛藤であり、その後の大学教育で経験した脱構築に対する二律背反的姿勢をへて、彼女自身の課題としていくのは、哲学を「生」に結びつけること、つまり理論的思考を「日常的あるいは同時代的な社会の動きのなかに現れる文化の政治の諸問題や政治的公正さの諸問題」(245)に接続することである。そしてこの延長線上に、親族関係の脱構築を射程に入れたレズビアン／ゲイの結婚への条件付きの賛同がある。

『アンティゴネーの主張』〔二〇〇〇年〕では、精神分析や哲学の言説をとおして近代の親族規範に大きな影響を与えてきたオイディプスの家族が、じつはそのなかにクィア的な要素を含みもつものであることを、その娘アンティゴネーの撞着語法的な「乱交的服従」を分析することで明らかにしていったバトラーだが、そこで具体的に論じられていた対象は、古代ギリシアの形象であった。しかし『ジェンダーをほどく』では、現在のレズビアン／ゲイの結婚のイシューがもたらす議論が、旧来の親族規範の固定化となる危険とともに、新しいかたちの親族規範へと道を拓く可能性があることも示唆している。新しいかたちの親族規範とは、「生物学的関係や性的関係が中心的位置を占める」ことのない親族規範であり、さらには、「家族に還元されない共生の絆へと親族関係を拓いていく」(127)ような規範である。彼女は、国際的な養子縁組や人工授精、そしてその負の局面である児童売買や遺伝子選別をも俎上に載せながら、規範言説を使いつつ規範的な法を空洞化するアンティゴネーの「乱交的服従」が、現在の政治地勢のなかでいかに具体的に行為しうるかを、そしてまた、そのパフォーマティヴな行為が、攪乱のみならず、新しい「つねに進行中」の規範にいかに繋ぎうるか、いや、いかに繋げなければならないか、という政治的意志を語っている。これは、思弁的であるがゆえに非政治的と批判されてきた彼女自身のイメージに対して、バトラーがその著述の方向性によって、修正を迫る姿勢だと言えるだろう。

と同時に、フーコー的な「生の政治学」(biopolitics)が、フーコーが公式化した六〇年代、七〇年代にもまして、グローバル化されて広範囲に、またテクノロジー化されて精妙に進行している現在においては、むしろ唯名論的な「生」の政治学は、暴力を伴う「死」の政治学へとその姿を変えてきている。そのなかにあって、哲学的理論はもはや学問内部での相対化と懐疑のなかに自閉・自足することはできない。その意味で、現実の政治における新しいかたちの〈法〉を模索しようとするバトラーは、現在という時代の必然に呼応した理論の先鞭をつけていると言えるかもしれない。事実彼女は、『ジェンダーをほどく』の著作の終章で、学問領域を横断するときに得られる予期せざる会話が、蛸壺化(departmentalization)して権威を保っている哲学(理論)という「主人」をスキャンダライズし、その「主人」がじつは「自分自身の《他者》である」(250)ことを露呈させていくという希望を語っている。「哲学の《他者》は語りうるか」と題されたこの章は、哲学(理論)を専門領域とする彼女が、いかに哲学そのものから距離をとりつつ、しかし哲学的思考を現実の生の組み替えに接続させうるかを、過去数十年を振り返って、自伝的に語ったものである。

けれども彼女自身がそのすぐあとで、「この自己喪失こそ、ヘーゲルにとっては共同体の始まりである」(250)と加筆したように、「奴隷」のみならず「主人」においても、脱主体化は、かならずしも脱支配や脱暴力化に単線的につながるわけではない。バトラーは、主体化における暴力については、「進行中の法」という概念でそれを掘り崩そうとするが、主体化という生の政治学によって封印されてきた脱主体性のなかに潜む暴力については、いまだ論考を展開させてはいない。〈わたし〉であることを奪われた者――バトラーの言葉で言えば、「呼びかけの可能性を喪失した者」(「ジェンダーをほどく」本誌『思想』九八九号、二〇〇六年」一四)――が自分自身に、あるいは他者にふるう暴力については、「怒りに満ち、あるときには致命的なほどの自己叱責となり、あるときには自殺を引き起こすような呼びかけとして再登場する」(一四)と語られるが、ここで言及されているのは、現存の権力関係で非市民に位置づけられている人々の苦境である。しかしさらに今後の課題として付け加えれば、差別を温存したまま現在さらに進行しているのは、生存可能性を奪われている人々のみならず、通常は生きるに値するとみなされてきた人々、つまり蓋然的には、すべての人々にふるわれる、またすべての人がふるう可能性をもつようになってきた現実的で実際的な暴力であり、この種の暴力は、制度的にも個人的にも、またグローバルにもローカルにも、現在、切迫性をもって出現している。バトラーは、九・一一後に書いた論考を集めたと自ら語る『不確かな生』(二〇〇四年)のなかで(この著作の副題は「追悼と暴力の権力」である)、グアンタナモ収容所の「無期限拘留」の暴力を論じる。しかしそこで結論づけられているのは、「国家主体を含めて、どんな「自己」も、国際的な共社会性(socius)を離れては存在しえない」という条件のもとでの「自己決定への賛同」(Butler, h 99)ということだけで、「共社会性」と「(非)自己」がいかに両立しえるかについては論考を進めていない。しかし新しく出現した暴力の配置をどのように捉えていくかは、バトラーのみに託すことではなく、バトラーと対話しつつ、この時代に生きている/生きることを奪われている者すべてが追求すべき事柄であるだろう。

注

(1) このインタヴューは朝日新聞に掲載された(二〇〇六年一月二五日夕刊二版一一頁)。なお筆者は、このインタヴューに通訳・解説者として同席した。

(2) *Bodies That Matter* は、これまで「問題なのは身体だ」あるいは「問題なのは肉体だ」と訳されており、筆者もそれを使っていたが、折々にそれを、さらに趣旨にそって変えたいと思っており、サラ・サリー著『ジュディス・バトラー』を共訳するさいに、『問題=物質となる身体』と訳し変えた。"matter"は「問題化する」という動詞としての意味と(ここでは動詞として使われている)、「物質」という名詞としての意味があり、バトラーはこの二つをかけていると考えられるからだ。主体構築にあたって「身体」が「問題化」され、そして「所与の物質」とみなされていく権力操作が、この書では論じられている。

(3) フーコーは晩年に「自己への配慮」が「権力の転換」(Foucault, a 7-8)の契機になりうると考えた。「自己への配慮」とは、「今自分がしていること、今自分であるものを使って、自分が考えていることや、語っていることと、その瞬間、瞬間に、向き合う」(Foucault, b 374)ことである。あるいはフーコーは以下のようにも語って、別様の政治の可能性を示唆している。「罪の悔い改めは、何らかの自己同一性の確立を目標とするのではなく、自己の拒否や自己からの脱出を特徴づけるのに役立つものだ」(Foucault, c 56)。なおこれについては拙著『愛について』第四章「アイデンティティの倫理」参照。

（４）デリダは、カントの「志向の理性」が規範的なものではなく、カント自身が「あたかも〜のように」という留保をつけていることを強調し、「あたかも〜のように」という思想のなかに、未来の政治の可能性を見いだそうとする。なぜなら、「あたかもいたるところで無限に遭遇するように」みえる「体系的統一をもった規範的な法」は、しかしそれが「最大に可能な多様性に結びつく」がゆえに、そのようにみえるからである。デリダの注33を参照(Derrida, b 192-93 強調デリダ)。

（５）『ジェンダー・トラブル』一〇周年記念版に新しくつけられた「序文（一九九九）」で、本書の最初の刊行時には「想定していなかったようなジェンダー・トラブル」として、トランスセクシュアリティやトランスジェンダリズムの積極的な再考が必要なことを指摘している(Butler, f 邦訳六九)。

（６）ブレンダ／デイヴィッドのケースについては、小山エミ「『ブレンダと呼ばれた少年』をめぐるバックラッシュ言説の迷走」参照。

（７）筆者自身も、「愛されうる可能性」という語は使っていないが、トランスジェンダーのパートナーのセクシュアリティが、性配置の問題提起には重要なことを指摘している。竹村和子「「セックス・チェンジズ」は性転換でも、性別適合でもない」[本書第二章]参照。

（８）レズビアン／ゲイの結婚のイシューについては、トランスジェンダリズムよりも早く、『触発する言葉』あたりからバトラーは着目しており、その後、ジジェクやラクラウとの対話においても、『アンティゴネーの主張』においても継続的に論じている。

文献

Butler, Judith, a. *Gender Trouble: Feminism and the Subversion of Identity*. New York: Routledge, 1990.（ジュディス・バトラー『ジェンダー・トラブル――フェミニズムとアイデンティティの攪乱』竹村和子訳、青土社、一九九九年）

――, b. *Bodies That Matter: On the Discursive Limits of "Sex"*. New York: Routledge, 1993.［『物質／問題となる身体（仮）』竹村和子ほか訳、以文社、二〇一三年刊行予定］

――, c. "Gender as Performance: An Interview with Judith Butler." *Radical Philosophy* 67 (1994): 32-39.（「パフォーマンスとしてのジェンダー」竹村和子訳、『批評空間』II-八号、太田出版、一九九六年、四八―六三頁）

――, d. *Excitable Speech: A Politics of the Performative*. New York: Routledge, 1997.（『触発する言葉――言語・権力・行為体』竹村和子訳、岩波書店、二〇〇四年）.

――, e. *The Psychic Life of Power: Theories in Subjection*. Stanford, CA: Stanford University Press, 1997.［『権力の心的な生――主体化＝服従化に関する諸理論』佐藤嘉幸・清水知子訳、月曜社、二〇一二年］

――, f. "Preface (1999)." *Gender Trouble*. Sec. Ed. New York: Routledge, 1999. vii-xxvi.（「『ジェンダー・トラブル』序文（一九九九）」高橋愛訳、『現代思想』二八巻一四号、青土社、六六―八三頁）

――, g. *Antigone's Claim: Kinship between Life and Death*. New York: Columbia University Press, 2000.（『アンティゴネーの主張――問い直される親族関係』竹村和子訳、青土社、二〇〇二年）

――, h. *Precarious Life: The Powers of Mourning and Violence*. London: Verso, 2004.（『生のあやうさ――哀悼と暴力の政治学』本橋哲也訳、以文社、二〇〇七年）

――, i. *Undoing Gender*. New York: Routledge, 2004.（『ジェンダーをほどく』越智博美・三浦玲一訳、明石

書店より刊行予定)

——, j. *Giving an Account of Oneself*. New York: Fordham University Press, 2005. [『自分自身を説明すること——倫理的暴力の批判』佐藤嘉幸・清水知子訳、月曜社、二〇〇八年]

——, k. "Undoing Gender." 『F-GENSジャーナル』五号、お茶の水女子大学、二〇〇六年、一九二—二〇〇頁。(「ジェンダーをほどく」竹村和子訳、『思想』九八九号、岩波書店、二〇〇六年、四—一五頁)

Butler, Judith, Ernesto Laclau, and Slavoj Žižek. *Contingency, Hegemony, Universality: Contemporary Dialogues on the Left*. London: Verso, 2000. (バトラー、ラクラウ、ジジェク『偶発性・ヘゲモニー・普遍性——新しい対抗政治への対話』竹村和子・村山敏勝訳、青土社、二〇〇二年)

Derrida, Jacques, a. *The Gift of Death*. 1992. Trans. David Wills. Chicago: University of Chicago Press, 1995. [ジャック・デリダ『死を与える』廣瀬浩司・林好雄訳、ちくま学芸文庫、二〇〇四年]

——, b. "Autoimmunity: Real and Symbolic Suicides: A Dialogue with Jacques Derrida." *Philosophy in a Time of Terror: Dialogues with Jürgen Habermas and Jacques Derrida*. By Giovanna Borradori. Chicago: University of Chicago Press, 2003. [ジャック・デリダ、ユルゲン・ハーバーマス『テロルの時代と哲学の使命』岩波書店、二〇〇四年]

Foucault, Michel, a. "The Ethic of Care for the Self as a Practice of Freedom." 1984. *The Final Foucault*. Eds. James Bernauer and David Rasmussen. Cambridge, MA: MIT Press, 1988. 1-20. (ジェイムズ・J・バーナウアー、ディヴィッド・M・ラズミュッセン編『最後のフーコー』山本学ほか訳、三交社、一九九〇年)

——, b. "Politics and Ethics: An Interview." *The Foucault Reader*. Ed. Paul Rabinow. New York: Pantheon Books, 1984. 373-80.

——, c. *Technologies of the Self: A Seminar With Michel Foucault*. Eds. Luther H. Martin, Huck Gutman, and

Patrick H. Hutton. Amherst: University of Massachusetts Press, 1988.（ミシェル・フーコー『自己のテクノロジー』田村俶・雲和子訳、岩波書店、一九九〇年）

——, d. "Un cours inédit." *Magazine littéraire* 207 (1984): 35-39.（「カントについての講義」小林康夫訳、『第二次エピステーメー』創刊〇号、一九八四年）

小山エミ「『ブレンダと呼ばれた少年』をめぐるバックラッシュ言説の迷走」、双風舎編集部『バックラッシュ！』双風舎、二〇〇六年、二八四—三〇九頁。

サリー、サラ『ジュディス・バトラー』竹村和子ほか訳、青土社、二〇〇五年。

竹村和子a『愛について——アイデンティティと欲望の政治学』岩波書店、二〇〇二年。

——b「「セックス・チェンジズ」は性転換でも、性別適合でもない」、パトリック・カリフィア、サンディ・ストーン、竹村和子、野宮亜紀『セックス・チェンジズ——トランスジェンダーの政治学』作品社、二〇〇五年、五七一—九三頁。［本書第二章］

第九章　デリダの贈与——脱構築／ポリティックス／ポスト性的差異

デリダは「ジェンダー」という用語が含まれない言語で書いているのである。
——ペギー・カムフ

1　脱構築の介入

一九九〇年にジュディス・バトラーの『ジェンダー・トラブル』とイブ・K・セジウィックの『クローゼットの認識論』の二つの書物が出て以来、性的差異は大きくジェンダーにかかわるもの、つまり本質に帰着するのではなく、社会関係を反映する認識上の事柄であるとの考えが強くなった。この考えの基盤にはフーコーの言説権力論があり、言説実践をとおして、あるいは言説実践そのものとして施行される権力が、性的差異を配備していくと考えられている。むろん、抵抗そのもののなかに権力が発動するとみなすフーコーの権力論は（画期的な洞察とはいえ）、それをそのまま狭く解釈した場合には、目下の権力図式から跳躍する道は閉ざされ、解放のポリティックスの余地はなくなる。したがってバトラーは、言語使用という反復行為がはらむ行為遂行性（パフォーマティヴィティ）のなかに、またセジウィックは、単一な物語と思えるものの内部に存在する複数の物語――記述されてはいるものの、沈黙の淵に滑り落ちてしまうテクストの矛盾の場所――に焦点を当てることで、社会的に構成されている認識の錯誤を露呈させ、既存の性配置をずらそうと試みる。

しかしいずれにせよ、こういった考え方は、性的差異を歴史的言語のなかの出来事と捉えるものであり、ゆえに、言語的存在である人間が必然的にその主体内部にかかえる不連続、ひいてはその不連続の非－歴史的表出としての二つの性的位置という「形式」への配慮が欠けているという批判が、スラヴォイ・ジジェクやジョアン・コプチェクらのラカン派から、九〇年代、とくにバトラーに向けて発せられた。この両陣営（社会構築的な立場と精神分析的な立場）のあいだの直接のダイアログ（意見交換、対話）となるのが、二〇〇〇年にエルネスト・ラクラウを挟んでバトラー、ジジェクが著した『偶発性・ヘゲモニー・普遍性』である。

それに比べると脱構築の側からの、性的差異にまつわる過去一〇年余りの論争への介入は、きわめて乏しい。歴史主義的な言説権力論が、テクスト主義的な脱構築へのアンチテーゼとして米国で流布したことを思えば[1]、性的差異を歴史的言説の次元で捉えようとするバトラーやセジウィックに向けて、脱構築の側からの何らかの再応答があってもよいはずである。とはいえ、もともと彼女たちと脱構築とのあいだの親和性は強く、ジャック・デリダを最初に米国に紹介したのが文学研究者であり、そのころイエール大学で教育を受けていた英文学者セジウィックが、（脱構築の現実的効力には懐疑的なものの）その手法をなかば自家薬籠のものとして自論に組み込むのは当然のことである。またバトラーも、異性愛の非本質性を主張するには、セックスとジェンダーの因果関係の逆転を指摘するだけではなく（これだと、権力図式の説明にとどまる）、「差延」の概念へと、それとは明記しないまでも論を移していくのは自然な成り行きだろう。いやそもそも唯名論がはらむ閉鎖を打破しようとして、セジウィックやバトラーが持ち出した「テクストの沈黙」や「行為遂行性」という概念自体、脱構築が提唱したもの、あるいはそれを発展的に展開したものである。加えて、多様な解釈を志向する彼女たちの「不決定性」への価値づけは、往々にして政治的な能動姿勢とはみなされず、彼女たち自身が、悪しき脱構築主義者、高踏的な言語遊戯者と呼ばれて、批判されることが多い(2)。

一方デリダもまた、ホモソーシャルな権力構造に触れた『友愛のポリティックス』の出版が一九九四年であり、フロイトやラカンに関する著述や講演も引き続きおこなっているにもかかわらず、一九九〇年以降の性的差異に関する論争に直接に立ち入ることはなかった。むしろ性的差異にまつわって明示的に脱構築の立場が明らかにされたのは、やっと二〇〇〇年になってからのことであり、それも、当時存命だったデリダ自身によってではなく、本論のエピグラフに掲げたペギー・カムフによってである。しかもカムフが「今とはべつの性的差異」と題する論文（初出は二〇〇一年、自著に再録したのが二〇〇五年）において、脱構築的議論を展開するために依拠したのは、それより遡ることさらに十余年もまえの一九八七年に発表されたデリダの論考「*Geschlecht*――性的差異、存在論的差異」(3)であった。かように言説権力論（あるいは社会構築主義と呼ばれるもの）と脱構築とのあ

いだには、これまで正面切ったダイアログは、奇異に感じられるほどになされてはこなかった。(4)
　したがって満を持して始められたとも思えるカムフの脱構築的立場からのバトラー批判は、性的差異に関して脱構築と言説権力論がどこで接近し、またどのようにすれ違ってきたのかを浮き彫りにする。加えて、デリダ／カムフの「存在論的」な性的差異と、バトラーに異を唱えてジジェクが主張している「超越論的」な性的差異とのあいだの共約性と相違の検討は、そこから照射して、「性的差異を解放のポリティックスに結びつける可能性が残されているのかどうか」という、これまで念頭に置かれながらも、宙づりにされてきた問いにアクセスする道を拓いていくだろう。

2　ふたたび存在論と認識論——デリダ／カムフとバトラー

　ペギー・カムフがバトラーを批判するのは、バトラーが「ジェンダー」と「セックス」の因果関係の逆転を論じるさいの用語の使い方である。カムフはバトラーの以下の記述を問題にする。

　ジェンダーは生得のセックス（法的概念）のうえになされる文化的意味の書き込み(inscription)だと考えるべきではない。ジェンダーは、それによってセックスそのものが確立されていく生産(production)装置を示しているのである。（Kamuf, b 81　強調引用者）

カムフによれば、この箇所でバトラーは「書き込み」を二義的なもの、「生産」を一義的なものと捉える階層化を想定しており、これこそ、デリダが『グラマトロジーについて』〔一九六七年〕などで批判した現前の形而上学を反復するものである。すなわち、書き言葉〈エクリチュール〉を再現前、話し言葉を現前とみなし、前者を後者の下位に置いて、後者が示唆する自己現前性や非差異化性を措定する西洋形而上学の伝統に、バトラーは無自覚に乗っかっているというのである。

むろんバトラーは、この文章でも、また他所でも、セックスを不動の起源とし、ジェンダーを歴史的に可変的なその表出とする「一般的」理解を覆そうとしているのであり、「書き込み」という言葉のなかに「エクリチュール」という意味を込めて、それを二義的とみなしているわけではない。しかしバトラーが強調する言説の生産機能は、ともすれば言説権力の無謬性・網羅性（カムフの言葉を使えば、自己現前性や非差異化性）を措定することになりかねない。言説による管理／生産システムを回避しようとして、バトラーが進める考察についてはあとで述べるとして、カムフの分析に戻れば、このバトラー批判ののち、カムフはやや唐突にデリダのハイデガー論へと話題を転化する。

デリダは「*Geschlecht*――性的差異、存在論的差異」のなかで、ハイデガーが「現存在」の概念を出してきたとき、これに性的差異を与えなかったこと――つまり現存在は「そこにある」（Da-sein）という存在性であり、人間のかたちではないゆえに、その性別に言及していないこと――の意味を考察した。デリダによれば、ハイデガーのこの「沈黙」は、性的差異が、現存在という究極の存在にとって表層的で取るに足りない事柄というのではなくて、現存在が二元論な性的差異に牽引されたものではないということである。デリダいわく、「自己の中性性のうちにある現存在」は、「そのものとしては男にも女にも属さないとはいえ、これは現存在という存在者が、性を奪われているということではなく、ここで思考されるべきなのは、前‐差異的な、あるいは前‐二元的なセクシュアリティである」(Derrida, d 387)。現存在の「無性的な中性性」は、性的差異の「否定」のように見受けられるが、しかしこの否定は、「非性化」ではない。つまり否定されているのは、セクシュアリティ(性的であること)ではなくて、性別二元性であって、それゆえ性的差異の「否定」は、性的であることの抑制ではなく、その新たな「解放」であると積極的に読み進むべきだと、デリダは主張する(387)。

思えば現存在は、歴史的派生物を捨象して、「そこにある」という状態を示す存在性であるが、それは西洋形而上学が理念として措定してきた抽象概念ではない。そのような抽象理念は結局のところ、男性性を普遍化して、そのなかに無性的な概念をも包摂させる男根ロゴス中心主義に帰着していく。たしかに現存在は、自己自身であること――すなわち《存在》としての自己との関係――であり、歴史的具体相としての性的差異は関与しない中立的・中性的なものである。しかし〈自己との関係〉は、閉じた自己の円環のなかに自閉する非差異的なものではない。カムフは、性的差異についてのデリダの主張をもう少し明確にして、自己との関係が、「そこにある」存在として成立するには、すなわち存在論的差異を得るには、「自己であることによって可能になるものすべてが与えられている」(Kamuf, b 94)ことが必要であり、したがって、〈自己以外のものとの関係〉、ひいては「生命を与えるものとしての性的な再生産の概念」(94 強調引用者)が含意されると述べる。しかし〈自己との関係〉が要件として抱えざるをえない〈自己以外のものとの関係〉は、「問題」としてではなく、「贈与」として考察することが可能だとカムフは論を進める。なぜならそれは、「法以前に定められているリスク」としての「混合や汚染」に「(みずからを)晒す」ことではあるが、この「晒すこと」(exposition)は、「空間的な動き」すなわち「外に置くこと」(ex-position)を示唆しているからだ(95)。それはまさに「贈与」として、「すでに定位されている二元論的空間を外在化させ、変形させ、歪形させる」(95-96)ことを可能にする。「二元論的空間」とは、セクシュアリティを二つのジェンダーに分ける力がはたらいている空間であり、この「ジェンダー化／産出化(en-gendering)の力の変形・歪形」こそ、「今とはべつの性的差異」の可能性であり、それは、「再生産とかジェンダー化／産出化とか性器的セクシュアリティといった、これまで通常に理解されてきたセクシュアリティの限界線」(96)に関与するものである。

このようなカムフの説明は、行為遂行的なズレによる意味の増殖と変形を主張したバトラーの議論と非常に似かよっているように見えるだろう。カムフが述べているように、バトラーは「デリダが編み出した脱構築の手法」を使って、「セックスとジェンダーの区別を瓦解させようとしている」(84)ので、当然、その論法は同じ道筋をたどる。だがその論が展開される場所が、大きく異なるのである。いみじくもカムフは、「このような歪形空間に「生命を与えて」可動させる性的差異は、これまでとは違う意味で受けとめられなければならない。すなわち、通常の意味での「生」――セクシュアリティを二つのジェンダーに分ける現況下の生――を規定している境界のまえに、あるいはその境界のむこうにあると考えるべきだ」(96–97 強調引用者)と述べた。しかし、現存の二元論的な性配置の「まえ」や「むこう」を解放の場所として持ち出してくることこそ、バトラーが終始一貫して問題化してきた姿勢である。他方カムフは、バトラーがあまりにもセクシュアリティを「現況下の生」で捉えてしまい、言説の固定的な生産機能に結びつけすぎると批判する。

たしかに言説権力論が確定的な意味システムの閉じた唯名論となる危険性をもつことは、早くからフーコー批判のなかで指摘されており、むしろバトラーは、この閉鎖的循環から離れようとして、言説の(再)生産現場には意味の置換が起こることを強調するようになった。すなわち二元論的ジェンダーがかならず二元論的セックスを生産するのではなく、言語使用というコピー行為には、つねにオリジナルからのずれが生じるという主張である。したがって『ジェンダー・トラブル』では「異性愛のマトリクス」という用語を使っていたが、鋳型とか母型を連想させて制度改変の余地を示せないので、次作『問題＝物質となる身体』(5)［一九九三年］以降では、「異性愛のヘゲモニー」という言葉にかえ、言説空間を可鍛的な意味づけなおしに向けて開かれたものにした(Butler, c 36)。ちなみにヘゲモニーの語は、脱構築的視点を政治理論に導入して、包摂／排除の境界上での動的交渉を主張したエルネスト・ラクラウとシャンタル・ムフの『ヘゲモニーと社会的戦略』(一九八五年)から取られたものである。またバトラーは、歴史的権力の表出である「言説」の次元だけでなく、

「言語」の脱構築的な意味作用のメカニズムを検討する方向へも論を拡大するようになった。しかし政治理論であれ、言語理論であれ、また両者を融合した理論であれ、脱構築的見解に重心を移すにつれ、他方で彼女が引き続き、(批判的にではあるが)照準を当てて論じている言説権力論とのあいだに、微妙な乖離が見られるようになったことも確かである。それが期せずしてあらわれているのは、『触発する言葉』[一九九七年]のなかで、行為遂行性に関するデリダの議論を検討した箇所である。

言葉を発することがそのまま行為となる「言語の行為遂行性」は、言葉がものを生みだすという「言説の生産機能」を言い換えたものと考えられる。しかしそれを最初に理論づけたJ・L・オースティンは、言語の遂行性が失敗する場面があることも、併せて指摘した。彼は、言語上の発話にしかすぎないものが行為となる理由は、それを取りまく慣習に発話が依存しているためであり、したがって発話時にその社会的文脈が示されなければ、発話は首尾良く行為しないと述べた。もちろんひとたび「適切な」状況が設定されれば、発話は自動的にかならず語っていることを行為するとオースティンは主張する。しかし、デリダそしてバトラーが着目するのは、この行為遂行性の「失敗」である。

デリダは「書名　出来事　コンテクスト」[一九七一年]のなかで、発話はたしかに慣習の継続性によって行為遂行的になるが、慣習の継続はつねに先行文脈からのズレを内包しており、この不可避の「脱文脈化」によって、発話は行為遂行力を獲得すると述べた。バトラーは、デリダのこの脱文脈化に賛同する。しかし彼女がデリダと袂を分かつのは、脱文脈化が言語の構造に関わるものだとデリダが主張する点である。デリダによれば、行為遂行性の失敗は、発話の外的要因によってたまたま運悪く引き起こされるのではなく、「発話の内的で積極的な〈可能性の条件〉」すなわち「発話の出現力そのもの」である。デリダいわく、先行文脈からの断絶力は、「偶発的な属性ではなく、書かれたテクストのまさに構造なのである」(Derrida, a 9)。つまり先行文脈からの断絶や間隔化は、歴史的現場で偶発的に起こる意味論的な出来事ではなく、あらゆる言語がその内部につねに抱えている言語の構造的な性質だと言う。これに対するバトラーの反論は、もしもそうであるなら、「あらゆる符号や発言がそのような失敗に同じように悩まされる」ことになり、「なぜある発言がべつの発言よりも、先行する文脈から容易に断絶するのかとか、なぜある〔侮蔑〕発言は危害をおこなう力をもち〔遂行力をもち〕、べつの〔侮蔑〕発言はそのような力を行使できない〔遂行力をもちえない〕のか」(Butler, d 150)という問いに、答えることはできなくなるということだ。たしかに、脱文脈化の書記素的な構造を強調すれば、〈可能性の条件〉としての意味作用のずれを言語機能のなかに閉じこめておくことになり、それを政治的に拓いていくのは不可能になる。

しかし他方でバトラーのように、ある発言が遂行力をもつことを、不承不承にではあれ肯定してしまえば、その発言は、意図の透明性や、意味作用の一義性、言語行為の現前性を獲得してしまう。デリダの言葉を使えば、発話の出現力そのものである文脈からの断絶力を「除外して規定される「通常」言語とは、いったい何を意味するのか」という疑問がわき上がってくる。そのような言語の遂行力を認めることは、イデオロギーの目的論に、言語を（つまりは言語分析を）従属させることになるだろう。したがって、ある発言は遂行力をもち、べつの発言は遂行力をもたないと述べることは、前者の場合には意図の透明性を前提にしてイデオロギーに首肯し、後者の場合には意図からの置換、すなわち言語行為の脱構築的作用を強調して、イデオロギーの転覆を求めるという、相互に矛盾した批評姿勢をみせることになる。ゆえに今度はバトラーに対して、なぜあるときには言語行為の現前性を（その効果に敵対しながらも）受け入れ、べつのときには言語行為の脱構築的作用を積極的に打ち出すのか、という問いを投げかける必要が生じてくる。カムフは、バトラーのこの定言矛盾を衝くことはせずに、バトラーの議論を前者に矮小化して、「セックス／ジェンダーの言説の瓦解は、瓦解に抗いして両者の区別を遵守している「セックス」と「ジェンダー」の〔二つの語を有する〕言語に依存している」（Kamuf, b 81 強調カムフ）と批判した。つまり「セックス」と「ジェンダー」の二つの言葉を操っているかぎり、たとえ両者のあいだの因果関係を逆転しても、この二つの言葉の意味の現前性は保持されたままだという反論に留まった。

しかし、デリダの用語を借用すれば、バトラーの「構造的」閉鎖（カムフからの批判）と、デリダの「意味論的」閉鎖（バトラーからの批判）を単に平行させておくだけでは、バトラーとデリダ双方が切り拓こうとしている「新しい文脈化」（バトラー）や「新しいエクリチュールへの接ぎ木」（デリダ）の実現は阻まれたままとなる。したがって、あらゆる発話行為が有する構造としての脱文脈化が、どのように歴史性を獲得しえるか、すなわち言語の内部に起きる間隔化が、いかに政治的場面で歴史的効果を得ることが可能になるのかを、性的差異の場面で考察する必要があるだろう。

3 「欠如」ではなく「散種」――生の贈与のために

ここで補助線として、ラカン／ジジェクが主張する超越論的な性的差異を引いてみよう。デリダもカムフも、現存在の中性性は、「事実的な具体相のまえかそと」や「現況下の生の境界のまえかむこう」の「今とはべつの性的差異」だと指摘した。経験論から身を引き剝がすこの姿勢は、近年のジジェクの論調に奇妙にも似ている。ジジェクは八〇年代末に出版した『イデオロギーの崇高な対象』では、《現実界》を「「家父長的な家族形態」をとおしてその姿を告げる固い核」とか「去勢の岩」(Žižek, 50)と称し、「いかなる可能な世界においても同一でありつづける」(95)と主張したが、二〇〇〇年出版のバトラー、ラクラウとのダイアログでは、シニフィアンの特権性についてはややそのトーンを落とした。

最初の喪失(《モノ自体》の喪失、フロイトのいう「原初的抑圧」)は、定まった対象の喪失(たとえば、同性のリビドー備給を諦める)なのではなく、逆説的にも、あらゆる失われた対象に先立つ喪失であり、だから《モノ》の高みにまで登る実体的な対象(ラカンによる昇華の定義)は、ある意味で喪失に身体を与えるのである。ということは、ラカンの《現実界》、それが表わす不

> 可能性の切断線は、まず主体を切断するのではなく、《大他者》自体、主体に向かい合いそこに主体が埋めこまれている社会的＝象徴的「本質」を、切断していることになる。いいかえれば《現実界》の切断線は、主体の介入の範囲を前もって制限する一種の閉域をしめすどころか、主体の根源にある究極の自由、《他者》の非一貫性と欠如によって支えられた自由の空間の存在をラカン流に認める方法なのである。（Butler, Laclau, and Žižek, 258 強調ジジェク）

ここで述べられている「あらゆる失われた対象に先立つ喪失」は、デリダやカムフが言う事実的な実体相や現況下の生の「まえ」にある存在性の条件を連想させる。また「《現実界》の切断線」が「閉域」ではなく「究極の自由」を指し示すのなら、デリダの概念である「散種」――女を介して「息子のなかにのみに再生産される父なる種の伝播」(Kamuf, b 85)の「そと」や「むこう」に散らばる無限の意味の戯れ――に呼応するもののように思える。いずれにしろ、ジジェクもデリダ／カムフも考察しているのは、歴史的に個別の言説ではなく、言語的人間が抱える生の構造である。その意味で、同ダイアログでバトラーが発したジジェク批判のうち、「主体形成が不完全になる理由は、政治的特徴であって構造的な静態や基盤ではない排除をつうじて、まさに〈過程にある主体〉が構築されるからではないか」(Butler, Laclau, and Žižek, 12)という言葉は、ジジェクの指摘どおり、排除の構造(形式)と、排除される個別の歴史的状況(内容)を混同しているとみなしてよいだろう。

しかしバトラーへの異議はおくとして、ジジェクとデリダ／カムフがまったく同じ議論を展開しているわけではない。それが端的に示されているのは、同書に付した注の部分である。ジジェクはこう述べる。「性的差異はたしかに生物学上の事実ではないが、社会構築物でもない――むしろそれは、身体の滑らかな機能を乱すトラウマ的な切断を指す。これがトラウマ的になるのは、異性愛規範の暴力的な押しつけのせいではなく、生物学的身体が性化されるさいの文化的な「超実体化」の暴力そのもののせいである」(258–59)。ここでジジェクは、人間存在の条件は「トラウマ的」なものと定義する。たしかに《父の禁止》が発動されるまえの前‐言語的状況を「享楽」と捉えて、モノとの非差異的な関係の「喪失」を人間存在の条件とするなら、それ以降、人はその喪失の「トラウマ」を抱えることになる。だが前‐言語的状況は、言語獲得後に遡及的に措定されたものであり、それを「享楽」と名づけるのは、言語を「喪失」のエイジェンシーとみなすゆえにすぎない。しかし言語の到来は、享楽の喪失としてのみ捉えるべきなのか。また言語獲得の場面(人間化される場面)が、ジジェクの言うように「定まった対象の喪失」でないのなら、前‐言語的状況を喪失した〈母なるもの〉の場所とみなす必要もなければ、禁止の言葉を告げるものを《父》と呼ぶ必要もない。しかしポスト言語獲得の「トラウマ」として近代人が体験させられているのは(ジジェクは「近代」人とは言わないだろうが)、もっぱら、この初源に設定された痛ましい家庭の悲劇に起因しているのである。つまり、言語が「性化」する対象を「身体の滑らかな機能」ではなく、二つの「生物学的身体」にあらかじめ限ったことで生じた「文化的な「超実体化」の暴力そのもの」(258–59 強調引用者)が、そののち人を、その暴力のトラウマにえんえんと苦しめることになるのである。

ひるがえって、同じく経験論的な「内容」の次元ではなく、現存在の（「もはやない」ながらも「まだ見ぬ」）可能性として、デリダ／カムフによって示唆されているのは、性的差異の拡散であり、二元論的な性的差異の非受精＝散種である（Derrida, d 393; Kamuf, b 85）。「散種」は、エクリチュールそのものの性質であり、言語存在である人間が言語によっておこなうすべての行為に内在している構造的なもの、ジジェクの言葉を転用すれば、あらゆる言語使用の「形式」である。『散種』［一九七二年］という著作の冒頭を、「これは（したがって）これから本になりおおせることはない」（This (therefore) will not have been a book）という文章で始めるデリダは、「散種」を、意味の決定や伝播ではなく、意味の不決定性であると――意味を無限の可能性のなかに撒き散らす（dissemination）と同時に、起源的にも終末論的にも意味を固定しない意味作用の否定（dis-semination）でもあると――述べている。したがってそのように散種される現存在の「今とはべつの性的差異」には、構造としての「最初の喪失」はない。散種は「最初」でもなければ「喪失」でもないのである。むしろそこにあるのは、差延（différance）――記号の差異（différence）のなかで、言葉が次々とべつの言葉を参照していく意味の無限の遅延（différer）――である。

したがって、人間存在の条件としてあらゆる言語使用に必然的に備わる「散種」は、たしかに「根源的な自由」を含みもつが、厳密に言えば、それはジジェクが言う「主体の根源にある究極の自由」ではない。なぜなら、そこには「主体」として立ち上がるための不可避の前提あるいは絶対的な制限とされている「性化の公式」つまり「去勢」が含意されていないからである。デリダ／カムフの存在論には、性の二分法の厳格な「形式」はない。この点において、バトラーのデリダ批判――行為遂行性の脱文脈化を構造的次元で捉えたために、意味づけなおしの可能性が閉じられてしまうという批判――は適切でないだろう。むしろ、デリダ／カムフが、セクシュアリティの「解放」の可能性として差し出した現存在の中性性は、言説権力がそこに歴史的意味を充塡しようとする「身体」であり、さらには、構造であるがゆえに何ものにも係留されない「空虚な場」としての(あえて言えば)「普遍」である。ラクラウの言葉をつかえば、「個別的なものによってしか満たされないが、その空虚さによって社会関係の構造化／脱構造化において決定的な一連の効果を生みだすような無」(Butler, Laclau, and Žižek, 58)なのである。だからこの中性的身体は、初源的な《禁止》がふるうペン／ナイフ／ファルスによって、二つに性化される「対象」ではない。それは、「テクストの襞」、いやむしろテクストの皮膜(6)であって、新しい意味を書き込みながら(inscribe)、折り畳んでは内外を裏返す差延的運動のなかにその意味をかき消して(efface)もいくテクストとしての身体、あるいは身体としてのテクストである。だからこそ、言語の意味作用において「問題なのは身体」となるのである。

しかしさらに問題は残る。デリダはインタヴューで、テクスト／身体としての「振り付け」には「多性的な署名」がなされ、それは「女性性、男性性という二元論のむこう、バイ・セクシュアリティのむこう、ホモセクシュアリティ、ヘテロセクシュアリティのむこう」(Derrida, c 455)にあると述べた。しかし女性性、男性性はともかく、バイセクシュアリティも、ホモセクシュアリティもへテロセクシュアリティも否定する「多性性」のなかで、性的差異は「べつのかたち」とはいえ、どんなものとして現れてくるのか。「いまだなく」「まだ見ぬ」可能性は、やはりテクストの遊戯のなかに留まったままなのだろうか。

カムフは、デリダのハイデガーの読みを、さらに読もうとする。ちょうど、"*Geschlecht*"の語につけたハイデガーの引用符によって、デリダがそこに意味の連続的なずらし「性、人種、家族、世代、血統、種、種族」を読み取ったように、またハイデガーの「否定」を「積極性」や「力強さ」に読み取ったように、カムフは、デリダが記した"impuissance"(不可能性、不能性)の語と、それに付けた引用符によって、その語の意味をずらして増殖させ、不可能性・性的不能性・性的能力・力強さ・可能性へと漸次的に繋げていこうとする。そしてそれによってもたらされるものは、〈自己との関係〉が〈自己以外のものとの関係〉でもある現存在に必然的に含意される、「生を与える」ものとしての性的再生産についての考察ではないだろうか。不可能性・性的不能性・性的能力・力強さ・可能性の連鎖のなかで与えられる生は、「問題」としてではなく、「贈与」として送られる。その生は、「生」であると同時に「無」でもあり、「存在」であると同時に「不確定なもの」、あるいは「死の贈与」(Kamuf ed. 338; Derrida, e 54)でさえもある。すなわちそれは、礼を言うことによって既存の文脈に回収できないような贈り物としての「生」、どんなものを贈られたかを言うことができないような「生」、あまりに特異で個別的なので、その特異性と個別性において「死」と同義のような「生」……。それこそ、女・男・ホモセクシュアル・ヘテロセクシュアル・バイセクシュアルといった現存の命名の範疇を横断して与えられる「生」ではないだろうか。性的差異（*Geschlecht*）は、ジェンダーやセックスの二分法を超えて、身体としてのテクスト、テクストとしての身体を横断していく。それはまさに散種であって、宛先に届かず、宛先は無限に置換され、またその特異性のために「生」である「死」、あるいは「死」である「生」を、身体／テクストに書き続けるだろう。性的差異をいま一度、存在すること、生きること、生を与えること、生を与えられることに結びつければ、身体／テクストで戯れる意味の増殖・離反・切断・再結合は、人口受精や代理母や養子縁組や卵子・精子の凍結など、社会的・歴史的な位相に折りかえされて、多様なかたちの生の中継のエイジェンシーとしての「今とはべつの性的差異」が導き出せるのではないだろうか。

ジジェク（精神分析）もバトラー（言説権力論）もラクラウ（ポストマルクス主義）も、性的差異を話題にする。しかし、生の中継に触れることは少ない。むしろ性的差異は、初源的トラウマか、言説的トラウマの次元で語られて、いつのまにかその存在性は希釈されていくことが必要ではないか。だが、性的差異を二元論のなかに閉じこめず、しかし誕生と死においてそれを考えることが必要ではないか。誕生が再生産ではなく、生の中継であると、生はその特異性において死でもあると考えること、性的不能は性的能力でもあり、不可能性は可能性でもあり、逆もまた真だと捉えること……。またたからこそ、「生」と同時に、いま一つ考えなければならないことは、「死」である。たしかにフーコーが洞察したように、近代は死を遠ざけ、生を組織化してきた。本論の文脈で言えば、「散種」されているはずの生を性的差異で振り分け、そればかりか性的差異を生の起源に設定してきた。けれども生は、「生」であると同時に「無」でもあり、「存在」であると同時に「死の贈与」でもある。死を言説の無意識のなかに押し込めてきた近代の枠組が大きく変容している現在、脱構築の視点から導き出される「死」について――生がみずからにふるう暴力について、その言語的表出について――思考する必要があるのではないだろうか。

セジウィックは、脱構築の政治的効力には懐疑的で、むしろ脱構築的分析によって知りうることは、二項対立のダブルバインドをとおしていかに強い権力操作がおこなわれているかということだと述べた。しかし脱構築は、分析の手法というだけではなく、生の姿勢そのもの、人間存在の条件への洞察であることを思い出す必要がある。ハイデガー、デリダ、カムフをとおして散種されてきた性的差異の意味づけなおしは、これからも散種しつづけていく必要がある。しかしそれは、性的意味を狭義の生の次元だけで思弁的・非歴史的に思考することではない。脱構築が語る非歴史的な生／死が、バトラーが批判する歴史的な言説暴力となってどのように表出することになったのか、また今後、性的差異をめぐってさらにどのように翻訳されていくのか。そのインターフェイスの読み解きは、いま一度、デリダ／カムフの脱構築とフーコー／バトラーの言説構築論の双方の議論の空白を、この二つを接続しながら埋めていく作業になるだろう。そしておそらくその助けになるのは、フロイト／ラカン／ジジェクの精神分析が閉じ込めたもう一つの「死」であるだろう。「今とはべつの性的差異」を、身体／テクストのうえに書き／消しつづけるために。生／死の贈与を見すえるために。

注

（1）歴史主義的な言説権力論は、米国においては八〇年代末から九〇年代初めにかけて西海岸の大学（とくにカリフォルニア大学バークリー校）で、「新歴史主義」（ニューヒストリシズム）として、東部のイエール学派（脱構築）への一種の対抗として花開いた。これに寄与したのが、ミシェル・フーコーとのコネクションである。

（2）脱構築的姿勢を取らないマーサ・ヌスバウムは当然としても、それを自論に使うナンシー・フレイザーらもバトラーを「脱構築的な反本質論者」と呼んで批判する。

（3）Geschlecht はドイツ語で一義的には「性別」「性的差異」という意味で、英語の sex に相当するが、意味の転移を強調する論文であるために、訳さず、原語を表記する。

（4）バトラーへの応答としてではなく、またそのすべてが直接に性的差異に言及しているとは限らないが、本論で取り上げたもののほかに、デリダは性に関する著述を早い時期から継続しておこなっている。以下参照。*Glas*(1974), *Spurs*(1978), "Women in the Beehive"(1978), "Otobiographies"(1982), "At Thus Very Moment in This Work Here I Am"(1987).

（5）*Bodies That Matter* は、これまで「問題なのは身体だ」あるいは「問題なのは肉体だ」と訳されており、著者もこれを使っていたが、折々にそれを、さらに趣旨にそって変えたいと思っており、サラ・サリーの解説本『ジュディス・バトラー』の監訳刊行以降、『問題＝物質となる身体』と訳し変えた。matter は「問題化する」という動詞としての意味と（ここでは動詞として使われている）、「物質」という名詞としての意味があり、バトラーはこの二つをかけていると考えられるからだ。主体構築にあたって「身体」が「問題化」され、そして「所与の物質」とみなされていく権力操作が、この書では論じられている。

（6）テクストの襞という表現は、デリダの「ヒーメン」にあまりに強く結びつく。男根ロゴス中心主義の現前に対抗するものとしてデリダが、エクリチュールの形象として持ち出した「ヒーメン」は、一義的には「処女膜」を示し、この語の由来のギリシア神話では「結婚」を司る神ヒューメンの意味をもつ。もちろんデリダはヒーメンをペニスに従属するものとみなしているわけではないが、それを「子宮の入口のところにあって、女の内と外のあいだにある繊細で不可視のヴェイルである」(Derrida, b 212-13)というとき、バトラーが嫌った構造的他者としての女性性に横滑りする危険性をもつ。他所でデリダはヒーメンを説明するために、処女膜ではない形象を数多く挙げている。たとえば、「ある種の魚の軟骨、ある種の昆虫(膜翅類と呼ばれるミツバチやスズメバチやアリ)の羽、ある種の鳥の足の膜組織、ある種の鳥の眼球の白皮膜、植物の種や莢をつつむ葉鞘」(213)であり、これらはすべて「身体的組織をくるむ薄膜」(213)だと述べている。むしろ、形状はさまざまながら、膜状・鱗状のこのような身体の部分形象を、テクスト的身体として筆者は捉えたい。

文献

Butler, Judith, a. *Gender Trouble: Feminism and the Subversion of Identity*. New York: Routledge, 1990.（ジュディス・バトラー『ジェンダー・トラブル――フェミニズムとアイデンティティの攪乱』竹村和子訳、青土社、一九九九年）

――, b. *Bodies that Matter: On the Discursive Limits of "Sex"*. New York: Routledge, 1993.［『物質／問題となる身体(仮)』竹村和子ほか訳、以文社、二〇一三年刊行予定］

――, c. "Gender as Performance: An Interview with Judith Butler." *Radical Philosophy* 67 (1994): 32-39.（「パフォーマンスとしてのジェンダー」竹村和子訳、『批評空間』Ⅱ-八号、太田出版、一九九六年、四八―六三頁）

――, d. *Excitable Speech: A Politics of the Performative*. New York: Routledge, 1997.（『触発する言葉――言

語・権力・行為体』竹村和子訳、岩波書店、二〇〇四年）

Butler, Judith, Ernesto Laclau, and Slavoj Žižek. *Contingency, Hegemony, Universality: Contemporary Dialogues on the Left*. London: Verso, 2000.（バトラー、ラクラウ、ジジェク『偶発性・ヘゲモニー・普遍性――新しい対抗政治への対話』竹村和子・村山敏勝訳、青土社、二〇〇二年）

Caputo, John. "Dreaming of the Innumerable: Derrida, Drucilla Cornell, and the Dnace of Gender." Feder, et al. eds. 141–60.

Cornell, Drucilla. "Where Love Begins: Sexual Difference and the Limit of the Masculine Symbolic." Feder, et al. eds. 167–206.

Derrida, Jacques, a. "Signature Event Context." 1971. *Limited Inc*. Trans. Samuel Weber and Jeffrey Mehlman. Ed. Gerald Graff. Evanston: Northwestern University Press, 1988. 1–23.（ジャック・デリダ「署名　出来事　コンテクスト」『有限責任会社』高橋哲哉・増田一夫・宮裕助訳、法政大学出版局、二〇〇二年）

——, b. *Dissemination*. 1972. Trans. Barbara Johnson. Chicago: The University of Chicago Press, 1981.

——, c. "Choreographies." 1982. Kamuf, ed. 441–56.

——, d. "*Geschlecht*: Sexual Difference, Ontological Difference." 1987. Kamuf, ed. 380–402.（「Geschlecht――性的差異、存在論的差異」高橋允昭訳、『理想』六二六号、理想社、一九八五年、二二一―二三二頁）

——, e. *Given Time: 1. Couterfeit Money*. 1991. Trans. Peggy Kamuf. Chicago: The University of Chicago Press, 1992.

Feder, Ellen K. et al. eds. *Derrida and Feminism: Recasting the Question of Woman*. New York: Routledge, 1997.

Fraser, Nancy. *Justice Interruptus: Critical Reflections on the "Postsocialist" Condition*. New York: Routledge, 1997.［ナンシー・フレイザー『中断された正義――「ポスト社会主義的」条件をめぐる批判的省

察』仲正昌樹訳、御茶の水書房、二〇〇三年〕

Grosz, Elizabeth. "Ontology and Equivocation: Derrida's Politics of Sexual Difference." Holland, ed. 72–102.

Holland, Nancy, ed. *Feminist Interpretations of Jacques Derrida*. University Park, PA: Pennsylvania State University Press, 1997.

Kamuf, Peggy, a. "Deconstruction and Feminism: A Repetition." Holland, ed. 103–26.

——, b. "The Other Sexual Difference." 2001. *Book of Address*. Stanford: Stanford University Press, 2005. 79–101.

Kamuf, Peggy, ed. *A Derrida Reader: Between the Blinds*. New York: Columbia University Press, 1991.

Laclau, Ernest and Chantal Mouffe. *Hegemony and Socialist Strategy: Towards a Radical Democratic Politics*. Trans. W. Moore and P. Cammack. London: Verso, 1985.〔エルネスト・ラクラウ、シャンタル・ムフ『ポスト・マルクス主義と政治——根源的民主主義のために』山崎カヲル・石澤武訳、大村書店、一九九二年〕

Nussbaum, Martha. "The Professor of Parody." *The New Republic* 22 (Feb. 1999) 〈http://www.tnr.com/archive/0299/022299/brian/old/nussbaum022299.html〉

Ziarek, Ewa Plonowska. "From Euthanasia to the Other of Reason: Performativity and the Deconstruction of Sexual Difference." Feder, et al. eds. 115–40.

Žižek, Slavoy. *The Sublime Object of Ideology*. London: Verso, 1989.〔スラヴォイ・ジジェク『イデオロギーの崇高な対象』鈴木晶訳、河出書房新社、二〇〇一年〕

第一〇章　理論的懐疑から政治的協働へ、あるいは政権と理論
――サラ・サリー『ジュディス・バトラー』訳者あとがき――

本書は〈ラウトリッジ批評的思想家〉シリーズの一つ、サラ・サリー著『ジュディス・バトラー』の全訳である。ジュディス・バトラーは本書の冒頭で明記されているように、「セックス、セクシュアリティ、ジェンダー、言語に対する考え方を変えた」思想家だが、本書を通読してみると、またさらには近年のバトラーの著作に接すると、バトラー自身の立ち位置については、『ジェンダー・トラブル』で批評界に大きな衝撃を与えた一九九〇年から二〇〇〇年前あたりまでとそれ以降とでは、微妙に変化しているように思われる。それをあえて一言で言えば、理論的懐疑から政治的協働へ、といったことかもしれない。

思えば『ジェンダー・トラブル』(一九九〇年)は、フェミニズムにも激震を走らせた書物だった。〈女〉というカテゴリーが、生物学的(解剖学的)事実と思われてきたセックスの指標によってさえ還元できないことが、そこで明確に打ち出されたからだった。社会的な性差(性差別)であるジェンダ

ーは歴史的産物であり、したがって解体しうるし、解体せねばならないことは、それまでのおおかたのフェミニストの共通合意であった。だからこそ、そのようなジェンダーを身に負わされた〈女〉たちは、「分断して統治する」という巧妙な権力の罠に対して、シスターフッドの絆で連帯し抵抗しようと試みてきた。むろん性差別は他の差別軸と交差し、その暴力には幾重もの糖衣がかけられているので、フェミニストとて一枚岩ではなく、その内部にさまざまな葛藤や軋轢を抱えている。すでに一九八〇年のコペンハーゲン国連女性会議において、このことは表面化しており、また八〇年代以降の多文化主義やポストコロニアル批評は、多様な女の声を聞き、発することの重要性を指摘していた。けれどもこれらの主張には、やはりどこかで女の声という暗黙の前提があった。他方で八〇年代も末になると非異性愛の側から、〈女〉が本来的にパフォーマティヴなものであることも示唆されていった。その一つは、スー＝エレン・ケイスの論文「ブッチ－フェムの美学に向けて」(Sue-Ellen Case, "Toward a Butch-Femme Aesthetics," *Discourse* II, 1988-89)である。

しかし『ジェンダー・トラブル』では、〈女〉というカテゴリーは真っ向から、またフェミニズムの文脈を超えて、かつフェミニズムの文献をも自己参照的に洗い直して、事問われた。たとえばそこで批判されているフェミニスト理論は、(厳密にはフェミニズムの姿勢で書かれたわけではないが)男根ロゴス中心主義を精神分析の内部から読み直し、結果的にそれを反転させる論陣を張ることになったジュリア・クリステヴァの思想である(クリステヴァの西洋中心主義は、すでにガヤトリ・C・スピヴァクによって批判されていたが、バトラーは彼女の「コーラ」の概念に切り込んだ)。一九七〇年代末から八〇年代にかけて、フランスのエクリチュール・フェミニンが英訳され、米国のフェミニズムに大きな理論的転回をもたらしたことを思えば、バトラーのこの著作は、過去の成果を踏まえつつも、九〇年代になってはじめて米国発のフェミニズム「理論」(六〇年代末から七〇年代のフェミニズムの社会潮流ではなくて)を、華々しく打ち出したと言えるだろう。その意味では本書はもう少し、クリステヴァやリュス・イリガライに紙幅を割いても良かったように思う。ちなみにクリステヴァについては、バトラーの初作(博士論文)である『欲望の主体』の解説部分(第一章「主体」)で簡単に、また比較的肯定的に紹介されており、他所では「棄却《アブジェクション》」の概念にからんで言及されているだけである。

　イリガライについては、[『ジュディス・バトラー』の]序章「なぜバトラーなのか?」で、バトラーに影響を与えた幾人かのフェミニスト理論家と並んでその名前がリストアップされているのみだ。しかし[『ジェンダー・トラブル』の]次作『問題＝物質となる身体』(一九九三年、この邦訳表題については後述)では、〈女〉の身体性の考察にとってイリガライが重要な思想家であることを、バトラー自身が批判的意味も込めて認めており、またそれ以降では彼女に対して若干、二律背反的な、奥歯にものが挟まったような口調に変わってきている(たとえばインタヴュー「性的差異の未来」("The Future of Sexual Difference: An Interview with Judith Butler and Drucilla Cornell," *Diacritics* 28.1, Spring 1998))。その意味でもバトラーとイリガライの思想的関係については、フェミニズム研究の今後の課題として、ぜひ言及してほしかった。

いずれにしろ、二〇〇〇年前あたりまでのバトラーは、アイデンティティ・カテゴリー(とくに性的アイデンティティ)に疑問を投げかける論陣を強力に張っていた。それを後押ししたのは、先に述べたように、米国で八〇年代以降に学問のみならず社会のなかでも大きくクローズアップされた多文化主義、およびそれに基づく差異(differences)の主張だろう。事実、『ジェンダー・トラブル』出版の同年に創刊されたフェミニズムの新しい学術誌の表題は、直訳すると「差異たち」(differences 複数形が強調されている)である。ちなみにこの雑誌は翌一九九一年に「クィア理論」特集を組み、この批評枠を普及させる契機をつくった。

加えて九〇年代には、共和党から民主党に替わって、ビル・クリントンが二期にわたって政権を取り、またソ連崩壊とベルリンの壁撤去ののち、米国が一瞬、解放を謳う新世界秩序建設の高揚のなかにいたことも(たとえ潜行し拡大する国内外の格差への暗い予感が語られてはいても)、有形無形に作用したのではないか。事実、一九九二年の大統領選で民主党のビル・クリントンが選挙キャンペーンの焦点の一つにしたのは、軍における同性愛者の処遇であった。もちろん当選後のクリントン政権は、公約どおりにこの問題を解決・解消することはできなかったし(その言説的意味については『触発する言葉』(一九九七年)で論じられている)、ネオリベラリズムの市場主義に道を開いたこともたしかである。けれどもエイズの脅威と、それに対する政府の無策に覆われていた八〇年代の暗い月日から一変して、セクシュアリティが公然と学問の場で論じられ、またアクティヴィストたちが多方面で活躍できるようになった九〇年代には、米国社会のなかに、性に関して、レーガン／ブッシュ（父）政権のときよりもはるかに解放的な空気が流れていた。このような時代背景のなかで、バトラーが提示するアイデンティティ・カテゴリーへの疑義は、ニーチェ的な理論的懐疑の様相を呈し、表面的解釈では解放の政治とは裏腹の、いわば〈絶望の政治〉を示唆するように見えはしても、それを補って余りある思想的自由あるいは寛容の風土が、少なくとも現在よりは当時の米国にあったと言えるだろう（ただし高踏的理論というバトラー批判は、当初より出されてはいた）。

だが社会的性差のみならず身体的性差の言説性を言挙げすることは、じつは読者のみならず、著者にとっても、自分自身を限りない自己参照性の合わせ鏡のなかに置くことであり、またこれは、性差のみならず、他の差別軸がいかに深く自分のなかに自然化されて刻印されているかに直面せざるをえないことでもある（その意味ではバトラーは、『問題＝物質となる身体』で人種の問題に取り組み、『触発する言葉』では明確に性と人種の交差テーマを論じた。ただしそれ以降の著作では、さらなる理論的展開はあまり見られない）。したがって性体制を、人の心的構造の根幹にまで遡って論じようとすればするほどに、性差によって自明化されているさまざまな分析枠を脱構築せざるをえず、解放に向けた具体的政治の道筋は、必然的に見えにくくなる。バトラー自身『ジェンダー・トラブル』では、短兵急な解放の政治の抑圧性を直接に批判している。たとえば彼女は以下のように述べて、その危険性に警鐘を発する。「フェミニズムの主体は、解放を促すはずの、まさにその政治システムによって言説の面から構築されている」ので、「「女」を解放する目的があるからといって、無批判にそのようなシステムに訴えることは、明らかな自滅行為となる」。〈女〉のなかの差異、レズビアンのなかの差異を主張する、マイノリティのなかのさらなるマイノリティとして周縁化されている人々は、この発言におのれの理論的傍証を得たと思うだろう。けれどもかならずしも、そうはならなかった。主体の言説性を追求するフェミニズム「批評」は、たとえそれが「新しい政治配置」(『ジェンダー・トラブル』)を熾烈に求めるものであろうとも、いま目の前にある政治にコミットしていくには、「批評的」でありすぎた。良かれ悪しかれ、それは理論的であった。

しかしバトラーは、しばらくはまだこの姿勢を崩さない。逆に、自分が求める「政治」とはいかなるものかをさらに説明するために、主体として概念化される存在のなかに、いかに身体性が言説的形象として文化的・歴史的に刻印されているかを追求した(たとえば『問題=物質となる身体』)。また、権力が主体の心的生を「良心」として生産しつつ、その「良心」によって権力操作がいかに韜晦されているのかを論証しようとした(たとえば『権力の心的生』一九九七年)。いずれも、現行の政治に絡め取られることを極力避けながら理論と政治を結びつけるためには、必要不可欠の方向だとわたしにも思える。さらに言えばここにこそ、バトラーの著作がフェミニズム批評やジェンダー研究、クィア理論の枠を超えて、現代思想に大きな影響を与え続けている所以があり、読者をまだ見ぬ思想の地平にいざなう魅力も存在する。しかし彼女の追求が理論的に仮借ないものであればあるほどに、現実の政治との接点はますます見えづらくなる。と同時に、そこで言及され、俎上に挙げられる先行理論はさらに思弁的なものとなり、また本書でも触れられているように、そういった先行理論が、その知識を共有しない読者に十分に説明されないまま論じられているために(おおかたのフェミニストにとって、古今の哲学や思想はさほど馴染みのあるものではない）、いずれの書物もさらに難渋に、ときに晦渋となっていった。

他方これとは裏腹に、バトラーの著作が二〇〇〇年前あたりから、読みやすい印象を与えるようになったことも事実である。たとえば『触発する言葉』がそうである。『権力の心的生』と同年に出版されたこの本は、これまでの彼女の著作と異なって、現実の政治場面が取り上げられているが、読みやすい印象を与えているのは、べつにそれだけが理由というわけではない。むしろ依然として、理論的ではある。本書の「言語」の章で解説されているように、この本ではルイ・アルチュセール、J・L・オースティン、ピエール・ブルデュ、ジャック・デリダのそれぞれが、「呼びかけ」あるいは「パフォーマティヴィティ」の概念に対してどのような理論的スタンスを取っているのか、その微妙な、しかし重要な差異をみつけだし、それをもう一度、現実政治に引き戻して考察しようとしているため、バトラーの議論の細部についていこうとすれば、「注意深い読み」が必要となる。またフロイトを引き合いに出しながら、排除の暴力が自分自身に立ち戻り、そこに「良心」という、苛酷かつ自家撞着的な監視が置かれると説明されるくだりについては、『権力の心的生』の論述とさして違わない。けれども全体としてここには、ときに息苦しくなるような思索の錯綜性や理論的眩暈にみちた読後感はあまりない——少なくともわたしには。なぜだろうか。その理由は、諸処で語られる「新しい民主主義」「オルタナティヴな普遍性」「未来の基盤」「将来の合法性」といった言葉が著作の底流を形作り、これまでのようなタマネギの皮を剥くがごとき自己懐疑——自己のなかの社会的言語の痕跡を追求しつづける緊張——を緩和しているせいではないだろうか。

もちろんこの書でもバトラーの主張は変わっておらず、たとえ解放の旗印の下であろうとも、前もってコンセンサスを立てることの弊害は述べられている。またじつはこれまでの著作においても、バトラーが提示していたのは、〈絶望の政治〉ではなく、〈無批判な希望〉の陥穽のほうであった。したがって、議論が目指すところにぶれはないのだが、彼女のたたずまいがやや〈希望〉のほうに顔を向けた、ということかもしれない。そしてこの傾向は、スラヴォイ・ジジェク、エルネスト・ラクラウとの共著『偶発性・ヘゲモニー・普遍性』(二〇〇〇年)でも引き継がれ、「複数形の普遍性」や「国家中心的でない連帯」(強調引用者)が、「未来の民主主義」への「約束」として語られる。本書の刊行が二〇〇二年であるために言及されてはいないが、二〇〇四年に出版された二冊の本 *Precarious Life: The Powers of Mourning and Violence* (Verso) や *Undoing Gender* (Routledge) においても同様に、「グローバル・コミュニティ」や「社会変革」といった用語を、積極的に吟味してみる姿勢を見せている(二〇〇五年一〇月末刊行の最新著 *Giving an Account of Oneself*『自分自身を説明すること』佐藤嘉幸・清水知子訳、月曜社、二〇〇八年」は未読)。

二〇〇〇年前後をはさんでのバトラーの立ち位置のこの変化は、初期の著作において方向性としてのみ示唆されていた政治へのコミットメントが、徐々に分節化され始めたという、彼女自身の研究の内在的動きに帰因するものかもしれない。しかし同じ著作のべつの部分では、以前と同じく、語りえぬものを封じ込める権力の巧妙な操作を論じているので、それと比べて彼女の楽観的口調は、いかにも唐突に響く。この忽然さの理由として、もう一つ、現在の極めて保守的な米国の政治・社会風潮が挙げられるのではないだろうか。これを指摘したのは、*Precarious Life* を授業で読んでいたときの学生の発言だった。たしかにブッシュ政権下の一種の思想統一的で全体主義的な環境のなかでは(二〇〇四年の大統領選挙ではゲイの婚姻が話題となり、バイブル・ベルト(宗教を基にした政治的・文化的反動の色合いが濃い諸州)の選挙民の保守性が際立った)、批評家は、何はともあれ、民主政治の〈希望〉のほうを語らなければならないのかもしれない。先ほど引用したバトラーの言葉をもじって言えば、このような時代環境のなかでは批評家が、たとえ新しい生を求めるためであっても、あまりに懐疑的姿勢を貫いていることは、批評の「明らかな自滅行為となる」かもしれないからだ。バトラーの真意はわからないし、またそういった姿勢がつねに意識的なものともかぎらない。しかし批評家は、時代から超越しているように見えたとしても、大なり小なり時代に牽引される存在である。そしてそれは読者とて同様だ。

本シリーズの目的を、監修者のロバート・イーグルストンは「読者が、生産的で建設的で潜在的に人生を変える活動に赴くこと」だと語り、そのために本シリーズでは、「いかなる批評的思想家も、真空状態に存在していたのではなく、広範な思想的・文化的・社会的歴史を背景として出現したこと」を強調すると述べた。ジュディス・バトラーは過去形で語られる思想家ではなく、現在も精力的に著作を発行している。現在、本訳書を手にとってくださる日本の読者の方々は、もちろんバトラーとまったく同じ政治・社会風土のなかにいるわけではない。けれども日本においても右傾化している現状にあって、批評的追求が、その意図に反して理論のニッチに嵌り込んでしまうのは、批評家の使命に逆行することであり、また読者も、批評的追求の理論性をいたずらに非政治的と受けとめてしまうのは、「生産的で建設的で潜在的に人生を変える活動」にそぐわない方向に進んでしまうことである。

バトラーの近年の著作では、理論的懐疑から政治的協働への変容が感じられはするものの、両者を結ぶ説得的な批評的追求は、残念ながらいまだに成就されていないように思われる。バトラーを媒介にして新しい活動に赴く読者は、彼女がその必要性を示唆しつつも、不連続のまま提示している両者の繋がりを、埋めていく作業をしなければならないのではないだろうか。そのためにも、当代きっての悪文家と言われている彼女の著作を、まずはその「思想的・文化的・社会的歴史」を知りつつ読むにあたって、本書は格好の入門書となるだろう。悪文家という批判に関しては、バトラー自身、また本書も、批評方向(内容)と批評手段(文体)の不離不即の関係を強調し、答えをすぐに用意することではなく、問いかけつづけることの政治的重要性を主張している。

最後になったが、本書の特徴の一つは、『ジェンダー・トラブル』以降だけでなく、バトラーの出発点である博士論文『欲望の主体』について、かなりの頁数を割いて紹介していることである。これは、ドイツ哲学の巨峰ヘーゲルのフランス受容を米国人研究者からみた八〇年代の著作であるが、近年ではバトラーはメキシコ系アメリカ人のチカーナ作家グロリア・アンサルドゥアなどにも言及しているので、彼女自身の研究の射程の広がりと展開を考察するには一助となるだろう。これに関連して、バトラーがこれ以前にも、文学テクストや映像表象の分析をおこなっていることは注目に値する（『問題＝物質となる身体』、『アンティゴネーの主張』（二〇〇〇年））。文学／思想／政治／社会が別個の事象ではなく、相互に連動しつつ人とシステムを構成していることの検証は、本書ではあまり触れられていないが重要な視野と思われる。

＊

訳語については、『ジェンダー・トラブル』の次作 *Bodies That Matter* は、これまで「問題なのは身体だ」あるいは「問題なのは肉体だ」と訳されており、筆者もこれを使っていたが、折々にそれを、さらに趣旨にそって変えたいと思っていた。このたびバトラー全体の紹介書を訳すに当たって、『問題＝物質となる身体』と訳し変えた。matter は「問題化する」という動詞としての意味と（ここでは動詞として使われている）、「物質」という名詞としての意味があり、バトラーはこの二つをかけていると考えられるからだ。主体構築にあたって「身体」が「問題化」され、そして「所与の物質」とみなされていく権力操作が、この書では論じられている。

また agency については、「行為体」と訳し、それが抽象化されている場合には「行為性」と訳した。既存の権力体制の内部にありながら、引用がはらむ置換によって「何かをおこないつつ生産していく」能動性を秘めたものとして、この語が使われている。行為体という訳語には、主体に代わる概念という意味合いも込めた。agent は「行為者」と訳した。

＊

著者のサラ・サリーは、本書執筆時はケント大学で教鞭をとっていたが、現在［二〇〇五年］はカナダのトロント大学の英文学の助教授。本書のほか、ブラックウェル社刊の「リーダー・シリーズ」でジュディス・バトラーの巻の編集もしている（*The Judith Butler Reader*, Blackwell, 2004）。彼女自身の研究としては、一八世紀から現在にいたる英国およびジャマイカの「褐色の」女たちの表象を扱っており、一九世紀初頭に西インド諸島から英国に渡ったメアリー・プリンスの自伝を編集・紹介した（*The History of Mary Prince, a West Indian Slave*, Penguin, 2001）。

Ⅳ　生政治と暴力

第一一章　生政治とパッション（受動性／受苦）
――仮定法で語り継ぐこと――

序

二〇〇九年九月、リーマン・ショックとともに始まった世界同時不況は、欲望と資本を相乗生産していく資本主義が、両者を媒介する参照点さえもすでに見失うほどに仮想《ヴァーチャル》化を加速してきたことを如実に物語った。資本主義がミドルクラスとその欲望を拡大再生産していくものだとすれば、いまだミドルクラスに届かない低所得者たちにミドルクラスの住居取得の欲望を煽り、駆り立て、つかのま成就したかにみせた住宅ローンは、その複雑で詐術的な信用取引のなかで、彼／女らの欲望をバラバラに寸断し、投機の対象としたのみならず、連鎖的投機に連座した人々の欲望をも、参照点を失墜した資本の暴走のなかで仮想化していった。あらためて思うに、資本主義は、その欲望の生産をつうじて近代市民の構築に大きく参与してきた。しかし、欲望――ラカン的意味での「他者」の欲望――を自らのなかに構築することによって、自律的《オートノマス》な身体という幻想と、社会によって承認される自己同一性《アイデンティティ》を獲得する近代の市民主体は、そもそもが、そのなかに過剰さを、あるいは欠如を内包している。それはちょうど、近代の人間を生産してきた生政治《バイオポリティクス》が、じつは「生かす」だけでなく、生を「殺す」死の政治であることと同義である。資本と欲望の自己増殖が、身体の自律性という近代の幻想を(たとえば臓器移植や美容整形をとおして)字義通りに有名無実にしていき、また心的自律性という幻想に基づく自己同一化《アイデンティフィケーション》の約定も(たとえばネットチャットやネット犯罪をとおして)空洞化している今、生政治《バイオポリティクス》の致死的相貌はますます露わになりつつある。リーマン・ショックが金融市場という一場面におけるその顕在化の一つとすれば、近代社会が内包する致死的要素は、単に金融規制といった局所的・対処的措置で収まるものではない。だがそもそも、近代的レジームへの抵抗ははたして可能なのだろうか。

近年、近代社会が姿を取りはじめる、その黎明期に書かれた小説の主人公をめぐって、現代の思想家が「受動的抵抗」の可能性について語っている。参照される物語は、ハーマン・メルヴィル(一八一九―九一年)が書いた「代書人バートルビー」[一八五三年]である。二〇世紀初頭の大恐慌も、二一世紀初頭の世界同時不況もニューヨークに端を発したが、(1) ニューヨークが米国の商取引の中心地となりはじめる一九世紀中葉に、「ウォール(壁の)街の物語」という副題をつけて出版されたこの短編は、不動産取引をおこなう法律事務所を舞台にしている。しかしそこで語られるのは、繁忙な事務所のなかであらゆる活動から身を引き、壁を見つめる男の物語である。雇われた直後は「並外れた量の代書をおこなっていた」(Melville, 23)バートルビーは、まもなく、その法律事務所の所長である語り手の要求に対して、「できれば、しないほうがいいのですが」という「受動的抵抗」(28)を繰り返すようになる。もともと「特異なまでに落ち着いた」(23)風貌をし、情動をすべてぬぐい去っているかのような印象を与える彼は、そのうちにあらゆることを「しないほうがよく」なっていき、ただじっと事務所に棲みつく一種のホームレス(ミドルクラス的家庭《ホーム》が欠如した存在)となる。処置に困り果てた語り手は、彼自身がその事務所を引き払うという前後転倒的な決断をし、他方その建物に居続けるバートルビーは他の事業家たちに追い立てられ、浮浪者《ヴェイグラント》(居《ホーム》を持たぬ者)として刑務所に収監されて、終いには食べる活動も拒否して餓死していく。彼の死後、以前にはワシントンの配達不能郵便《デッド・レター》(死文)課に勤めていたらしいという噂が聞こえてきた。

この奇妙な物語が、人間の存在論的形象として、哲学・倫理学・政治学・政治神学の面からさかんに論じられるようになった。ブランショ(一九四五/八〇年)、ドゥルーズ(一九八九年)、アガンベン(一九九三年)、デリダ(一九九六年)、ネグリ/ハート(二〇〇〇年)、ジジェク(二〇〇六年)等々である。はたしてバートルビーは、神学的存在論に昇華した究極の「抵抗」の形象なのか。それとも近代社会が不可避的に生産し、そして追放する「内なる他者」の形象なのか。あるいは、他者化と抵抗が表裏一体となって一人の人間に具現される、生政治のラディカルな輻輳性を表象しているのか。また脱構築批評以降しばしば言及されるように、小説「代書人バートルビー」は、表象の不可能性、あるいはデリダ的に言えば、「精神分析」の不可能性を自ら演じているのだろうか。本論では、近年のバートルビー論を辿りつつ、バートルビーの存在論的考察を歴史のなかに置き直す作業を試みたい。それはとりもなおさず、死の政治へと歩みを早めるグローバルでミクロな生政治に対する「抵抗」が、いかなるものになりえるのか／なりえないのかを考察する糸口を摑むためである。というのも「代書人バートルビー」は、一世紀半程前に米国で書かれた寓話的テクストだが、そこに登場するバートルビーのふるまいや、彼が口にする言葉、「できれば、しないほうがいいのですが」は、情動を削ぎ落とした口調で「べつに……」と言って引きこもる、現在の日本の若者にも通底するものがあるように思われるからである。

1　仮定法で語ること——言語と受動的抵抗

「バートルビー」を現在の関心事に重ね合わせて領域横断的に考察している批評には、二つの潮流があるように思われる。第一は、テクスト中に頻出し、バートルビーを特異な存在にしている彼の発言「できれば、しないほうがいいのですが」に焦点を当て、その発言が含意する受動的抵抗や潜勢的《ポテンシャル》な存在性へと議論を発展させる方向である。それは、遡ればモーリス・ブランショの読解から始まり(2)、ジル・ドゥルーズを経てジョルジョ・アガンベンへ、あるいは直接にジャック・デリダへと繫がる方向で、非歴史的な人間存在そのものを扱う傾向が強い。第二は、バートルビーを労働者の形象として、産業化の初期から現在のグローバル化した市場経済にまで通底する資本主義の搾取を主軸に考察する方向である。これには、文学研究では、アメリカ文学研究では珍しいマルクス主義批評を経て、八〇年代半ば以降の新歴史主義《ニューヒストリシズム》的再読（たとえばマイケル・ギルモア[3]）があり、政治哲学の領域では、グローバル化時代の主権権力に関連させた議論（たとえばアントニオ・ネグリ／マイケル・ハート）などがある。いずれにしても後者には歴史的視座が持ち込まれている。

しかしなぜ、このように二つの別種のアプローチが生まれるのか。その理由はテクストそれ自体にあるように思われる。「代書人バートルビー」というテクストは、なかなかバートルビーを登場させない。その代わりに語り手自身、および語り手が雇用している別の二人の代書人と見習いの少年の描写が続き、それが終わったところで、ようやくバートルビーの話になる。両者のあいだには、明確なプロット上の連動性はない。したがって寓話性が強い後半部分を前半の比較的現実的な労使関係の舞台設定のなかで説明しようとすると、歴史性を前景化することになり、他方、物語の後半に目を向け、とくに彼が繰り返す決まり文句に焦点を当てると、言語的次元での形而上学的考察となっていく。アメリカ文学研究においても、両者にともに目配りした論考はあまり見当たらない[4]。逆に言えば、テクストの前半と後半を合わせて読むことで、歴史と言語を架橋し、バートルビーの今日性をさらに浮き彫りにすることができるだろう。

それではまず、近年さかんに論じられるようになったバートルビーの言語的側面、「決まり文句」から見てみよう。「決まり文句」とはジル・ドゥルーズの命名だが、彼によれば（「バートルビー、または決まり文句」一九八九年[5]）、都合一〇度、わずかのバリエーションで発せられるバートルビーの決まり文句「できれば、しないほうがいいのですが」（I would prefer not to）は、「あらゆる否定の彼方にある否定主義」(Deleuze, b 93)を表明している。なぜなら語句の末尾“not to”は、何を否定しているのかを統語上では参照しておらず、対象を特定しないまま反復される否定は、否定と肯定の境を不明瞭にし、その結果、肯定であったはずの「したほうがよい」事柄も、いつの間にか否定的事柄「しないほうがよい」の範疇に入っていくからだ。実際バートルビーは物語が進むにつれて、あれほど有能に働いていた代書の仕事も拒否するようになり、それどころかあらゆる活動も拒否していく。つまり、この決まり文句の反復が現出させるのは、好ましい活動と好ましくない活動を識別することの不可能性であり、両者のあいだに横たわる不確定な領域の拡大である(92)。彼は自論をブランショの読解(『厄災のエクリチュール』一九八〇年)に結びつけ、「ブランショなら、忍耐を伴う純粋な受動性とでも言うだろう」と語り、「まさに存在そのもので、それ以上ではないもの」(92)を定位しようとする。

境界域の存在性をさらに突き詰めようとしたのが、ジョルジョ・アガンベンである。アガンベンは「バートルビー――偶然性について」(一九九三年)において、決まり文句(“I would prefer not to”)の末尾“not to”にさらに着目する。動詞が省略される不定詞は、一般的にはその前に語られていた事柄を指し示す(前方照応)。事実この決まり文句が最初に登場したときには、筆写の照合作業を指し示していた。したがって当初は参照物をもっていた。しかしドゥルーズが指摘したように、繰り返し語られることで、この決まり文句は「もはや現実の対象も、前方照応される語句も指し示さず、それ自体のうえで回転する絶対的な前方照応」、すなわち「一切の参照物を失って、その字句それ自体に向き直るまでに絶対化された前方照応」になるとアガンベンは述べ、それを、“I would prefer not to prefer not to”（できれば、しないほうがいいことをしないほうがいいのですが）と表現した（Agamben, a 255）。

面白いことに、エドガ・アラン・ポウのフランス受容と同じく、バートルビーの発言に着目するのは英語圏以外（とくに仏語圏）の批評家が多く(6)、原文の英語を参照していない場合がある。たとえばドゥルーズは、ブランショのフランス語訳と示唆に基づいて自論を組み立てている(7)。したがってバートルビーの発言は各批評家によって我田引水的に解釈されている向きもあり、実際“I would prefer not to”はドゥルーズが言うほど「非文法的」（Deleuze, b 89）でも、「外国語へのまずい翻訳のよう」（93）でもなく、むしろ日常的な言い回しである。またアガンベンは「絶対的な前方照応」として、先程引用した“I would prefer not to prefer not to”という眩暈的意味を奏でる自己参照表現を作り出すが、テクストでは物語が進むにつれて、不定詞“to”のあとに具体的な動詞が配備されるほうが多い(8)。しかしそのようなイディオム上の、あるいはテクスト上の反論を凌駕して、ドゥルーズやアガンベンの論がなお説得力をもつのは、彼らの解釈が、これといった理由も示されないまま、ますます情動的なものをぬぐい去って、活動から身を引くバートルビーの存在のありようを語っているからだ。だが、最後には拒食死するバートルビーの極限的な受動性（(非)行為）と、彼が口にする決まり文句（言語）の関係は、もう少し厳密に考える必要があるだろう。両者の関係を、アガンベンが他所で示した証言についての議論を援用しつつ、アガンベンのバートルビー解釈とは異なった視点から考察してみたい。

『アウシュヴィッツの残りのもの──アルシーヴと証人』（一九九八年）においてアガンベンは、証言は、フーコーの言うアーカイブ(9)（現有の知のシステム）の内部で語ることは不可能だと述べる。なぜならそもそも証言は、その定義上、何が起こったかを確固とした事実で証明できないからこそ、つまり現有の知のシステムにおいて把捉できない事柄であるがゆえに、召喚されるからだ。逆に言えば証言は、語りえるものと語りえないものとのあいだの還元不可能な不連続性をとおしてのみ証言しうる。アガンベンはこの証言の還元不可能性をすべての発話行為に拡大し、「わたし」が語り始めるとき、その語る「わたし」は、文法的にも存在論的にも「いま、ここ」の時間性のなかに存在しているはずだが、じつは発話は、発せられたとたんに「いま、ここ」という時間性から滑り落ち、それゆえに言表主体は言表行為のなかで、語るべき内容を失ってしまい、あるいは語りそのものの不可能性を引き受けることになり、そうしてつねにすでに脱主体化された存在となると述べる。

たしかに発話は、「いま、ここ」という時間性において、その発話主体を文法的にも（主語として）、また存在論的にも（語る「わたし」として）、立ち上げ、主体を作っていく──かに見える。「バートルビー」においても、それまでは忠実に筆写するだけという、いわば主体を消去する業務《ビジネス》に従事していたバートルビーが、初めて"I"（「わたし」）として語ったのが"I would prefer not to"の発話であり、「できれば、しないほうがいいのですが」というバートルビーの主体がここで立ち現れる──かに見える。けれどもこの発話は同時に、彼を「いま、ここ」という直接性から隔たったた既存の秩序体系のなかに定位するものでもある。というのも、人を食ったように馬鹿丁寧なこの発言は、その丁寧さゆえに、彼を「いま、ここ」ではなく、他者との関係性のなかに置くからだ。“I would”(「できれば」)という仮定法の文脈は、アガンベンが主張する潜勢力のみならず、「もしもあなた(たち)が許してくれるなら」という「あなた(たち)」の考えを斟酌したものであり、「あなた(たち)」と地盤を共有する前提で発せられる。加えて“prefer”という動詞は、二者のうちから一方を選択する言葉である。ドゥルーズ、アガンベンは“prefer”の語から「欲望」ではなく「好み」という次元を引き出すが(そして、これは後に述べるように、生政治における抵抗を考察するさいには重要な指摘なのだが)、それとともにこの語が含意しているのは、聞き手とのあいだですでに共有されている二つの選択肢のうちのどちらかを選ぶという状況である。[10] ということは、拒否(“not to”)という現存の秩序への抵抗として語られたこの発言は、現有権力の圏域に再包摂されうるものであり、事実この発話によって、バートルビーは「抵抗する主体」という一見してわかりやすい印象を周りの人間に与えていく。しかしじつは、バートルビーはさほどわかりやすい人間ではない。なぜなら、(聞き手の考えを斟酌する)仮定法で語られるこの決まり文句は、たとえその仮定が否定されたとしても(現実にバートルビーの仮定は雇用主の語り手によって崩されるのだが)、仮定法で語られるその(非)出来事をけっして手放さないからだ。

したがってバートルビーの決まり文句のラディカルさは、アガンベンが言うように決まり文句の統語法の破綻にあるのではなく、むしろ決まり文句が、仮定法の慣例に従って現存秩序と交渉しつつ、まさにその言表行為のただなかで、仮定法という夢想の領域にあくまで身を委ね、起こったかもしれないが起こらなかったこと（潜勢的事柄《ザ・ポテンシャル》）を生きることにある(11)。アガンベンは、フィリップ・ジャヴォルスキのバートルビー論（『メルヴィル、砂漠か帝国か』一九八六年）から次の箇所を引用する。「バートルビーは肯定もしないし、否定もしない。拒否しないが、受け入れることもせず、前進し、この前進のなかで後退する」(Agamben, a 255; Jaworski, 19)。しかし同じ箇所を引用したドゥルーズが付け加えたように、ジャヴォルスキのこのくだりの直後には、「そしてこの発話のかすかな後退のなかで、彼はわずかにわが身を晒すのである」(Deleuze, b 92; Jaworski, 19 強調引用者）という言葉が続くのである。つまりバートルビーは、現有権力への回路（たとえそれがどんなに細くても）を保ったまま、現有権力が支配する圏域の「外の領域」(Blanchot, a 34)(12)へと手を伸ばしており、そしてこれがなされるのは、彼の発話においてなのである。その発話（「できれば、しないほうがいいのですが」）は、たしかにアガンベンが言うように、起こること（現勢力《アクチュアリティ》）と、起こらないこと（潜勢力《ポテンシャリティ》）のあいだに横たわる不分明さを浮かび上がらせ、そしてその不分明さを増殖させる。だが現勢力と潜勢力を媒介するのは、あるいは両者の区分を破壊するのは、言表行為（決まり文句）であって、食べることを拒否したすえの自死ではない。しかしアガンベンは、決まり文句によって現出するその不分明な中間地帯から、最後の拒食死（自死）までのあいだの跳躍は不問に付して、両者をなだらかな因果関係で結んでいる。バートルビーを論じた彼の論文「バートルビー――偶然性について」の最後の部分を、少し長いが引用してみよう。

書くことを中断してしまうことは、第二の創造への移行をしるしづける。第二の創造において、神は自分が存在しないことができるという潜勢力を喚起し、潜勢力と非潜勢力のあいだの分かちがたさを土台に創造をおこなう。そうして成し遂げられる創造は、再創造でもなく、永遠の反復でもない。むしろそれは、起こったことと、起こらなかったことが、神の精神のなかで原初の単一性へと差し戻されるような脱創造なのであり、そこでは、存在しなかったかもしれないが存在したことと、存在したかもしれないが存在しなかったことのあいだの境界が不分明になる。

（……）

脱創造は、黒い翼のみによってなされる不動の飛翔である。この翼が羽ばたくたびに、現実の世界は、存在しない権利へと戻されていき、あらゆる可能性の世界は、存在する権利へと戻されていく。（……）脱創造が生起する場所こそ、バートルビーが、運命の宮殿の「永遠のピラミッドの中心」で立っている場所である。そこは、この逆転した皮肉な神義論[13]のなかでは、正義の殿堂〔裁判所〕とも呼ばれている。しかしバートルビーの言葉は正義ではない。というのも正義というのは、存在したものに対して報いや永遠の罰を与えるからだ。そうではなくて彼の言葉は、復活であり、万物革新であり、そこにおいて新しい被創造物は、「起こること、あるいは、起こらないこと」という論証不可能な中心へと到達する。これが、この手紙の旅の最終的な終わりである。そこでは、生の使いとして出された手紙が、死へと生き急ぐ。そしてここで被創造物は、最終的に我が家《アト・ホーム》に落ち着き、救いようのなさにおいて救済されるのである。だからこそ、この物語の結末で、壁に囲まれた中庭は悲しい場所ではない。空もあれば、芝生もある。この被創造物は、自分がどこにいるか、完全に知っているのである。(Agamben, a 270–71)

しかし刑務所の壁に囲まれた中庭は、本当に「悲しい場所ではない」のだろうか。「ここは、人が思うほど悲しい場所ではない。ほら、むこうには空があるし、こちらには芝生がある」とは、初めて刑務所を訪れたときの語り手の台詞で、それに対してバートルビーは「自分がどこにいるかは知っています」とだけ答えて、「それ以上、語ろうとしなかった」(Melville, 51)。そののちバートルビーは語り手の差し入れも拒否し、餓死して死ぬ。たしかに仮定法の潜勢力のなかに生を置きなおすバートルビーの決まり文句は、「それ自身のうえに増殖」(Deleuze, b 98)し、筆写の照合のみならず、あらゆる活動を「しないほうがいい」ものにしていく。その意味で、語り手が頼んだ仕出し屋の料理に対してバートルビーが語った最後の台詞「今日はディナーをしないほうがよいのです。〔もしもディナーを食しても〕わたしにはそぐわないでしょう。ディナーには慣れていませんから」(Melville, 52)は、第二文の仮定法がパフォーマティヴに作用して、「食べないほうがよい」すなわち拒食、そしてその結果としての死へと彼を導いたとも言えるだろう。またたしかにこれは寓意的な物語であるから、「純粋」で「絶対的」な受動性には、「自死」というメタファー、「拒食死」というメタファーが適切なのかもしれない。だがそれは同時に、決まり文句の終焉、受動的否定の終結をも意味する。受動的否定が存在の消去、自死をも包含してしまうとき、それはどのような意味において、「第二の創造」とか、「我が家に落ち着き、救いようのなさにおいて救済される」ことになるのだろうか。

アガンベンは、受動的否定について、バートルビー論では明確な言明をしていない。しかしそれから二年後に発表された著作『ホモ・サケル』(一九九五年)では、一カ所だけバートルビーに触れた箇所があり、その短い言及のなかでアガンベンは、彼のバートルビー論の政治的転換を図ろうとしているようだ。

主権性の原則に対するもっとも強力な異議は、メルヴィルが描いた作中人物、代書人バートルビーのなかに見ることができる。かれは「できれば、しないほうがいいのですが」という言葉によって、することの潜勢力と、しないことの潜勢力のあいだでなされる決定のあらゆる可能性に抵抗する。こういった形象〔訳注メルヴィルのバートルビー、シェリング、ニーチェ、ハイデガー、バタイユ〕は、主権性のアポリアを限界にまで推し進めるが、しかし主権の締め出しから、いまだにみずからを完全には解放してはいない。それらの形象が示しているのは、主権の締め出しを解くことはゴルディオスの結び目にも似て、論理的あるいは数学的問題を解くというよりも、謎を解決することに類似しているということだ。ここにおいて形而上学的なアポリアは、その政治的性質をあらわにする。（Agamben, b 48 強調引用者）

だがアガンベンは、その「政治的性質」をこれ以上発展させない。その代わりに『ホモ・サケル』を締め括るに当たって、「こういった不確かで名前のない領域、この不分明というやっかいな境域を土台にして、新しい政治の道筋や形態が構想されなければならない」(187)と再度、語り、しかしそれは、フーコーが『性の歴史』(一九七六年)の最後で希望的観測として述べた「身体と快楽のべつのエコノミー」というようなことで解決できるものではないと語る。「なぜなら、性やセクシュアリティと同様に「身体」という概念もまた、つねにすでに権力の配備のなかに捉えられている」のであり、「「身体」はつねにすでに、生政治の身体であると同時に剝き出しの生でもあり、そこにおいても、また快楽のエコノミーにおいても、主権権力の要請に抵抗しうる確固たる地盤をもたらすものは何もないと思える」からだ(187 強調引用者)。生政治が、剝き出しの生をますますそのなかに抱え込み、と同時にその剝き出しの生をますますヒステリカルに放逐しようとする「死の政治」の様相を露わにしているとき、バートルビーが体現していた「存在そのもの」(Deleuze, b 92)は、もはや主権権力の対蹠物ではなくなっており、それを「主権権力の要請に抵抗しうる確固たる地盤」とすることはできなくなってくる。それでは、「起こること、あるいは、起こらないこと」という論証不可能な中心へと近づき、自死(拒食死)へと歩みを進めるバートルビーを、どのように現在の文脈のなかで読めばよいのだろうか。

2　無力な自殺から逃れて――致死的な生政治のオルタナティヴはあるか

マルクス主義批評があまり根付かない米国においては珍しく、「バートルビー」は資本主義社会における労働の疎外、商業主義の弊害、階級闘争、民衆の暴動といった切り口で、すでに一九六〇年代より読まれていた。(14) そのような唯物論的な古典的マルクス主義の読解は、一九八〇年代の新歴史主義批評の誕生とともに文化唯物論的な方向に舵を切ったが、さらにそれを一九九〇年代の存在論的批評を視野に入れて発展させたのが、アントニオ・ネグリとマイケル・ハートである。しかし、ネグリとハートはさほど詳細にバートルビーを論じたわけではない。二人の大部の共著『〈帝国〉』（二〇〇〇年）のなかでほんのわずか、分量にして原著で二頁、翻訳でも全部で三頁ほどで語っただけである。しかし彼らのバートルビー論は、アガンベンが示唆するにとどめた潜勢力の政治化を試みようとした点で里程標的なものだと思われる――たとえそれが、ある種の楽観論に基づいているとしても。だからこそこのわずかな記述が、後述するように、そののちこの物語をさらに読解しようとするスラヴォイ・ジジェクによって言挙げされていくことになる。

「拒否すること」と題した小節でネグリとハートは、この題名からも想像がつくようにドゥルーズやアガンベンを念頭に置きつつ、バートルビーが「絶対的な労働拒否」の一例であることには首肯する。しかしその「純粋な受動性と、あらゆる個別を拒否する姿勢」によって、バートルビーは「総称的な存在の形象」(ネグリ、ハートa、二〇〇三)となり、そのため彼の自死は政治的には無力な討ち死のようになってしまうと解釈する。ここで興味深いのは、ネグリとハートの議論が、(1)第一に、マルクス主義批評家のマイケル・T・ギルモアが、バートルビーを資本主義の黎明期において資本主義によって誕生し搾取される労働者の的確な表象であるとみなしたことの延長線上にあること、(2)第二に、この搾取される労働者の抵抗の形態としての「絶対的受動性」を存在論的レベルに持っていくのに躊躇しなかったこと、(3)第三に、しかしそうでありながら、そのような存在論的議論だけでは、新しい社会的身体を形成することにはならないという、ドゥルーズやアガンベンの主張と正反対の解釈に至っていることである。

『〈帝国〉』と題された彼らの著作は、現代のグローバル化を俎上に載せているという点で、アガンベンが言う「グローバルな市民戦《シヴィル・ウォー》／内戦」と同じものを見ているはずである。だからこそ一元的な対処的抵抗ではなく、極限にまで推し進めるバートルビーの「絶対的拒否」に、彼らは一定の価値を置く。しかしネグリとハートにとって、これは「解放の政治のはじまり」(二〇〇四)にしかすぎない。バートルビーがどんなに「美しい魂の持ち主」であろうと、彼の挑戦は「完全に孤立しており、しかもつねに自殺の瀬戸際にある」(二〇〇四)からだ。むしろ求めるべきは、「新しい社会的身体であり、それは拒否をはるかに超えて進んでいくプロジェクトである」(二〇〇四)と主張する。

わたしたちの逃走線、わたしたちの集団移動《エクソダス》／移民は、何かを構成していくものでなければならず、現実的なオルタナティヴを創出せねばならない。単なる拒否を超えて、あるいは拒否の一部として、わたしたちが必要としているのは新しい生の様式であり、つまりは新しい共同体である。このプロジェクトは、人それ自体《ホモ・タントゥム》の剝き出しの生に向かうのではなく、ホモホモへと——共同体の集合的叡知と愛によって二乗化され、豊かにされる人間性へと——向かうものである。（二〇四）

たしかにネグリとハートが主張するように、「絶対的な純粋性のなかに留まる」バートルビーは、「深淵の淵に吊り下がっている」（二〇四）ようなもので、その深淵を存在論的に捉えてしまうと、死を審美化することになる。むしろ読み解くべきは、そのような存在論的存在をどのように歴史のなかに「構成化」していくかである。しかしそれにしてもバートルビーの無表情な受動的拒否から、「共同体の集合的叡知と愛によって二乗化され、豊かにされる人間性」までの距離は、あまりにも大きい。なぜこれほどの飛躍をネグリとハートがおこなったのかを考察するには、現在の「生の様式」がいかなるものになっているかを再確認する必要があるだろう。

　序で触れたように、現代は、近代の生政治がその致死的側面を加速している時代である。生政治とは、ミシェル・フーコーが理論化したように、科学的研究、民意にもとづく（とされる）行政組織、日常的な通念によって、身体の形成・管理がおこなわれる状況である。すなわちこれは、ネグリの言葉を使えば、「健康・衛生・食料・出生率・セクシュアリティなどの管理をおこない、こうしたさまざまな領域が政治的焦点となるにつれて、ますますその管理を強めていく」ものだが、それだけでなく、この「管理」はしだいに「あらゆる生の様相に介入するところとなり、やがて福祉国家の政治領域を構成するものとなる」(ネグリ、三〇)。つまり「福祉国家の発展は、労働力を最良の仕方で管理しようという意図に全面的に負うものである」(三〇)。たとえば、日本の厚生労働省が二〇〇八年四月から義務化したメタボ検診とその罰則規定は、「生活習慣病」の予備軍を減らして国の医療費負担の軽減と高齢者医療の充実を図るという美名のもとに(しかし財政的効果はさほどなく、むしろ増えるという試算もある)、市民(国民)の生を監視・管理下に置こうとする、まさに「福祉国家」型の生権力の最たるものである。

ちなみに「代書人バートルビー」は、この生政治が米国で稼働しはじめる、その端緒の時期に執筆され、フーコーが定式化した生政治の二つの要素——身体を効率的で経済的な管理システムのなかに組み入れる「規律的政治」と、行動を器質的なものに還元して生を選別する「人口の政治」——を、それぞれ、テクストに登場する他の二人の代書人ターキーとニッパーズの身体管理(の失敗)として反映させたと解釈できる。[15] 言葉を換えれば、生政治の初期におけるこの二人の代書人の身体管理の失敗の後に登場したバートルビーは、今後訪れるであろう生政治の管理強化の理想的な具現だった。実際彼の有能さは、すべて身体的比喩(とくに他の登場人物の場合と同様に、食べることの比喩)[16]で表現されている。「彼は代書するものに飢えていたかのように、書類を貪るように詰め込んだ。消化するために一呼吸おくこともなかった」(Melville, 24)という具合である。

ここで重要なことは、近代市民の主体／身体を生産・管理する生政治が、上意下達的権力によってではなく、言説実践を介しておこなわれるがゆえに、あくまで表面的には「生」の積極的な追求として稼働していることである。しかしむろん生政治は近代市民の身体を生産するのみならず、返す刀でその範疇に入らない身体を、政治的身体以前の身体(剝き出しの生)として排除・抹殺していく。アガンベンが『ホモ・サケル』で論じたように、生政治の裏側には死の政治が貼りついている。したがってウォール街の理想的な事務員として登場したバートルビーは、理想的であればあるほどに、生権力の背面をも体現することになる。事実、彼は登場してきたときすでに、死の影を身にまとった二律背反的存在だった。彼は、「生気に欠けるほど几帳面で、哀れなほどにまともで、癒しがたいほど悄然としていた」と語られる(Melville, 24)。あたかも、それ以降疾走を続ける生権力を先触れしているかのように。

社会的生(ビオス)をより完璧に組織化しようとして、逆説的に社会的生以前の生(ゾーエ)を増殖させるという生政治の二律背反性は、近年のテクノロジーの発達とグローバル資本によってさらに強化され、人口(市民)の苛酷な選別を加速させている。たとえば近年表面化してきた臓器移植、生殖医療、美容整形、食料への投機的投資、エネルギー資源管理などは、一定の人口(市民)に対して、より「多く」の機会、より「完全な」生、より「快適」と思われる生――つまりいわば「純粋」へと疾走するビオス(社会的に加工された生)――を差し出しつつ、他方で、新たな貧民(非市民)を制度の内に生産しながら、それをゾーエ(無加工の生物学的生)として排除している。けれどももちろん、排除のメカニズム自体が制度内部の規範的配置としてさらに組み入れられる状況にあっては、市民と非市民、ビオスとゾーエの境界はむしろ液状化し、アガンベンが『ホモ・サケル』で語っているように、「例外状況」は「例外」ではなく恒常的なシステムに変容して、「恒常的な市民戦／内戦」が遍在的に起こっている。

第一節で引用したようにアガンベンは『ホモ・サケル』のなかで、バートルビーこそ「主権性の原則に対するもっとも強力な異議」であり、「主権性のアポリアを限界にまで推し進めるが、しかし主権の締め出しから、いまだにみずからを完全には解放してはいない」(Agamben, b 48)と述べた。ここで言う「主権性の原則」や「主権の締め出し」とは、主権が「自ら(の法)を適用しないという例外に自らを適用させる」ことによって、その権力をさらに盤石にする作用である。それはまさに、「存在しないこともできるということによって現勢力との関係を保つ潜勢力の構造に、ぴったり対応」している(46)。そうしてみると、潜勢力(起こらないこと)に固執して抵抗を続けるバートルビーと、例外状況を有してホモ・サケル殺害をおこなう生政治の主権権力は、同じ構造を別様に働かせていることになり、このゆえにこそ、バートルビーが「主権性の原則に対するもっとも強力な異議」になりえるとアガンベンは洞察したのだろう。だがバートルビーの抵抗は、彼自身の潜勢力のなかに留まっているかぎり、その政治性を現勢化して(すなわち現実的なものにして)、この構造の向こう側に介入することはできない。アガンベンが陥ったアポリアもここにある。

おそらくネグリとハートはこのアポリアを、生政治の例外状況の「遍在化」に着目して解決しようとし、恒常的な市民戦／内戦がそこここに起こっている現在においてこそ、生政治からの「現実的な逃走線」が描けると解釈したのだろう。なぜなら、加速する生権力は生の隅々までを対象にし、徹底的に管理しようとするがゆえに、逆説的に、その管理からはじきだされる「生」が遍在的に夥しく輩出されることになり、その不安定で無定型な「生」が、旧来型の政治的抵抗やアイデンティティ・ポリティクスとは違うかたちの抵抗の潜勢力となると、彼らは考えるからである。むろんフーコーの生政治は、言説権力のネットワークのなかで主体化＝隷属化《サブジェクティファイド》されない者を想定しておらず、いやむしろ、そのような者を想定しないところにフーコーの言説理論の卓越性があったので、フーコーの議論を受け継ぐネグリとハートも、単純にシステムの外部を措定しているわけではない。むしろドゥルーズが晩年のフーコーについて語ったような方向――「わたしは外部でわたしに出会うのではなく、わたしのなかに他者を発見する」(Deleuze, a 98)といった方向――に議論を進めているように思われる[17]。ネグリとハートのバートルビー論に戻れば、バートルビーが無力な自殺とならないプロジェクト、「新しい生の様式」や「新しい共同体」へと向かうプロジェクトが立ち上がるのはまさにこのような内的不連続性の地点だと、彼らは考えているようだ。それを傍証するかのように、ネグリは「政治の新しい文法のために」という副題がついた著作(二〇〇六年。邦題は『さらば、〝近代民主主義〟』)で以下のように言う。

「貧困の力」……とは、何らかの所与の契機をきっかけに出現する存在論的な非連続性を土台に作られる力である。その契機とは、絶対へと向かう非‐存在がつくる契機であり、〔潜勢力へと〕開いていく欲求《ニード》がつくる契機であり、もはや抑圧しえない欲望がつくる契機である。……〔これによる〕飛躍はリスクを引き受けるものではあるが、しかしつねに自らの内に、想像可能な生そして／あるいは解放の選択の全体性を担っているのである。（ネグリ、一六六　強調引用者）

潜勢力（起こらないこと）に「自分を開いて」）、新しい生の様式に向かわせるのは、ネグリの言う「愛」であり、「愛」によって〈共《コモン》〉——政治的なもの——への道筋が開かれ、生権力の行使に対抗するマルチチュードの形成が可能になると彼は言う（一六五―七〇）。晩年のフーコーが自己への省察において克己的と言えるほどの倫理的シフトをおこなったのに比し、ネグリはむしろ「情動」や「感情」といった動的変容性を秘めたエネルギーをバネにして、「創造的な抵抗」の希望を語っていく。しかし自己の内なる非連続性が「もはや抑圧しえない欲望」を介して、はたしてすぐに〈共〉に結びつくのだろうか、むしろ独我的な暴力を生み出しはしないだろうか。実際、近年日本で起こっている犯罪のいくつかは、生政治の加速化が逆説的に産出する自己の内なる非連続性（「もはや抑圧しえない欲望」）が原因になっている場合が多いように思われる。それを抵抗の拠り所とするには、「リスク」はあまりに大きいのではないだろうか。

　近代を論じたフーコーにも、ポスト近代を論じるネグリにも共通していることは、「人間」というカテゴリーを一貫して手放さないことである。ネグリの場合は、抵抗としての「剝き出しの生」が語られても、それはあくまで、「民主主義社会へと導く運動」の起点となる「個人的欲求」(ネグリ、一六九)である。しかし歴史的に普遍的な人間なるものは存在せず、近代の民主主義は、近代市民というカテゴリーに枠付けられたものとしての「近代的人間」を創成したにすぎない。そして近代市民の定義に深く関わる性配置によって、つまりは欲望の配分と定義によって、「近代的人間」は立ち上がってきた。ネグリは、たとえば一九六〇年代の女性運動を、マルチチュードの範例の一つと賞賛しているが、むしろ現代の問題は、非対称的な性配置が(部分的ではあれ)解消されたのちに、生政治のなかで現出する新しいタイプの人間、つまり近代の欲望の軸では説明できない非-近代的人間と、そのような人間がはらむ抵抗の「暴力性」だと思われる。[18] 過去数十年のフェミニズムの努力と、グローバル資本や生産体系の変容、テクノロジーの進展は、性別化された人間の生産を部分的に瓦解させており、それによって皮肉なことに、今までは不平等なシステムのなかで仮想的に平衡が取られて閉じ込められていた暴力が跋扈する契機が開かれた。つまり、家族や国家の強力なタガのなかで社会的認可が与えられていた暴力が、その留保を取り払われ、不定型に、遍在して、噴出しはじめているのである。それは、これまで秘匿されていた暴力が顕在化する場合もあれば(ドメスティック・バイオレンスやセクシュアル・ハラスメントなど)、従来は別の拘束によってかろうじて踏みとどまっていた権力関係が暴力的に噴出する場合(児童虐待や高齢者虐待など)、あるいは近年日本で頻発している従来の枠では説明が難しいさまざまな殺傷行為や、暴行殺害の低年齢化、殺害後の死体損傷などとなって現われる場合もある。ネグリとハート自身によっても、マルチチュードのための「再領有の権利」である「情動への自由なアクセスとそれらに対する統御」は、「マルチチュードの疎外をさらに悪化させ、有害なもの」(ネグリ、ハートa、四〇七)にする危険性をもつと、『〈帝国〉』の終末ちかくで断り書きされている。

メルヴィルの「バートルビー」が、これが執筆された近代初期においてすでに語っているように、生政治の進展は、人間化するはずの近代市民を、脱人間化・脱擬人化していく。蒼白な顔で機械のように書き続けるバートルビーの、システムに過剰適応した身体は、ビオスを追求してゾーエを排除しようとする運動が、皮肉にもゾーエを生み出してしまうことを物語っている[19](このバートルビー像は、インターネットに接続したコンピューターを前に寝食を忘れている現代人を連想させはしないだろうか)。したがって考察すべきことは、近代的な人間観を前提とした抵抗ではなく、非‐近代的な人間たちに生政治への抵抗の可能性があるかどうかということである。生政治が近代的な市民/人間ではなく、ポスト近代的な非‐人間を生産しているときに、生政治への抵抗はどのようなかたちになりえるのだろうか。

3　人間(に非ざるもの)の(不)可能な語りの連鎖のなかに

「マージナルな抵抗」しか提示できない思想家として、ネグリは、アガンベンもジャック・デリダもジャン＝リュック・ナンシーも退けたが[20]、アガンベンと共著でバートルビー論を出したドゥルーズについては、フーコーと並んで「建設的なオルタナティヴの可能性」を切り拓く思想家だと肯定的に評価した。事実ドゥルーズは、受動的抵抗に関してアガンベンとある程度までは同じ方向で議論を進めるが(むしろアガンベンがドゥルーズの議論の一部を受け継いだと言ったほうが正しいのだが)、バートルビー論の後半では、その受動的抵抗の増殖を、通常の言語を「脱領域化」して見慣れぬものを導き入れ、「新たな普遍性を創出する」(Deleuze, b 93)ものだと希望的に語る。たしかにブランショ、ナンシー、アガンベンへと連なる「無為」へと傾斜する存在論的議論は、ミクロとマクロの両面から統治管理を拡大する生権力を前にして、あまりに自閉的で、脆弱である。だからこそドゥルーズは、バートルビーの「決まり文句」に焦点を当てつつも、その帰結としての拒食死には注意深く触れず、拒否の増殖を「死」ではなくて「生き残るための方法」(92)へと振り向けていったのだろう。ドゥルーズが分析の範囲を恣意的に選んだことはさておくとして、あらゆるものを拒否していくバートルビーの「決まり文句」が既成言語に穿つ虚空から、いったいどんな新しいものが姿を現すのだろうか。どんな新しい言語が、バートルビーの仮定法(潜勢力)のなかから立ち上がってくるのだろうか。

ドゥルーズのバートルビー論の後半は、言語哲学的であると同時に、政治社会的な次元で語られており、そこで中心的話題となっているのは、バートルビーの「独身性」である。「独身性」とは、カフカ的意味での独身性、つまり現勢権力の地図のなかにいかなる結節点ももたない存在――過去からの桎梏も、未来への投機もなく、瞬間を生きる存在――としての独身性である。事実バートルビーは、「身元保証なき、所有財産なき、地所建物なき、属性なき、個別性なき人間」だと語られる(Deleuze, b 96)。

セクシュアリティにおいても同様である。同僚の二人の代書人と比べ、バートルビーの「青白い顔」、「身だしなみのよさ」、「上品さ」、「哀れさ」は、すべて当時の女の典型的特性とされていたものである。いやそもそも「受動性」そのものが、それら女の特性すべての源泉とみなされていた。それゆえか、「もしもバートルビーが女だったら?」という論文も書かれ、そのなかでは、一九世紀の代書人は二〇世紀になると女性タイピストに取って代わられるが、もしもこの「女性的」なバートルビーがじつはミス・バートルビーであったなら、ここで展開している物語は、オフィスでの挫折したラブ・ロマンスとなるだろうと解釈されている(バーバ)。この論文が発表されたのは一九七七年だが、もしも現在同様の仮定法で論じられれば、(ミス・)バートルビーに割り当てられたオフィス内での位置関係から、この物語のなかにセクシュアル・ハラスメントを読み取る読者もいるかもしれない。いずれにしろバートルビーと語り手との関係が曖昧であることは疑いなく、バートルビーを追い払おうとする試みがすべて失敗したのち、ついに彼を受け入れることを決心した語り手の以下の台詞を引用して、ドゥルーズは、ここに描出されているのは「ほぼそれと見分けがつく同性愛の関係」ではないかと推察する。「わたしは、君がここにいるとわかっているときほど、私的な気分になれるときはない。やっとわかった。心からわかった。わたしは、自分に運命づけられた自分の人生の実相に、やっと到達したんだ」(Melville, 44)。

伝記的研究が近年明らかにしているメルヴィルの同性愛的傾向や、他の作中にも散見される同性愛のアナロジーをバートルビー読解に重ね合わせて、語り手やバートルビーの性指向やセクシュアル・アイデンティティを探ることが、本論の目的ではない[21]。そうではなくて、この世に参照点《レファレンス》(身元保証)をもたず、住み着く家《ホーム》もなく、所有財産《プロパティ》(固有性)もなく、「性的差異も廃棄した」(Deleuze, b 96)バートルビーは、近代的意味での「人間」を構成する要素を捨て去った同定不可能《アン-アイデンティファイアブル》な存在だと思われる。近代の市民主体が、近代特有の「欲望」という概念で構成されるなら、そして近代の欲望がつねに男性的欲望と女性的欲望(あるいは欲望の欠如)に二分され、その二分法的図式のなかで自己と他者が切り分けられてきたならば、女性的風貌をした青年バートルビーが、「できれば、しないほうがいいのですが」という決まり文句によって「「好み」の論理」(Deleuze, b 95)を編み出したとき、近代の「欲望」の文法は相対化され、欲望に基づいて配備されていた近代的人間のかたちはあやふやになっていく。むろん近代の市民主体は、このテクストが執筆された一九世紀半ば以降に、急速に拡大再生産されていった。したがってテクスト出版のこの時期に、すでに近代的人間像が掘り崩されていると言うのは前後転倒的な議論ではある。だが、近代の性体制がまだその形をとるまえに、それを打ち砕く潜勢力を秘めたフェミニスト、ヘスター・プリンをナサニエル・ホーソーンが『緋文字』で創造したように、彼と同時代人のメルヴィルも、二分法的に分割される欲望を装備した近代的人間が跋扈するようになるその前夜に、近代の生政治の力を予知し、生政治による近代的人間の創造を拒否する人物、すなわち、男女に二分化された欲望ではなく拡散し増殖する「好み」でおのれを構成する人間を創り出したとも言えるだろう。

　メルヴィルが生み出したこの同定不可能な存在を、ドゥルーズは「未来の、あるいは新しい世界の《人間》」(96)と語り、その世界を「父親なき世界」「兄弟社会」「独身者の共同体」と呼んだ。『アンチ・オイディプス』の共著者であるドゥルーズの主張としては当然の論理展開だが、「そういった共同体がどのように実現しうるか」(108)という問いに対しては、ドゥルーズは天真爛漫に「アメリカ」という共同体理念だと答える。なぜならドゥルーズにとって、バートルビーの新しさは、ヨーロッパという旧世界の国家プロジェクトから脱したところにあるからだ。だからこそアメリカ人とは、「イギリスの父親的機能から解放された人々であり、砕かれた父親の息子《〔ママ〕》であり、あらゆる国家の息子《〔ママ〕》」(108)であり、「アメリカ人の使命は、国家や家族や遺産や父親といった「国家の相も変わらぬ秘伝」を再構築することではなく、なによりもまず、世界を、兄弟社会を、人間と富の連邦を、無政府主義者の個人からなる共同体を構築することである」(108)と高らかに謳う。しかし「代書人バートルビー」というテクストが開陳している兄弟社会アメリカは、ドゥルーズが希望的に描いてみせた友愛のアメリカとは程遠い。

　むろんドゥルーズが「兄弟」社会と言うときには、『ピエール』など女性登場人物が描かれるメルヴィルの他のテクストにも言及して、慎重に「兄弟」のなかに「姉妹」を包含させてはいる(108)。しかし「代書人バートルビー」に限っていえば、これは男たちのビジネス世界——まさに米国をはじめ資本主義国家を今後席巻していくことになるホモソーシャルな男たちの友愛の世界――を予兆させる物語である(ただし、友愛のなかに潜むホモエロティシズムを感じさせているという点では攪乱的である)。だがそれ以上に、このテクストをドゥルーズほど天真爛漫に「来るべき民衆」の物語と考えられない理由は、金融の中心としてのニューヨーク建設に多大な貢献をした歴史上の人物がこのテクストに書き込まれており、実際この物語は、彼に対する語り手の敬意と、彼から重宝されたことへの自慢から始まっているからである。最初の頁に登場するだけで、そのの[22]ち姿を消すこの人物は、バートルビー批評のなかでは看過されがちだが、彼こそ、見事に資本主義化、帝国主義化した人物、すなわちジョン・ジェイコブ・アスター(一七六三―一八四八年)である。

ジョン・ジェイコブ・アスターは英国を経由して渡米したドイツ移民で、英国では楽器製造に携わっていたにもかかわらず、渡米後はいち早くアメリカ原住民とのあいだでウイスキーや武器と毛皮を交換する取り引きに転向し、しかもフランス領土内でそれをおこなったことで米・英・仏の緊迫した外交政策の間隙をついて取り引きを大きく成長させ、一八世紀末には巨万の富を築いた。一九世紀になると「太平洋毛皮会社」を設立してさらなる急成長を遂げ、アメリカ西海岸への開拓事業にも手を出して「アスター遠征隊」の大株主となり、オレゴン州誕生のきっかけをつくった「アストリア砦」(双方、彼の名(アスター)に因んで名づけられた)の建設にも尽力した。さらに彼の事業は太平洋をこえ、ハワイ諸島では木材の通商をおこない、さらに中国にも出向いて、毛皮や陶磁器の取り引きとともに、帝国主義の権化たるアヘン貿易にも手を染め、ここでも莫大な富を作った。

そして最後に彼が乗り出したのがニューヨーク開発事業であり、ニューヨークを、勃興しつつある資本主義のビジネス拠点にするための不動産業務に携り、現在の世界の金融の中心地であるニューヨークの礎を築いた。彼は米国で最初の百万長者となった。

テクスト中では比喩的意味しか付与されていないかのようなこの脇役は、しかしバートルビーを生政治への抵抗の可能性として読み解くとき、重要な示唆を与えると思われる。なぜならバートルビーの物語は直接に提示されているのではなく、語り手をとおして語られており、この語り手が、寓意的人物のバートルビーと歴史上の人物ジョン・ジェイコブ・アスター、言語と現実、あるいはバートルビーが拓く潜勢力と、生政治がホモ・サケル殺害をおこなうときの例外状態を仲介していると思えるからだ。しかしそれについて考察するまえに、語り手がなぜ登場するのかを考えてみよう。

第一節で述べたように、潜勢力を呼び込む受動的抵抗――(不)可能な発話行為――と、それが生政治のなかでなされるときの排除・抹消――つまり死――とのあいだの距離を、アガンベンは、少なくとも彼のバートルビー論では認めていなかった。では(不)可能な発話行為とその結果としての死は、つねに乖離しているままなのか。ネグリとハートがバートルビーを「無力な自殺者」とみなしたように、バートルビーの死は単なる討ち死だったのだろうか。たしかに彼の挑戦は、ネグリとハートが言うように「つねに自殺の瀬戸際に」あったかもしれない。だがそれは「完全に孤立した」ものではなかった。なぜなら彼は語り手によって語られたからだ。もっと言えば、彼は語り手に語らせたからである。「その気になれば……多くの代書人」の「生涯全体」のことも書ける語り手を、「資料がまるでない」ゆえに、本来ならば筆を染めなかったであろうバートルビーについて書く気持ちにさせたのは、まさにバートルビーの奇妙な決まり文句と、それが導く受動的抵抗力のゆえだった(Melville, 16)。バートルビーが語り手に語らせたことについて、ジャック・デリダは『精神分析の抵抗』(一九九六年／初版一九九二年)で次のように論じている。少し長いが引用してみよう。

> 反復強迫——非抵抗の誇張的抵抗——は、それ自体、「分析的」なものである。それは、その抵抗こそ、今日の精神分析が、そのもっとも確かな策略において、すなわち非抵抗という見せかけによって、表象しているものである。ここにおいて、われわれは夢の中心近くへと舞い戻ってきた。そこは、死の欲望と欲望それ自体が、それが禁じている分析を呼び込み、またその分析を語る場所である。つまり何も言わずにそれを語る場所、応答せずに応答し、諾とも否とも言わずに応答する場所、ちょうど「代書人バートルビー」の小説のなかのように。あらゆる要求、問い、圧力、要望、命令に対しても、それは応答することなく、応答する、能動的でも、受動的でもなく。「そうしないでいたいのですが」。メルビルのこの計り知れない小品を読んだことのある人なら、バートルビーは死の形象であることを知っているだろう。まさにそのとおりだ、しかしまた、その人たちは、バートルビーは何も自らは語らず、他の人を語らせること

を、とりわけ、語り手を、責任ある法律家で、倦むことを知らぬ分析家である語り手を語らせることを知っているだろう。実際語り手は、治療不可能な分析家なのだ。バートルビーは、語り手であり法律家である分析家を語らせる。バートルビーはまた、文学というものの秘密でもある。そこでおそらく文学は、精神分析に語らせる――いや歌わせる。「そこで」。それはまさに抵抗の地点である。精神分析の抵抗――精神分析に対する抵抗。もはや誰が、誰の謎を――それこそ「死ぬまで、完璧に」分析しているのか、わからない。法律家はある噂を告げる。バートルビーはかつて、ワシントンの「配達不能郵便(死文)課」の下級職員であったと言われていることを。

だからわたしは自問する。分析一般についての――とくに精神分析についての――わたしの議論が、なぜいつも(わたしに限ったことではないが)、局留め郵便の死の味がするのかと。そしてそれゆえに、わたしは他の何人かの人とともに、『快楽原則の彼岸』の周辺を果てしなく漁り歩いているのである。(Derrida, 24)

デリダにおいても歴史的コンテクストは捨象され、存在論的な精神分析の圏域で――とくに「死の欲動」という非歴史化された概念との関係で――抵抗の可能性が論じられている。しかしわたしたちの「生」も「死」も、つねにすでにそれぞれの時代において「加工」されたものである。だからこそ逆説的にデリダのこの論考が重要になる。なぜならデリダは、バートルビーを論じるときにわざわざ精神分析を持ち出してきたからだ。あるいは精神分析を論じるときに、わざわざバートルビーを持ち出してきたからである。精神分析は語らせる、人々の生を。だからこそ、フーコーがその言説権力論で近代の告白装置としてまっさきに批判したのが、精神分析である。告白という装置を介して発動する言説権力とは、言うまでもなく、欲望を介した身体の形成をつうじて、すなわちビオスの形成をつうじて、近代市民の身体と精神の自律性《オートノミー》(の幻想)を作り上げ、管理する生権力である。

バートルビーは、彼自身は定式化された文句しか語らないにもかかわらず、いやそれゆえに、語り手に縷々語らせる。語り手は自分自身について、そして彼の社会的自己を保証し、ジョン・ジェイコブ・アスターが体現している《法》について、またその《法》によって排除される可能性を秘めた雇い人たちについて語る。語り手は、告白しつづける。なぜなら、バートルビーが到来したためである。バートルビーが彼のもとに到来したからこそ、彼は自分自身について語らなければならなくなった。しかしバートルビーが語り手を促して、告白を強要しているのではない。語り手に告白をさせているのは、語り手自身、つまり、告白をつうじて――倦むことなき分析をつうじて――自己を社会的に立ち上げている語り手自身である。なぜ確固とした社会的自己を備えているはずの語り手(物語の冒頭では自分のことを「安全このうえない人間」(Melville, 16)と紹介した語り手)、本来は分析家の位置にある語り手が、告白をしつづけるのか。それは分析家、すなわち言説権力は、そのなかに「抵抗」を抱えているからである。デリダの言葉を使えば、「精神分析の、精神分析に対する抵抗」である。そして精神分析の、つまり言説権力の中心に位置して、そこに抵抗を呼び起こしているものこそ、生政治が生産するビオス(社会的生)の裏に張り付いたゾーエなのではないか。「生物学的生」とみなされて「社会的死」が与えられているもの、またさらには、社会的死を与えられたがゆえに、ときに「生物学的死」に至らしめられるものなのではないか。だからこそデリダが語る「死の味」は、存在論的、あるいは非歴史的な死であってはならない。それは、ビオスの形成、すなわち生政治《バイオポリティクス》のもうひとつの顔である「殺す」こと(死の政治)の帰結としての死、つまり「殺される死」なのではないだろうか。

ジョン・ジェイコブ・アスターが体現していた生政治は、非白人であるアメリカ原住民や中国人を、通商によって、字義的にも比喩的にも殺す帝国主義的側面を持っていた(アメリカ原住民はウイスキーによって、中国人はアヘンによって)。さらには金融中心化するニューヨーク建設に象徴化されるように、ビジネスへの不適合者を周縁化して死ぬがままにさせておく生政治は、それ自身が偏執狂的様相を呈して市民の純化へと、したがって市民のなかのさらなる弁別へと発展していった。それは市民とホモ・サケル、ビオスとゾーエの閾が不分明になった例外状況の増殖であり、市民戦/内戦の遍在化である。

ネグリは、「何らかの所与の契機をきっかけに出現する存在論的な非連続性」を「マルチチュード」に繋げた。だが「存在論的な非連続性を土台に作られる力」は、語る力、もっと言えば、アガンベンが論じたような、還元不可能な否定性によってしか告げられない〈いま〉を語る発話の潜勢力なのかもしれない。そして、起こったかもしれないが起こらなかったことは、現有の権力構造のなかでは「起こらないこと」であるがゆえに、ドゥルーズが語ったように、それは既成言語のなかに虚空を穿つものであるだろう。しかしその虚空は、ネグリ／ハートが主張するように、足下の「深淵」でもあり、語る者を——正確に言えば、現世的意味では語らない者を——「深淵の淵に吊り下げ」、そして落下させるかもしれない。そのとき、語る／語らない者は、生政治のなかで増殖する例外状況にあって、その近代的人間の自律性がもはや液状化した存在である。ちょうどバートルビーと語り手の境界が不分明になっているように。またニューヨークに事務所を構え、法の平等を調整する衡平法裁判所主事の職を失った語り手自身が、ジョン・ジェイコブ・アスターの《法》とバートルビーの受動的拒否のあいだで揺れ動いていたように。[23] しかし言葉を換えれば、市民とホモ・サケル、ビオスとゾーエの不分明があるからこそ、「起こらないこと」は「起こること」のなかで語られ／語られず、その(非)語りは、「正しい」語りによって構成されていたはずの近代の人間の変容を捉えていく。

「代書人バートルビー」のテクストは、「ああ、バートルビーよ！　ああ、人間よ！」で終わっている。刑務所のなかで拒食死へと突き進んだバートルビーは、誰に顧みられることもないゾーエとなり、ホモ・サケルの淵に落ちていった。彼は「正しく」語る「人間」——近代市民のカテゴリー——からは、自ら滑り落ちたのだ。だから、彼にもはや「人間」と呼びかけることはできないはずである。欲望を増殖しつづけることによってシステムを維持し発展させる資本主義は、本質的にそのなかに食人的側面をもつ。[24] したがって食べることの拒否は、資本主義的膨張の否定を意味し、と同時に、そのシステム内でその身体を、比喩的にも、現実的にも、保持することができないことを意味する。この点で、彼は、もはや近代的意味での「人間」ではなくなっていた。「ああ、バートルビーよ！　ああ、人間よ！」という唐突で曖昧な結句は、これが書かれた一九世紀半ば以降、足早に作り出される「人間なるもの」の裏に貼りつく「非‐人間なるもの」を、今度は自分自身が、「人間」の領域と「非‐人間」の領域の閾で語ることになった（しかしけっして語り尽くせない）語り手が、自らを映して発した声なのではないか。

スラヴォイ・ジジェクは近著『パララックス・ヴュー』（二〇〇六年）を締め括るに当たってバートルビーに言及し、ネグリ／ハート的なバートルビー論を退けた。つまり、バートルビーの受動的拒否は単なる第一歩にすぎず、そのあとにそれを具体化するような新しい社会の建設が始まる、といった時間軸を、ジジェクは退けた。彼によれば、否定語を肯定する「しないほうがいい」というバートルビーの決まり文句は、「抗議の政治」とはべつものので、具体的な政治の提言へと繋がるというよりも、革命の根本原理であると主張する。たしかにバートルビーの受動的拒否は、具体的なヘゲモニー権力を否定する「抗議の政治」ではない。しかしジジェクは、内なる非連続性に言及したネグリ／ハートの議論を単純化したのみならず、「代書人バートルビー」をあくまでバートルビーだけの物語として捉え、それによってアガンベンらと同様に彼を存在論化する――ジジェクの場合は「原理」化する――という陥穽におちいっているように思われる。むろんジジェクは、資本主義の自己推進的身振りを念頭に置きつつ語っており、彼が主張するように、仮想化と肥大化を進める資本主義に対しては、ナイーブなエコロジー意識や慈善運動はあまりに脆弱である。むしろ文化唯物論的な視点では、資本主義に再包摂されるものですらある。しかしバートルビーを、「新秩序」の「起源」とか「背景」とか「永遠の基底」(Žižek, 382)と言うかぎりにおいて、ジジェクは、バートルビーの提示する問題を、超歴史的で記号学的な「人間」の問題にすり替え、それによって、バートルビーの抵抗が最終的には死に至らざるをえないもの――死に至らしめられるもの――であったという重態性や、問題の火急性を削いでいる。

むしろバートルビーが突きつけているのは、自己増殖するシステムへの過剰適応がもたらすアパシー(無関心・無感動・無気力)が受動的拒否となって、システムへのラディカルな抵抗と、それゆえのシステムからの究極的排除あるいは離脱(死)に行きつくという、幾重にも屈折した「抵抗」の行方である。それはバートルビーがそうであったように、消滅の瀬戸際につねに立たされている抵抗であり、実際、遍在化した市民戦／内戦のなかで、多くのビオスであったものがゾーエとなって、秘かに、あるいは顕在化して、周縁化されている。したがって、人間の境界を液状化しながら肥大する生政治への「抵抗」がもしもありえるとすれば、それは、存在論化あるいは原理化された形象のなかに見いだされるのではなく、生政治のただなかで、それが生み出す「生」と「死」が重なり合う地点で発せられる「語り(に非ざる語り)」のなかに、かろうじて見いだすことができるのではないだろうか。それを聞くと同時に語る者たちの連鎖のなかで。あるいは、起こりえたかもしれないもののまわりで佇む仮定法の連鎖のなかで。

注

(1) リーマン・ブラザーズの本拠地は、九・一一後、一旦ニューヨークを引き払ったが、ふたたびニューヨークに拠点を置いた。ただしウォール街ではない。

(2) ブランショのバートルビー言及は一九四五年に始まり(高桑和巳「バートルビーの謎」参照)、一九七五年の「忍耐についての言説」を経由するが、本稿では、一九八〇年収録の『厄災のエクリチュール』を参照する。

(3) 文学研究では「バートルビー」は多方面から論じられてきた。このほかに、伝記的側面、精神分析／心理学、宗教的隠喩、脱構築的テクスト批評などである。以下参照。Lea Bertani Vozar Newman, *A Reader's Guide to the Short Stories of Herman Melville* および Dan McCall, *The Silence of Bartleby*.

(4) 両者を繋ごうとする試みはなされつつある。Naomi C. Reed, "The Specter of Wall Street," Alexander Cooke, "Resistance, Potentiality and the Law," Jeffrey Andrew Weinstock, "Doing Justice to Bartleby" 参照。

(5) 本文中に記した出版年は、影響関係を明確にするために、原著の出版年とする。

(6) エドガ・アラン・ポウのフランス受容を彷彿とさせる点については、一九世紀末から二〇世紀初頭のボードレール、マラルメ、ヴァレリーの翻訳、および二〇世紀後半のラカン、デリダの受容など。

(7) Gilles Deleuze, "Bartleby, ou la formule" の注1参照。

(8) ドゥルーズも同様のことを指摘している(Deleuze, b 90)。

(9) 『知の考古学』での用語。知の貯蔵庫、言説の編成体を意味し、フランス語で発音するとアルシーヴとなり、英語では（厳密に発音すれば）アーカイヴとなるが、ここでは通例使われているアーカイブという表記にする。

（10）そのほかに prefer の含意を考察したものとして、語り手の衡平法裁判所での勤務に絡めて、平等な関係において依頼は好悪の次元で語られるという議論は、Herbert F. Smith, “Melville's Master in Chancery and His Recalcitrant Clerk” を、また prefer の名詞形 preference が含意する「先取権」についての考察は、Ann Smock, *What Is There To Say?* を参照。

（11）英語圏の研究者 Naomi C. Reed は、この決まり文句が仮定法であるということに着目するが、彼女の場合は、仮定法であるがゆえに、その抵抗が成就することはほとんど不可能であるという、仮定法の幻影さのほうに重点を置く（Reed, 258 参照）。

（12）ブランショの著作は英訳を参考にしつつ、引用はフランス語からおこなった。

（13）ライプニッツの造語で、この世に悪が存在することと神の善にして全能なることとは両立しないという論に対抗するものとして、神の義が弁護された。

（14）代表的なものは以下。Paul Deane, “Herman Melville: Four Views of American Commercial Society” (1968), Louise K. Barnett, “Bartleby as Alienated Worker” (1974), Franklin Bruce, “Herman Melville” (1976), Michael McTague, *The Businessman in Literature* (1979), Michael Paul Rogin, *Subversive Genealogy* (1979), Stephen Zelnick, “Melville's ‘Bartleby’” (1979-80), Marvin Fisher, *Going Under* (1977), Michael T. Gilmore, *American Romanticism and the Marketplace* (1985), Brook Thomas, *Cross-examinations of Law and Literature* (1987), David Kuebrich, “Melville's Doctrine of Assumptions” (1996), Barbara Foley, “From Wall Street to Astor Place” (2000), and Naomi C. Reed, “The Specter of Wall Street” (2004).

（15）「身体を効率的で経済的な管理システムのなかに組み入れる」規律的政治では、「有用性」とともに「従順さ」（隷属性）が求められるが（Foucault, 139）、ターキーは少なくとも午前中はそれを体現しようとする。

「失礼ながら(with submission)」という彼の決まり文句は、それを皮肉なかたちで示している。ところが正午をすぎると「実務能力《ビジネス・キャパシティズ》」(Melville, 18)が極端に落ちるターキーは、それを完全に体現することができず、体全体をシステムに順応させることができない。彼の服装があまりに見すぼらしいので、やむを得ず雇用主の語り手が供与したコートは、まさに首から膝まですっぽりと覆うもの(彼の身体を覆う拘束具のようなもの)だったが、それを着てもなお実務能力が改善しないということは、彼が規律的権力への完全なる身体的順応に失敗したことを示している。もう一つの「人口の調整」に関わる権力は、「生物学的プロセスの土台となった身体」に焦点を当てて身体の選別と生産をおこなうものであるが、もう一人の代書人ニッパーズの欠点は「消化不良」であり、この影響が見られる午前中には「病的野心」(Melville, 20)が募るとみなされ、つまりは彼が犯罪をおこなう蓋然性は「生得的なもの」(21)に起因するとみなされていく。逆に言えば、その欠点が生得的で器質的なものだと見なされたニッパーズは、行動を犯罪化すると同時に、その行動を身体性・器質性に結びつける言説権力による身体化の犠牲者、それによる周縁化の対象に、今後なっていくのではないかと想像される。

(16) 興味深いことに、生政治が人間の生を管理するさいの筆頭的媒体はセクシュアリティだとフーコーは語り、事実、近代は、近代特有の性配置(〔ヘテロ〕セクシズム)によって近代市民の身体を形成してきた。と同時に、前近代に人々が抱いていた餓死への恐怖は、産業の発達に伴って後景に退き、それまでのように、餓死への被傷性の有無によって人々を階級的に弁別することは少なくなった。つまり「食べる」ことは、字義的意味においては、近代社会のメルクマールではなくなったように見えた。しかし、生存に必要な食料を得られるかどうかということではなく、身体美の画一化や健康志向によって、身体理想や自我理想にとっての「食」の占める割合は大きくなり、その結果の一つとして、拒食症が社会的にクローズアップされるようになってきた。加えて、比喩的な意味において、「食べる」ことは、生政治の食人的様相を象徴するものである。その点で、語り手に雇われた代書人と使い走りの少年(つまり労働者たち)が、食べられる側の食べ物の名前（ターキー（七面鳥）、ニッパーズ（カニ（のはさみ））、ジンジャー・ナッツ（ショウガ入り菓子））で呼ばれ、彼らの行動もまた「食」の比喩で語られているのは示唆的である（これについては、講演「Biopolitics と Death Politics をまたぐ "Bartleby, the Scrivener"」で詳述した）。そのなかにあって、バートルビーは生存のため（「消化」のため）の食ではなく、自己目的化している「食」を形象化している。

(17)　竹村c参照。なおこのあたりの議論は、部分的にこの既出論文に基づいている。また竹村aのうちの「アイデンティティの倫理」も参照。

(18)　Takemura および竹村b、c参照。なお「暴力と（自）殺害のパッション」については、以下で講演した。"Violence and (Self-) Killing Passion: Lethal Biopolitics or a New Formation of Self, or. . ." のタイトルで The University of California, Berkeley (April 2009)、"(In)humanity in the Biopolitical Age" のタイトルで国立台湾大学（二〇〇九年一二月）、また「死の政治学、あるいは自己の再公式化」のタイトルでアメリカ文学会東京支部一月例会（二〇一〇年一月）。

(19)　バートルビーの決まり文句に苛立った語り手は、他の雇用人を呼び集めて意見を聞くが、システムに完全に迎合できていない二人の代書人は、一方でバートルビーの抵抗を「不適当」(Melville, 29)で、語り手の怒りを「当然」(27)と語りつつ、他方で、彼らの身体がシステムと齟齬を起こしている時間帯には、彼ら自身が暴力沙汰を起こす可能性（「事務所から蹴り出してやる」(27)、「痣ができるほど殴ってやる」(29)）を示唆する。ところが年少で、いまだ使い走り程度の少年ジンジャー・ナッツは、にやりと笑いつつ「ちょっとばかり頭がいかれている」と言い放つ。ジンジャー・ナッツは、他の二人の代書人よりも描写が少なく、さらにマイナーなキャラクターのように見せてはいるが、一二歳の彼は、まさに生政治が稼働していく只中に生まれ、成育し、また彼のあだ名が事務所で食べる菓子にちなんでおり、そして食べ物が登場人物に与える影響が彼らの社会的機能に大きく関係しているこの物語の構造から見て、彼こそ、身体的・人口学的に来たるべき社会の市民として形成される人間であると思われる。また彼は、代書人たちのためにジンジャー・ナッツや林檎の買い出しをするが、「無味乾燥で、空虚な仕事《ビジネス》」(22)を慰めて、仕事への緊張を高め、アドレナリンを補給するものとして、事務所で菓子類《スイート》を食べる習慣は、一九世紀中頃以降に出来上がっていく(なお、この習慣についてわたしに初めて教えてくれたのは、大学院生の一人だった樋上久美子さんである)。したがって、ジンジャー・ナッツはビジネスマンの体質形成を暗示しており、ゆえにバートルビーはまさに次代のビジネス社会の一員となるジンジャー・ナッツによって、「狂人」という判断を下され、いわば診断され、そしてビジネス街に生息している人々によって、「墓場」という異名をとる刑務所へと送られた。つまりこの時点で、「狂人であるゆえに殺して良い」存在になったと言えよう。

(20) なお、もう一つ、こちらは「「弱い思考」と無力な契約主義にしか行き着かない」としてネグリが批判するのは、ジャン=フランソワ・リオタール、ジャン・ボードリヤール、リチャード・ローティ、ジャンニ・ヴァッティモである。

(21) セクシュアリティおよび独身性について考案したものには以下がある。Graham Thompson, "Dead Letters!. . . Dead Men?" など。

(22) 語り手との関係で考察したものに以下がある。Thomas Dilworth, "Narrator of 'Bartleby': The Christian-Humanist Acquaintance of John Jacob Astor."

(23) 語り手はジョン・ジェイコブ・アスターに重用されたことを自慢に思い、彼が体現する資本主義の原理「抜け目ない思慮分別」(prudence)と「組織的思考」(method)を体内化した存在だが、他方で彼の名前を口にするときにはつねに、「故」という接頭詞をつけ、彼がすでに死んだ人物であることを強調する。このことは、ジョン・ジェイコブ・アスターのシステムが彼の死とともに終わって欲しいと願う、語り手の願望の消極的な表明とも読める。

(24) 注(16)参照。

文献

Agamben, Giorgio. a. "Bartleby, or On Contingency." 1993. *Potentialities. Collected Essays in Philosophy.* Trans. Daniel Heller-Roazen. Stanford: Stanford University Press, 1999.（ジョルジョ・アガンベン『バートルビー――偶然性について』高桑和巳訳、月曜社、二〇〇五年）

――, b. *Homo Sacer: Sovereign Power and Bare Life.* 1995. Trans. Daniel Heller-Roazen. Stanford: Stanford University Press, 1998.（ジョルジョ・アガンベン『ホモ・サケル――主権権力と剝き出しの生』高桑和巳訳、以文社、二〇〇三年）

――, c. *Remnants of Auschwitz: The Witness and the Archive.* 1998. Trans. Daniel Heller-Roazen. New York: Zone Books, 1999.（『アウシュヴィッツの残りのもの――アルシーヴと証人』上村忠男・広石正和訳、月曜社、二〇〇一年）

Barbar, Patricia. "What If Bartleby Were a Woman?" *The Authority of Experience.* Ed. Arlyn Diamond and Lee R. Edwards. Amherst: University of Massachusetts Press, 1977. 212–23.

Blanchot, Maurice, a. *L'Ecriture du désastre.* Paris: Gallimard, 1980.

――, b. *The Writing of the Disaster.* Trans. Ann Smock. Lincoln: University of Nebraska Press, 1986.

Brown, Gillian. "The Empire of Agoraphobia." *Representations* 20 (Fall 1987).

Cooke, Alexander. "Resistance, Potentiality and the Law: Deleuze and Agamben on 'Bartleby'." *Angelaki* 10. 3 (December 2005): 79–89.

Deane, Paul. "Herman Melville: Four Views of American Commercial Society." *Revue des langues vivantes* 3 (1968): 504–07.

Deleuze, Gilles, a. *Foucault.* 1986. Trans. Sean Hand. Minneapolis: University of Minnesota Press, 1988.（ジ

ル・ドゥルーズ『フーコー』宇野邦一訳、河出書房新社、一九八七年）

——, b. "Bartleby, ou la formule." 1989. *Critique et clinique*. Paris: Éditions de Minuit, 1993. 89–114.（ジル・ドゥルーズ「バートルビー、または決まり文句」『批評と臨床』守中高明・鈴木雅大・谷雅親訳、河出書房新社、二〇〇二年）

Derrida, Jacques. *Resistances of Psychoanalysis*. 1996. Trans. Peggy Kamuf, Pascale-Anne Brault, and Michael Naas. Stanford: Stanford University Press, 1998.（ジャック・デリダ『精神分析の抵抗——フロイト、ラカン、フーコー』鵜飼哲・守中高明・石田英敬訳、青土社、二〇〇七年）

Dilworth, Thomas. "Narrator of 'Bartleby': The Christian-Humanist Acquaintance of John Jacob Astor." *Papers on Language and Literature* 38 (2002): 49–75.

Fisher, Marvin. *Going Under: Melville's Short Fiction and the American 1850s*. Baton Rouge: Louisiana State University Press, 1977.

Foley, Barbara. "From Wall Street to Astor Place: Historicizing Melville's 'Bartleby'." *American Literature* 72. 1 (March 2000): 87–117.

Foucault, Michel. *The History of Sexuality: An Introduction*. 1976. Trans. Robert Hurley. New York: Pantheon Books, 1978.（ミシェル・フーコー『性の歴史Ｉ　知への意志』渡辺守章訳、新潮社、一九八六年）

Franklin, Bruce. "Herman Melville: Artist of the Worker's World." *Weapons of Criticism: Marxism in America and the Literary Tradition*. Ed. Norman Rudich. Palo Alto, CA: Ramparts, 1976.

Gilmore, Michael T. *American Romanticism and the Marketplace*. Chicago: University of Chicago Press, 1985.

Jaworski, Philippe. *Melville, le désert et l'empire*. Paris: Presses de l'Ecole Normale Supérieure, 1986.

Kuebrich, David. "Melville's Doctrine of Assumptions: The Hidden Ideology of Capitalist Prodcution in 'Bartleby'." *New England Quarterly* 69 (September 1996): 381–84.

McCall, Dan. *The Silence of Bartleby*. Ithaca: Cornell University Press, 1989.

McTague, Michael. *The Businessman in Literature: Dante to Melville*. New York: Philosophical Library, 1979.

Melville, Herman. "Bartleby, the Scrivener: A Story of Wall Street." 1853. *Piazza Tales*. New York: Hendricks House, 1962.（ハーマン・メルヴィル『代書人バートルビー――壁の街《ウオール・ストリート》の物語』酒本雅之訳、国書刊行会、一九八八年）

Newman, Lea Bertani Vozar. *A Reader's Guide to the Short Stories of Herman Melville*. Boston: G. K. Hall, 1986.

Reed, Naomi C. "The Specter of Wall Street: 'Bartleby, the Scrivener' and the Language of Commodities." *American Literature* 76. 2 (June 2004): 248-74.

Rogin, Michael Paul. *Subversive Genealogy: The Politics and Art of Herman Melville*. Berkeley: University of California Press, 1979.

Smith, Herbert F. "Melville's Master in Chancery and His Recalcitrant Clerk." *American Quarterly* 17 (1965): 734-41.

Smock, Ann. *What Is There To Say?* Lincoln: University of Nebraska Press, 2003.

Takemura, Kazuko. "Human/Inhuman: Death and Life in Biopolitics."『F-GENSジャーナル』一〇号、お茶の水女子大学、二〇〇八年、五二―五七頁。

Thomas, Brook. *Cross-examinations of Law and Literature: Cooper, Hawthorne, Stowe, and Melville*. Cambridge: Cambridge University Press, 1987.

Thompson, Graham. "Dead Letters!... Dead Men?: The Rhetoric of the Office in Melville's 'Bartleby, the Scrivener'." *Journal of American Studies* 34. 3 (2000): 395-411.

Weinstock, Jeffrey Andrew. "Doing Justice to Bartleby." *ATQ* 17.1 (March 2003): 23-43.
Wells, Daniel A. "Bartleby's Descendents: The Theme of the White-Collar Worker in Modern Literature." *Dissertation Abstracts* 40 (1979): 4584 A.
Zelnick, Stephen. "Melville's 'Bartleby': History, Ideology, and Literature." *Marxist Perspectives* 2 (Winter 1979-80): 74-92.
Žižek, Slavoj. *The Parallax View*. Cambridge, MA: MIT Press, 2006.（スラヴォイ・ジジェク『パララックス・ヴュー』山本耕一訳、作品社、二〇一〇年）
高桑和巳「バートルビーの謎」『バートルビー――偶然性について』(Agamben, a 邦訳）一六一―二〇一頁。
竹村和子 a『愛について――アイデンティティと欲望の政治学』岩波書店、二〇〇二年。
――b「生と死のポリティクス――暴力と欲望の再配置」、竹村和子編著『欲望・暴力のレジーム――揺らぐ表象／格闘する理論』作品社、二〇〇八年、二三八―五四頁。［本書第一四章］
――c「マルチチュード／暴力／ジェンダー」『現代思想』三六巻五号、青土社、二〇〇八年、一一八―二三頁。［本書第一二章］
ネグリ、アントニオ『さらば、"近代民主主義"』杉村昌昭訳、作品社、二〇〇八年。
ネグリ、アントニオ、マイケル・ハート a『〈帝国〉――グローバル化の世界秩序とマルチチュードの可能性』水嶋一憲・酒井隆史・浜邦彦・吉田俊実訳、以文社、二〇〇三年。
――b『マルチチュード――〈帝国〉時代の戦争と民主主義』（上下）、幾島幸子訳、水嶋一憲・市田良彦監修、日本放送協会出版、二〇〇五年。

＊本論の一部は以下の講演で発表した。第二四回日本アメリカ文学会中部支部大会講演「Biopolitics と Death Politics をまたぐ"Bartleby, the Scrivener"」(二〇〇七年四月）および日本アメリカ文学会北海道支部大会講演「生／死の欲動、表象、政治――バートルビーから照射して」(二〇〇九年一二月）。

第一二章　マルチチュード／暴力／ジェンダー

アントニオ・ネグリは、女性運動やフェミニズム活動、あるいは「女」という「存在論的主体」に言及することはあっても、ジェンダー・レジームそのものと「来るべき民主主義」との関係を直接に語ることはない。ネグリが着目している生政治（バイオポリティクス）のポスト近代的な様相は、ジェンダーの（再）生産統治とどのように交差するのか。またジェンダー・レジームのなかに幽閉されてきた暴力は、マルチチュードとどう邂逅するのか。ネグリ来日が実現されていれば、ぜひとも膝を交えて語り合いたいことだった。

近代からポスト近代にいたる大きな変動期にあって特徴的なことは、生権力（バイオパワー）がテクノロジーの進展とグローバル化によって、生そのものをさらに全面的に統治する可能性を持ち始めていることだ。生権力とは、フーコーが理論化したように、科学的研究、民意にもとづくとされる行政組織、日常的な通念によって、身体にかかわる規律・表象や人口の調整を介して、身体の形成・管理がおこなわれる状況である。すなわちこれは、ネグリの言葉を使えば、「健康・衛生・食料・出生率・性行為などの管理をおこない、こうしたさまざまな領域が政治的焦点となるにつれて、ますますその管理を強めていく」(ネグリ、四五)ものだが、それだけでなく、この「管理」はしだいに「あらゆる生の様相に介入するところとなり、やがて「福祉国家」が政治として展開していく土壌ともなっていく」(四五)。つまり「福祉国家の発展は、労働力を最良の仕方で管理しようという意図と密接不可分の関係にある」(四五―四六)のである。

日本の厚生労働省が今年[二〇〇八年]四月から義務化したメタボ検診とその罰則規定は、「生活習慣病」の予備軍を減らして国の医療費負担の軽減と高齢者医療の充実を図るという美名のもとに(しかし財政的効果はさほどなく、むしろ増えるという試算もある)、市民(国民)の生を監視・管理下に置こうとする、まさに「福祉国家」型の生権力の最たるものである。しかしむろん生権力は、政策という現実政治の形態で姿を現してくることはまれで、もっと隠微なかたちで人々の生(身体・生活・命)を統治する。とくに一九九〇年代後半以降は、テクノロジーとグローバル資本が結びついて管理的形態をつよめ、人口(市民)の苛酷な選別を加速させている。たとえば近年表面化してきた臓器移植、生殖医療、美容整形、投機的食料投資、エネルギー資源管理などは、一定の人口(市民)に対して、より多くの機会、より「完全な」生、より「快適」と思われる生――つまりいわば「純粋」へと疾走するビオス(社会的に加工された生)――を差し出しつつ、他方で、新たな貧民(非市民)を制度の内に包摂しつつ、ゾーエ(無加工の生物学的生)として排除するという、アガンベン的「例外状況」を増進させている。

けれどもちろん、排除されているように見えつつも、その排除メカニズム自体が制度の規範的配置としてさらに組み入れられる現代の状況にあって、市民と非市民、ビオスとゾーエの境界はむしろ液状化し、「例外状況」は「例外」ではなく恒常的なシステムに変容して、「恒常的内戦」(civil war)が起こっていることは、たとえばアガンベンの『ホモ・サケル』などで語られている。つまり生の管理であった生の政治学は、そのなかに隠し持っていた「死の政治学」を露わにし始めたのである。

他方アントニオ・ネグリは、同様の現代の現象にべつの光を当てて、新しい民主主義のかたちを求めようとしている。つまり資本主義の拡大によってグローバル化とテクノロジー化を加速している生権力は、生の隅々までを対象にし、徹底的に管理しようとするがゆえに、逆説的に、その管理からはじきだされる「生」が遍在的に夥しく輩出されることになり、その不安定で無定型な「生」が、旧来型の政治的抵抗やアイデンティティ・ポリティクスとは違うかたちの抵抗の潜勢力となるというものだ。統治管理と抵抗との関係は、思えば、フーコーの議論の躓きの石でもあった。というのも、フーコーの主体化＝隷属化の議論は、言説権力のネットワークのなかで主体化＝隷属化しない者を想定していないからである。いやむしろ、そのような者を想定しないところに――つまり、権力を一方向的なものと捉えず、言説実践のかたちをとった双方向的な人口生産の磁場を洞察したことこそ――フーコーの言説理論の卓越性があったと言えるだろう。だからこそ、主体化＝隷属化しない者を、「犯罪者」や「狂人」や「非異性愛者」として排斥しつつ包摂する近代の装置（監獄・精神病院・セクシュアリティ規範）の系譜学的論考を、彼はおこなうことになったのである。

しかもさらに近年では、このフーコーの包摂／排除装置さえも一方向的な規範化実践と思えるほどの網羅的な生管理が進行している。たとえば、近年の臓器移植や生殖技術をめぐる犯罪の定義においては、全き生の理念と、身体組織の断片化・否定化・殺害化が共存しており、また株投機やインターネットをめぐる犯罪は、近代のフォーディズム的な労働力と価値の関係をなし崩しにしている。また脳科学・脳医学による精神と身体の境界の液状化は、人間の行動や情緒の機能的管理を生み出す可能性を持ち始めている。生権力の装置／テクノロジーは、「より良き生」の幻想を肥大させつつ、資本と結託して、さまざまな場面で、またさまざまな方向で、生権力の外部――つまり主体化＝隷属化されないカテゴリー――を無想定としつつある。これこそ全面的統治をその根拠とする生権力の当然の帰結であるが、しかしそれはまた皮肉なことに、この生権力の言説ネットワークに超越的な権力を、そして主体化＝隷属化へ突き進む市民に身体化され内面化された統一的な主権概念を賦与するものとなる。いかなる抵抗の地点をもシステムに回収する言語的全体主義とでも言うような虚構が、グローバルに実体化していくのである。フーコーがパノプティコンという一望監視システムを理論化したのは、この文脈では当然のことと言えよう。

しかしそれはやはり、いかに網の目のように遍在しているにしても、生権力の無謬性をア・プリオリに措定するもの、まさに言説的全体主義であって、外部を抹消するという超越的システムは、抹消したはずの外部によってつねに攻撃・抵抗を受ける被傷性を必然的に備えるものとなる。では内側に取り込まれつつ排除される外部は、どのような抵抗を、システムに対して可能にしていくのかが、次に問われることになる。近年フーコー的な主体化＝隷属化への抵抗として、フェミニズムの文脈では物質性・身体性が言挙げされるが、物質や身体はそれ自体が抵抗の拠点となるのではなく、物質や身体の別様の組み替えがシステムへの夾雑物となると考えるべきである。むしろ論じなければならないことは、そのような別様の身体認識を稼働させる「自己」の有り様である。というのも生権力は、単に生あるいは身体を権力の対象とするのではなく、それを自然化する「近代的主体」「近代的自己」を生み出したからである。

こう考えると、フーコーが早すぎた晩年において、社会のテクノロジーではなく、「自己のテクノロジー」へと関心を振り向けたのはむべなることである。晩年のフーコーは、「自己への配慮」あるいは「自己の実践」が「権力転換」(Foucault, b 7-8)の契機になりうると考えた。自己の実践とは、人が「自らの行動を問いかけ、それを見張り、それに形を与え、そして自らを倫理的主体として形成する」(Foucault, a 13)営為である。権力が上意下達的な権力ではなく、ミクロな場所で発生して、主体を参与的に形成する言説権力であるかぎり、それに対する対抗＝形成がなされるのは、まさに権力が発動される言説実践の場であり、自己が自己に問いかけ、自己に向き合うときである。フーコーはこれを、「「倫理的で詩的な」機能」(13)と呼んだ。そのような「倫理的主体」は、統一性や体系性や目的性をそなえた価値基準や宗教信条や理論秩序を背後に有するものではなく、また倫理的主体そのものも、首尾一貫性をそなえたものではない。倫理的実践とは、「今この行為」という現在性《アクチュアリティ》のなかで自己にはたらきかけ、「つねなる他者、あるいは非-我」(Deleuze, 98)を自己に重ね合わせることである。自己への倫理的な関与は「自己への支配」であるが、だがそれは、他者との関係の強度に裏打ちされた自己との対峙である。したがってフーコーについてドゥルーズが語ったように、「わたしは外部でわたしに出会うのではなく、わたしのなかに他者を発見する」(98)のである。

実際このことは、今世紀初めにわたし自身考えていた方向性であり(竹村a、二五一―五四)、このような内主体的倫理のみが、間主体的政治にコミットする方法だと結論づけていた。けれども現在では、これとは少し違う方向に考えを進めている。しかしネグリは、フーコー、ドゥルーズという流れのなかで、これと同じようなことを語る。

> 「貧困の力」……とは、ある契機をきっかけに出現する存在論的な非連続性を起点にして確立される力である。その契機とは絶対的な傾向性をもつ非-存在がつくる契機であり、潜勢力に我が身を開く必要がつくる契機であり、また抑圧されえない欲望がつくる契機である。……〔これによる〕飛躍はもちろんリスクを引き受けることになるが、いかなる場合においても、自らの内に、想像可能な生そして/あるいは解放の選択の全体性を担っている(ネグリ、二二五 強

調引用者)。

そして彼はこの貧困の状態から、その内部に潜勢する力を展開させようとする欲望――すなわち彼の言葉で言う「愛」――によって、彼が言う〈共《コモン》〉――政治的なもの――への道筋を開き、それがマルチチュードの形成へと導くのだと、つまり生権力の行使に対抗する〈共〉の行使になると述べていく(二二五―二二九)。

晩年のフーコーが自己への省察において、不定形ではありつつも、ある意味で克己的と言えなくもない「倫理的なもの」にシフトしたのに比し、ネグリはむしろ情動や感情といった、それよりもさらに動的な変容性を秘めたエネルギーをバネにし、「創造的な抵抗」の希望を語っていく。しかしそのさいにわたしが留保をつけたいのは、自己の内なる非‐連続性が、「抑圧されない欲望」を介して、はたして〈共〉に結びつくだろうかということであり、またむしろ逆のケースになることが多いと思われるときに(ネグリもまた、「これはリスクを引き受けることになる」とは述べている)、この段階に留まった思考で良いのだろうかということだ。

近代を論じたフーコーにも、ポスト近代を論じるネグリにも共通していることは、「人間」というカテゴリーを一貫して手放さないことである。ネグリの場合は、いかに抵抗としての「剝き出しの生」が語られても、それはあくまで、「抑圧されない欲望」を持ちえる人間である。しかし歴史的に普遍的な人間なるものは存在せず、近代の民主主義は、近代市民というカテゴリーに枠付けられたものとしての「人間」を創成したにすぎず、そして近代市民の定義に深く関わる性配置によって、つまり欲望の配分と定義によって、「近代的人間」――つまり政治的抵抗のエイジェンシーとみなされる人間――が立ち上がってきたのである。ネグリが看過しているのは、そのような近代的な性配置の非対称性によって抑圧されてきた非-男性性(女性性や非異性愛)ではなく――彼は六〇年代の女性運動を、マルチチュードの範例の一つと賞賛している――、そのような偏向的な性配置が(部分的ではあれ)解消されたのちの生権力のなかで現出する新しいタイプの人間、つまり近代の欲望の軸では説明できない非-近代的人間と、そしてそのような人間がはらむ抵抗の「暴力性」である(Takemura; 竹村b)。

言うまでもなく生権力は、身体に対して、つまり身体認識に対して働きかける(フロイトは「自我とは、なによりもまず身体自我である」(Freud, 26)と語った)。そして身体認識をつうじて、市民主体つまり男性的な市民主体、男性的人間モデルをつくったわけだが、フェミニズムの努力と、皮肉なことにグローバル資本やポスト・フォーディズムの生産体系やテクノロジーの進展は、そのような性別化された主体認識を部分的に瓦解させている。それは一面では解放であり、他方では、不平等なシステムのなかで仮想的な平衡が取られて閉じ込められていた暴力が跋扈する契機でもある。つまり、男女に非対称的に配分され、家族や国家の強力なタガのなかで、別様に解釈されて社会的認可が与えられていた暴力(たとえば男性性に本来的に備わるとされてきた攻撃性とか、一国民の安寧のための戦争という大義など)が、その留保を取り払われ、不定型に、遍在して噴出し始めている。たとえば近年日本で頻発している家族関係上のさまざまな殺傷事件や、少年少女による暴行殺害、市民によるテロの恐怖に怯えるイラク駐在米軍の状況、アブグレイブの虐待、国境を越える傭兵兵士の存在など、その多くは依然として近代的パラダイム内部の人間主義によって短絡的に解釈されようとしているが、いまだにその根本的な暴力メカニズムは解明されていない。事実、マルチチュードのための「再領有の権利」である「情動への自由なアクセスとそれらに対する統御」は、「マルチチュードの疎外をもっと悪化させ、有害なもの」(ネグリ、ハートa、五〇四)にする危険性をもつと、ネグリとハート自身によっても断り書きがなされている。

マルチチュードは、新しいかたちの民主主義を希求するものである。しかし近代の民主主義を根本から支えていた近代的人間の公式、その欲望の配備が変容し、人間の外延そのものを再考すべき時代にあって、マルチチュードを構成する非‐個人をどのように再公式化するべきなのか。そのおりに現実にふるわれる暴力(パワー)と、言説機構を変革する革命的力(パワー)を、どのように弁別していけば良いのだろう。

たしかにネグリが批判するように、アガンベンやジャン＝リュック・ナンシーは「マージナルな抵抗」(ネグリ、三九)のスキームしか提出しえていないとも言えるだろう。「無為」へと傾斜する存在論的議論は、たしかに統治管理をミクロにもマクロにも加速度的に増幅させているグローバルな生権力を前にして、あまりに自閉的で脆弱と言うことができるだろう。しかしネグリにおいて見過ごされているのは、脱人間化・脱擬人化が進行している現状への視座である。生政治の巨大化は、量的事柄ではなく、質的事柄、つまり構造的変異をもたらすものだ。マルチチュードを政治運動として推進するにあたって、その構成要素たる人間の主体‐自己の形象は、もはや後期フーコー的意味での抵抗の倫理だけで説明することは困難である。自己の内なる不連続性をマルチチュードの力へといかに変容させるか、はたして変容させることが可能かどうかについては、ネグリがあまり言及していない精神分析的視点そのものをアップデイトすること——すなわち「抑圧されない欲望」がはらむ暴力の再分節化——によって、再吟味していく必要があるだろう。それは「死と同じくらい強力な愛」(ネグリ、ハートb、(下)二五五)と「死」が、(非)身体のうえで交差する地点の考察となるだろう。

*本稿は、(財団法人)国際文化会館によって企画開催された「アントニオ・ネグリ初来日記念プレ企画」でのパネル・ディスカッション「〝アントニオ・ネグリ　反逆する時代の知性〟」(二〇〇八年二月八日)で発表された原稿を若干整えたものである。

文献

Foucault, Michel, a. *The Use of Pleasure*. 1984. Trans. Robert Hurley. New York: Random House, 1985.（ミシェル・フーコー『性の歴史——快楽の活用』田村俶訳、新潮社、一九八六年）

——, b. "The Ethic of Care for the Self as a Practice of Freedom." 1984. *The Final Foucault*. Eds. James Bernauer and David Rasmussen. Cambridge, MA: MIT Press, 1988. 1-20.（ジェイムズ・J・バーナウアー、ディヴィッド・M・ラズミュッセン編『最後のフーコー』山本学ほか訳、三交社、一九九〇年）

Deleuze, Gilles. *Foucault.* 1986. Trans. Sean Hand. Minneapolis: University of Minnesota Press, 1988.（ジル・ドゥルーズ『フーコー』宇野邦一訳、河出書房新社、一九八七年）

Freud, Sigmund. "The Ego and the Id." 1923. *The Standard Edition of the Complete Psychological Works of Sigmund Freud* 19. Hogarth Press, 1961. 3-66.（ジークムント・フロイト「自我とエス」『フロイト著作集』第六巻、井村恒郎・小此木啓吾ほか訳、人文書院、一九七〇年）

Takemura, Kazuko. "Human/Inhuman: Death and Life in Biopolitics."『F-GENSジャーナル』一〇号、お茶の水女子大学、二〇〇八年、五二―五七頁。

ネグリ、アントニオ『さらば、〝近代民主主義〟』杉村昌昭訳、作品社、二〇〇八年。

ネグリ、アントニオ、マイケル・ハートa『〈帝国〉――グローバル化の世界秩序とマルチチュードの可能性』水嶋一憲・酒井隆史・浜邦彦・吉田俊実訳、以文社、二〇〇三年。

――b『マルチチュード――〈帝国〉時代の戦争と民主主義』（上下）、幾島幸子訳、水嶋一憲・市田良彦監修、日本放送協会出版、二〇〇五年。

竹村和子a『愛について――アイデンティティと欲望の政治学』岩波書店、二〇〇二年。

――b「生と死のポリティクス――暴力と欲望の再配置」、竹村和子編著『欲望・暴力のレジーム――揺らぐ表象／格闘する理論』作品社、二〇〇八年、二三八―五四頁。［本書第一四章］

第一三章　暴力のその後……
——「亡霊」「自爆」「悲嘆」のサイクルを穿て——

将来の戦争の種をひそかに保留して締結された平和条約は、けっして平和条約とみなされてはならない。
——イマヌエル・カント『永遠平和のために』

今春［二〇〇三年］ギリシア国立劇場が、日本でソフォクレスの『アンティゴネー』を上演した。国立劇場の海外上演は、ギリシア政府が二〇〇四年オリンピック開催を記念して、自国から発信する文化オリンピックと銘打ち、世界各地でおこなっているもので、『アンティゴネー』はその主要演目の一つである。しかしこの戯曲がソフォクレスの代表作とはいえ、またこれまで数多くの思想家や作家の興味関心を呼び起こしてきたものとはいえ、ギリシアの文化遺産を世界規模で宣伝するさいに、はたしてこれがまっさきに取り上げられるものだろうか。なぜこの戯曲が、ギリシア政府の後援で上演されたのだろうか。

しかしこの疑問は、あらためてこれを舞台で見たときに、その解答の一端を得たように思った。

上演プログラムのどこにも記されていないが、この劇の上演が示唆しているのは、ギリシアと地続きの隣国、旧ユーゴスラビアの解体に伴う内戦と、その後の悲劇的混乱ではないかと思えたのである。それらの内戦は、民族紛争・民族浄化と言われているが、実際は血縁や姻戚関係をもつ者どうしの血で血を洗う悲惨な戦いの様相を呈しており、そしてともかくも内戦が表面上は休止したかに見えたときに向き合わなければならない課題とは、その「戦後」をどのように治世するか、戦いにおける局所的大義をいかに普遍的正義に読み替えて、「平和」を獲得していくか、そのとき暴力はどのように調停されるのか、あるいは地雷原のように身を潜め、次なる暴力を生みだしていくのかということである。いまだにその地においても、和平は実現していない。むしろさらなるトラウマ、暴力、ディアスポラを生みだしている。そしてなにもこれは、ユーゴに限ったことではない。自国ギリシアとトルコ、イスラエルとパレスチナ、インドとパキスタン、ロシアとバルト三国・中央アジアのあいだで、そして東欧諸国、イラク、アフガニスタン、中国、コンゴ等々で、冷戦構造終結後はとくに、雨後の筍のように紛争が勃発・拡大し、テロが頻発している。まさにこのような時代に、ギリシア国立劇場はアンティゴネーの悲劇を携えて世界を回っている。

古典劇『アンティゴネー』は、兄弟同士の戦いが終わったのち、斃れた兄の埋葬をめぐって、その妹が引き起こし、我が身にも経験した悲劇を描いたものである。言葉をかえれば、戦いの絶対的大義など何処にもないにもかかわらず、敗者と勝者を分けた悲惨な暴力の「その後」の処理をめぐって、いかに「平和的解決」が先延ばしされるか、いやむしろ暴力が累乗化されるかを寓話化した劇が、『アンティゴネー』だと言えるだろう。

わたしがギリシア国立劇場の上演を見たのは、偶然ジュディス・バトラーの『アンティゴネーの主張』の邦訳を上梓した直後だった。この本でバトラーは、国家の欲望と親族の欲望が発話可能性をめぐって交差していること、また隠蔽されたセクシュアリティが乱交的服従を介して公的言説に接ぎ木される様子を考察した。ソフォクレスの古典劇を〈近代国家〉と〈近代家族〉の問題として論じたへーゲルやラカンを、更に二〇世紀最後の年に批判的に読んだ彼女の議論は、それ自体、独創的で斬新である。しかしどちらかと言えば、アンティゴネーのポストファミリー言説に集約していく彼女の読みは、（むろんそこでは公的人物としてのクレオーンの自家撞着や、オイディプスのクィアネスについても目配りされてはいるものの）現在の戦闘地勢と『アンティゴネー』上演との共約性、共時性に蒙を啓かれた思いのわたしには、不十分だった。

本稿では、「暴力のその後」にいかなる裁定・正義・平和がありえるのか、暴力で逝った死者はいかに弔われるのか、そのとき公的なものと私的なものはどう切り結ぶのかを、アンティゴネーの死に至るソフォクレスのテーバイ三部作の再・再読をつうじて考察する。そのさいに、これらのテクストを、古代から続く普遍的な文学的価値を表象したものとしてではなく、現在の読者の文脈のなかに存在するテクストとして再読したい。なお本稿は、暴力・狂気・裁定についての考察の序章をなすものである。

1　テロリストの亡霊――デリダのオイディプス読解に抗して

彼は最後の住まいに歩みを進め、そこで消え去り、そこで埋め隠され、暗号化されます。地下の墳墓のさらに奥深くに。

――ジャック・デリダ『歓待について』

周知のようにアンティゴネーはオイディプスの娘だが、オイディプスは、『オイディプス王』で語られているように、無自覚のまま父殺しと母との近親姦をおこない、おのれの「罪」を知ったのちは、自らを呪って自国テーバイを去った人物である。その後、彼が荒野を彷徨ったのち、アテナイに迎え入れられ、そこで死を迎える様子は、『コローノスのオイディプス』に描かれている。『アンティゴネー』はその後日談であり、オイディプスの息子たちの争いが終結したのち、その後処理をめぐるアンティゴネーの反抗が語られる。

しかしこの一連の悲劇は、物語の時系列順に創作されたのではない。『アンティゴネー』『オイディプス王』『コローノスのオイディプス』の順番で執筆された。物語の時間と創作時期の転倒については、バトラーがオイディプスの兄的な属性を論じるさいに指摘しているが、ここで問題にしたいのは、『コローノスのオイディプス』で描かれているオイディプスの埋葬の意味、さらには『オイディプス王』におけるライオスの埋葬の意味である。というのもアンティゴネーの悲劇は、直接的には兄ポリュネイケースの弔いの禁止によって引き起こされたが，遡れば父オイディプスの埋葬の秘匿，ひいてはその父ライオスの追悼の欠如に端を発すると考えられるからだ。そこでまず，戦いの連鎖を引き起こす弔いはどのようなものかを考察するために，本節では『コローノスのオイディプス』と『オイディプス王』を検証する。そのさい議論のスプリングボードとして参照するのは，ジャック・デリダのゼミナール記録『歓待について』で展開されているオイディプス分析である。

オイディプスは自らの「罪」のために，あるいは自らの行為を「罪」と裁定する掟のために，故国を離れ，異郷を流浪する身となる。彼が表徴しているのは，デリダの言葉を使えば，「「居場所を追われた人々」……亡命者，流刑者，追放者，根なし人，無国籍者，不法の遊牧民，絶対的な余所者たち」(Derrida, c 87, 89)，すなわち政治(経済的理由や社会的迫害も含めて)の力学のために，ホーム(家，共同体，国)を追われたディアスポラたちである。だがデリダは，異邦人にとって決定的に重要なことは，「その生まれによって異邦人になる」(87)ことではなく，その「死と弔い」(88)がいかなるものになるかだと言う。デリダによれば，異邦人は人生の最後には，「埋葬された死者たちが最後の安息を得る場所に……戻りたい」(87)と願う。しかし異邦人がどんなに願おうとも，ホームに自分の墓を建てることはできない。なぜなら，異邦人がいまだに異邦人であるかぎりにおいて，異邦人はホームとは相容れないからだ。またかりに異邦人の墓がホームに建てられるなら，異邦人の生と死の軌跡がそこに刻み込まれることになり，異邦人を追放したホームは，「他者」である異邦人の到来によって，おのずとその内部配置を変えていく可能性をもつからである。そのときホームは、異邦人を否認したホーム（故国・故郷・生家）ではなく、異邦人が住みうる新しいホームへと姿を変えていく。いわばそのときには、デリダがこの講演の中心話題としているような「歓待」、主客が転倒する歓待がなされていくことになる。

したがって、オイディプスを依然として逸脱者とみなしたままのクレオーン（テーバイの国政者であり、オイディプスの親族を束ねる家長）は、オイディプスの故国への帰還を認めない。クレオーンは、オイディプスを故国のなかではなくて、「国ざかいに住まわせ」(Sophocles, c 221 強調引用者）、そこに葬ることによって、その死においても彼を排除しつつ彼を「自分の手のうちに置こう」(185)とする。クレオーンが試みようとしたこの処遇は、他者を排斥する権力が、他者を完全に追放するのではなく、〈否定〉の刻印をつけた表象可能な不可能性として、つまり禁忌のための見せしめとして、その「死」を利用するイデオロギー操作の典型と言えるだろう。

当然のことながらオイディプスは、この策略を拒否する。そのため彼が求めたのは、移り住んだ場所で死ぬこと、そこに自分の墓を作ることであり、それを可能にするために、アテナイを自分の終焉の地としてくれたら、ここに永遠の繁栄をもたらすと約束する。そしてその条件としてアテナイの王テーセウスに課したのは、自分の墓所を秘密にすることだった。テーセウスはそれを約束する。この物語の運びには、異邦人を打算からではなく、「歓待」の心で受け入れたアテナイを（なぜならテーセウスはこの条件を聞くまえに彼を迎えることを決めていた）、そしてとくにそのコローノス地方を（ここが作者の生地であるゆえに）、祝福の地として称えようとする意図が見え隠れする。

だがそのような「歓待」は、ソフォクレスがこの最晩年の劇(だけ)で称揚したほどには、またデリダが歓待の(おそらくは)肯定的脱構築の範例としたほどには、「平和」を約束するものではない。なぜならこの種の歓待こそ、『アンティゴネー』ですでに描かれたように、暴力と悲惨さを呼び込むものであるからだ。

デリダは、娘から喪の可能性を奪う埋葬の欠如について、「これほどまでに寛大で、また毒をはらんだ贈与の形式があるでしょうか」(Derrida, c 93)と述べる。だが娘が受け取った贈り物は、直接オイディプスから与えられたのではなく、テーセウスの歓待行為に付随する結果としてもたらされた。そしてその歓待は、次の二点において「毒をはらんだ贈与」だった。一つは、それが埋葬の秘匿に関わる歓待であったこと、もう一つは歓待の事実を公にしても、その内実を私有化《プロパタイズ》・固有化したことである。

オイディプスは、「最後の住まいに歩みを進め、そこで消え去り、そこで埋め隠され、暗号化されます。地下の墳墓のさらに奥深くに」(105)とデリダは語る。これは何を意味するのだろうか。アンティゴネーは、これによって父の喪の機会を奪われる。デリダによれば、そのようなアンティゴネーにとって、父はすでに彼女には遠い存在、「よそよそしくなった異邦人」であり、彼女の呼びかけは「異邦の男に対する異邦の女の問い」になると言う(113)。だがはたしてアンティゴネーは、父を「彼女にとってよそよそしくなった異邦人」とのみ思っているのだろうか。いや彼女は父を、彼女自身からかけ離れた「遠い」他者としてではなく、けっして近づけないがゆえに、また(デリダの言葉を使えば）「愛の究極の証」(99)として近づくことを禁じられたがゆえに、彼女自身の存在を根幹で支える――そして比喩的に言えば、彼女の一族《キン》を象徴的に率いる――《至高の存在》として、ふたたび身のうちに引き入れたのではあるまいか。この昇格化が、彼をいまだに排斥している自国ではなく、他国においてなされたがゆえに、なおさら現実を削ぎ落とした象徴として高く飛翔する（深く根を張る）ことになった《父》は、彼女たちに力を与え、また彼女たちに隠然とした力をふるっていく。

アンティゴネーたちの集団とは、「異邦人」としての集団、暴力的に住処を追われたディアスポラの集団である。異邦人は、自分たちが経験した排除の暴力、禁忌の暴力の具体的内実を、もはや問い糺すことはできない。なぜなら排除や禁忌の具体的因果性や歴史的経緯は捨象され、その暴力の犠牲者の死は、その「現実」において弔われることが不可能になったからである。その死は、地下の墳墓のさらに奥深くに「埋め隠され」、それによって逆説的に、いかにしても拭い去れない憎悪と怨念の歴然としたしるしとして、その姿を顕し出す。その結果、排除の暴力によってその存在を否認された者の怒りと苦しみは、応報を求める〈血の法〉となり、死者から生者へと移譲されていく。敵対者から受けた暴力を、敵対者に向け返す暴力の根を宿しながら。

オイディプスは生まれ落ちたとき、太い釘でくるぶしを貫かれ、それがもとで「腫れた足」オイディプスと呼ばれるようになった。釘でくるぶしを突いた理由は、「死を早めるため」のほかに、死後、亡霊として歩けないようにするためだと言われている。だがオイディプスはくるぶしを突かれても死なず、さらにその死後も、彼の「亡霊」は歩き、彷徨う。それはデリダが他所で語っているような、未来の正義の痕跡を過去から運ぶものではない。たしかに亡霊は、「正義がまだない場所、まだそこにない場所、もはやなくなってしまった場所、いわばもはや正義が、法や権利に還元しうる法としてしか現前しなくなり、これからもしない場所」(Derrida, b xix)に徘徊する。その意味でオイディプスの亡霊は、つねに彼に拒絶されてきた正義を求めてはいる。だがそのような熾烈な正義への希求が、いつもどうしようもなく阻まれるとき、怨嗟の呻きを吐き出しながら生者のあいだを彷徨う亡霊も、また出現する。アンティゴネーは父の「奇怪な死に方」を聞いて、「禍いが降りかかる……もっとも酷い禍いの、さらに酷い禍いが」(Sophocles, c 301, 303 強調引用者)と嘆いた。

　思えばオイディプスの父ライオスも弔われなかった。彼は死んだはずの息子に山中で出会い、争いのすえ殺された。彼の死は旅先の不慮の事故であったために、親族による追悼はなされず、彼の遺体は他国の王によって葬られた。しかしここで問題なのは、形式的な葬儀ではない。喪・追悼は、生の貴重さに照らして、死の重大さを認識し、死者の死とともに、その生を見極めようとするものである。当然ながら、暴力的な死に見舞われた死者については、その暴力がふるう力や意味を深く問いかけるのが、死者の死にとってだけではなく、死者の生にとって、また死者と同じ境遇を生きる者たちの生にとって必要不可欠であるはずだ。むろんそれは、レヴィナスが否定しているような「死に抗して自己を肯定するような裁き」(レヴィナス、三七三)、そのような弔いであってはならないだろう。死者と生者を分け隔て、そしてその隔てを覆うものが生者の「言語」であることを心に留めつつ、それでもなお死者の死に、そしてその生に近づこうとするのが、またそれが死を悼む生者の生への踏み出しとなるのが、追悼だと思われる。

だがライオスの場合「その死を糺す者は誰もおらず」(Sophocles, d 17)、追悼はなされなかった。もしも「十分な調べ」(17)がなされていれば、先に手を出したのがライオスだったこと、したがってオイディプスの行為は殺人ではなく、正当防衛でもあったことが判明しただろう。またなぜライオスがその地を旅していたかに話が及べば、その時点でオイディプスの身元が判明し、母との近親姦は避けられたかもしれない。いやさらに、なぜ実子を葬らねばならないほどの神託がライオスに下ったかにまで思いが馳せられれば、ライオスが結婚前、クリュシッポスという若者に夢中になり、このライオスの同性愛に対して呪いがかけられたことがわかっただろう。そうなれば、ライオスの後半生を恐怖に閉ざすほどに、また実子に殺害される顚末になるほどに、はたしてその倒錯の「罪」は重いのだろうかという問い、またかりに近親姦がなされたとしても、その「罪」もまたそれほどに重いのだろうかという問い、さらには同性愛や近親姦をタブーとする法が、(以下の節で述べるように、公私の区分において)人々にいったい何をもたらすのかという問いまでもが、投げかけられたかもしれない。だがライオスにまつわるこれらさまざまな生と死の意味の追求は、彼の死の直後においても、また死の顚末が明らかになったときにも、彼の追悼がなされなかったために、完全に潰えてしまった。ライオスは一毛なりとも加害者とはみなされず[1]、またライオスとて父＝兄の二重性の当事者であることも忘れ去られ、ただ単にオイディプスの悪しき行為の被害者として、そしてまさに字義的な意味で男根的な《父＝法》として君臨し、のちのちのオイディプスとその子らを呪縛していく。(2) ライオスは、まさに自分自身(の欲望)を抹消した《法》と同じ次元で、その《法》の欲望の象徴となり、《法》の暴力を加算していくのである。

ギリシア悲劇において、オイディプスやその子どもたちの人生に起きた出来事は、人間の恣意的作為によるものとはみなされない。それらは人知を超えた「悲劇」として、神々に通じる「宿命」として語られる。だがこの三作品で連綿と続く暴力の連鎖は、暴力の出所を現実の力学のなかにおいて、その複雑な因果関係を丁寧に見極め、それによってその因果を統べる法(この場合は、神託の形式をとる)の外に足を踏み出そうとはせず、その法のなかに訪れる「理不尽な暴力」として象徴化することによって生じているように思われる。

ヴァルター・ベンヤミンは「暴力批判論」のなかで、「神々の単なる宣言」(Benjamin, 294)である「神話的暴力」は、「純粋な領域を開くどころか、そもそも根本的には、すべての法的暴力と同じものであり、法的暴力への漠然とした懐疑を、その歴史的機能の害悪に対する確信へと変えていく」(296)と述べた。ベンヤミンが言う「神話的暴力」とは、「法を措定し……境界を画定し……罪と応報を生じさせ……人を威嚇し……血塗られる」ものである。とすれば、テロリストの法、テロリストの大義もまた、これと同じではないだろうか。たとえその探求がいかに苦しみに満ちたものであり、また不可能と思えるほどの困難さを抱えるものであったとしても、我が身が被った暴力の複雑な歴史を明らかにしようとはせず、その意味を秘匿し、その悲惨な結果のみを神殿に掲げる。誰もそのそばに近づけない神殿、呪詛の言葉のみが発せられる神殿、血と応報の法が祀られる神殿に。だがテロリストとは、不当に排除され、「神話的暴力」を自分たちの「法」とするまでに追い詰められた「異邦人」の集団だけを意味しない。国家が特定の政治目的の達成のために、暴力や威嚇を通じて恐怖状態をつくりだす行為もまた、暴力の「犠牲者」たちの神殿を必要とする。靖国神社のように、(アフガン攻撃やイラク戦争に利用されるときの)ゼロ地点のように。神格化された場所においては、死者は祀られるが、追悼はない。死者の生を敬い、死者の死の重さと、死に至る道程への思いは紡ぎ出されない。不可侵な場所に匿われることによって、死は生と切り離され、生への希求ではなく、死への誘い、「冥界」にうずまく憤怒と憎悪と血を倦むことなく吐き出していくものとなる。テーセウスが「歓待」し、約束したのは、この種の埋葬であった。

デリダは、客人は向こうからやってくるのではなく、主人によって招き寄せられると述べた。主人は「気もそぞろに、客を救済者や解放者として待っている」(Derrida, c 123)と。そしてこれは「政治においても同じこと」で、「異邦人は外からやって来て、国や家、つまりホームに入りこみ、立法者として法を作り、その地の人々や国家を解放する」(123)のだと。たしかにそうだろう。しかし主人が異邦人の埋葬の秘匿を「歓待」としておこなうとき、異邦人は国や人々やホームを「解放する」のではなく、国や人々やホームをさらに閉じて、その結果、それらを危険に晒すはたらきをする。オイディプスはテーセウスにこう語る。

同じ心が、友の間にも、国と国の間にも、不動であることはけっしてない。……テーバイとあなたの間柄が今は陽光の中にあったとて、数知れぬ時は、数知れぬ昼と夜をその流れのなかに生みだして、そのあいだに些細なことから、この友交の絆を幾多の槍で引き裂くことだろう。

（Sophocles, c 207, 209　強調引用者）

そのような不和が訪れたとき、オイディプスの隠された墳墓は効力を放ち、敵（彼のホーム）を撃退するのだと、彼は確約する。なぜそれが可能になるのだろうか。その理由は、ホームに対する不満や怒りを象徴化する死者（犠牲者）の墓を、テーセウスが神聖化して、誰も手を触れることができないもの、それについては何も知らされないものとしたからだ。

異邦人を迎え入れはしても、彼／女たちを不可触なものとして、彼／女たちのホームの不正・不幸をその身にことさらに表徴させる。そのとき異邦人は迎えられてはいるものの、「国」のなかに迎え入れられてはおらず、まさにクレオーンがオイディプスに課そうとしたように、「国ざかいに住まわせ」られている。だから、たとえ「異邦人」が故国に呪いをかけるつもりはなくても、歓待した国が、彼／女たちの存在を〈負の贈与〉として利用したとき、彼／女たちは、主人の国のナショナリズムを掻き立てる機能を身に帯びる。異邦人を正式には招かず、不法移民としてひそかに受け入れる場合のように。たとえば異邦人に対して、不当に三Kやセックス・ワークの仕事を割り当てる主人は、もはやそのような不法移民なしには成り立たないまでの主客の逆転を、異邦人とのあいだに持つようになる。だがその逆依存が生まれるからこそ、主人は異邦人たちを公的言説から排除して、まるで現実には存在しない者であるかのように扱い、そして指示対象をもたぬ空虚なその表象(「異邦人」)のなかに、主人の激しい対外憎悪を充塡し、国家主義的テロリズムを醸成していく。たとえば石原都知事の「第三国人」発言のように。だから空虚な表象のなかで「生」を奪われた異邦人たちは、生きていても「死んでいる」者、不可視な者であり、なぜ社会的に死ななければならないかと問う、死者への追悼が、「主人」によってなされることはけっしてない。むしろ共同体の法は、他者の死の秘匿、その死の追悼の欠如によって作られると言えるだろう。

オイディプスが自ら望んだ埋葬の秘匿、テーセウスが高邁な心から供した歓待は、自国と他国をますますくっきりと隔絶し、戦いを準備するためにはたらいた。少なくともオイディプスがテーセウスにした約束が守られ、オイディプスが子らにかけた呪いが成就するならば。そしてこの作品が物語の時間を逆転させながら、三部作の最後に書かれたことからもわかるように、彼の呪いはすでに成就していたのである。

しかしたしかに「歓待」を機縁に、主と客、隠匿と顕現、脅迫と約束は、転倒を繰り返した。たとえば一見して、オイディプスという超法規的存在が、テーセウスの無私の歓待を招いたように見えるが、次のようにも解釈することができる。すなわちオイディプスの超法規性・超越性は、彼の過去の侵犯行為によってもたらされたのではなく、テーセウスの歓待のおかげで彼の死の秘匿が完成することによって、その不動の地位を得たのであり、と同時に、彼を罪人とする掟もまた不動のものとなった、と。しかしこの因果関係は通常は隠され、時間的に転倒されて、法の不動性、それを侵犯するオイディプスの超越性、それに触発されるテーセウスの無条件の歓待という時系列で解釈され、変更可能なはずの「結果」(歴史的な法)は、まるで変更不可能な「原因」(起源の《法》――必要悪)であるかのように詐称されていく。付け加えれば、テーセウスもまた、おのれがなした歓待によって呪縛されはするが、同時に、絶対的権力と安寧をそれによって保証されるという、二律背反的な状況に置かれている。

　このように二項対立や因果関係を脱構築するプロセスは、テーバイ三部作の場合、「解放」には向かわず、「悲劇」へとまっしぐらに進んだ。なぜならここには、ヘゲモニックな国＝家の掟をおのれの住処とする「男」たちはいても、そこから排除されている「女」たちはおらず、また「男」たちが実際に実行している倒錯性に関心が払われることもないからだ。オイディプスの墓の秘密は、今そばにいる娘たちではなく、彼が「その後」を託した同胞《フラター》の長男に継承されていく。だから逸脱者として彼を排除した《法》に対して、オイディプスがどのような呪詛の言葉を投げかけようとも、彼の呪いの言葉は、彼を拒絶した《法》を皮肉なことに反復することになり、その結果彼は、「父」ライオスが表象する男根的な家＝国家＝掟に再包摂されることになった。[3] いわばオイディプスとライオスはともに禁忌を侵しながら、またオイディプスとテーセウスは互いに認め合い、オイディプスとクレオーンは互いに憎み合いながら、そしてテーセウスとクレオーンは王という共通の身分のために、ともに同じ《法》に呪縛され、同じ《法》のなかで争い、脅し、殺し、協定するホモソーシャルな同心円の磁場――「将来の戦争の種をひそかに保留して」(カント、一三)交わされる絆――のなかに住まう住人だと言えるだろう。「同胞」として、ふたたびホモソーシャルな親密性のなかに加わったオイディプスを、真の意味での「異邦人」と呼ぶことはできない。

では血縁《キンシップ》や婚姻によって《法》のなかに取り込まれながらも、ホモソーシャルな《法》の親密性《キンシップ》から排除されているという、二律背反を生きる女たちの弔いとは、また女たちが弔う喪失とはどんなもののになるだろうか。そのときホモソーシャルな戦闘はどんな姿を見せることになるだろうか。

2　自爆／メランコリーの脱構築――バトラーのアンティゴネー読解に抗して

フロイトが言うように、メランコリー〔の〕言語は悲嘆の出来事となり、また言語は語りえぬものから湧き上がっているがゆえに、語りえるものの限界にそれをもたらす暴力を運んでくる。

――ジュディス・バトラー『アンティゴネーの主張』

愛する対象を喪失したとき、自我がおこなう精神作用を、フロイトは喪とメランコリーに分類した。彼はこれを臨床分析として提示したが、喪失に対する人の心的位置一般、また文化的・社会的配置までを説明する概念として、敷衍化されてもきた。フロイトの定義によれば、喪は、主体が何を失ったかがわかっている状態で、主体はその喪失を哀しみ嘆き、このプロセスのなかで喪失した対象を諦めていく心的作用である。喪が終わったとき、主体は喪失によって傷ついた自己を回復し、自己愛備給がなされて、新たな欲望へ向けて、つまり「生」へ向けて踏み出すことができる。

他方メランコリーの場合、主体は、喪失の事実や喪失した対象を見極められないほどに、喪失経験を重篤化している。このとき主体は、失われた対象とのあいだに自他分離の関係を設定できず、喪失した対象を我が身のなかに引き入れてしまう。自己と一体化した喪失対象は、そのような喪失の経験をし（てしまっ）た自己を見張り、自己を内側から叱責する〈超自我〉として君臨する。しかし主体はそもそも喪失経験を忘却しているので、そのような抑圧や自己規制が何に発しているのかがわからず、重く垂れ込める憂鬱、深いメランコリーのなかに閉じ込められる。この鬱状態のなかで、主体は自己愛を再形成することができず、自己の断念へと向かい、決定的には自殺、「死」へと向かおうとする。

本節では、「生」に向かう喪と「死」に向かうメランコリーがどのように交差するのかを、喪の機会を奪われたアンティゴネーにおいて分析し、望みなき戦いに斃れた死者が生みだす暴力、死、自爆について考察する。

アンティゴネーは父がかけた呪詛に対して、二律背反的な位置にいる。一方で彼女は、失意のオイディプスに死の直前まで連れ添った娘として、また高貴な父の血を引くゆえに、その遺志を継ぐ者として、父の呪いに身を投じようとする。事実アンティゴネーは、父の墓を見ることができないのを知ったときも、「父がそうしたいなら、従わねばなりません」(Sophocles, c 305)と語り、埋葬の秘匿によってもたらされる呪詛を引き受けようとする。だが彼女はこの台詞のすぐあとで、「〔自分たち（彼女と妹）なら〕この死の宿根を絶ち、自らの作った非運の宣告で墓へと急ぐ兄たちを止められるかもしれません」（305）と語る。

前者の彼女は、たとえ戦いや破壊に連座することになったとしても、《父の法》に我が身を組み入れようとする女――現在は二流市民ながら、ヘゲモニックな《父の法》への加担によって、いずれは一流市民になりたいと願う女――を表している。クレオーンとの口論の場面で、アンティゴネーは「〔クレオーンの命令に刃向かって〕あの世へ行ったら、父に喜んで迎え入れられると信じている」（Sophocles, b 383）と言う。他方で彼女は、自分がどんなに《父の法》に従ったとしても、兄弟たちとは異なって、いずれ父のようになることはできないこと、だから父から愛されはしても、つねに「可愛い娘」でしかない――性を刻印された同胞=血縁《キン》でしかない――ことを知っており、《父の法》の排他性・暴力性から離れて、その《法》の「異邦人」になろうとする。男たちの戦いを止めようとするのである。

しかし、父の呪いがその墓の秘匿によるにもかかわらず／そのゆえに、呪いを解く父の墓をもつことができずに、手ぶらで戦場へと向かわざるをえないアンティゴネーが、王位継承をめぐる兄たちの争いを止めることは、とうてい不可能である。ソフォクレス三部作はこの間の成り行きを省略して、アンティゴネーの物語を、兄たちの争いが終結した直後から始める。そしてここで三たび、追悼の欠如が書き込まれる。

これまで『アンティゴネー』における追悼の欠如は、ポリュネイケースの埋葬の禁止を指すと解釈されてきた。しかしクレオーンによって「正しい道と掟に則った葬儀」(317)をしてもらった弟エテオクレースには、はたして追悼がなされたのだろうか。ここでヘーゲルの主張を彼の意図とは逆に引用すると、「民族精神の単一な魂であり本体である政府は、二人の個人を容認することができない」なら、「国家権力を握る資格が双方に同等にあるゆえに」、彼らは「ともども不正をなした」(Hegel, a 493)こととなる。だがエテオクレースの弔いは、彼の戦いのこの前提、つまり彼の死の意味を無視しており、また前節で述べたように、追悼は死者の生と死の「現実」を見極めようとするものである。とすれば、彼の弔いは「正しい道と掟」に則っていたかもしれないが、その「道と掟」は、彼を死なせた秩序にとって「正しい」ものであったにすぎず(ふたたびヘーゲルを引用すれば、戦いの開始時に偶然彼が王位についていたせいで、彼の死に「正義」がもたらされたにすぎず)、その意味でエテオクレースにも追悼・喪はなされなかったと言える。換言すれば、死の現実を歪曲したままでおこなわれた彼の公的葬儀は、彼の喪失を曖昧化する「メランコリー」を生みだすものである。この種の弔いでは、暴力的に死んだ死者ではなく、暴力が祀られることになり、その暴力を体内化した列席者は、理由がわからぬ抑鬱状態のなかで、いずれ暴力へと突き進む。「死」へと向かう「メランコリー」な葬儀がおこなわれたのである。

あたかもそれと対比するかのように、アンティゴネーはポリュネイケースの埋葬を求める。弔うべき墓を奪われたにもかかわらず、唯々諾々と父の遺志に従った以前のアンティゴネーとは異なって、今回のアンティゴネーは、昂然とポリュネイケースの埋葬を主張し、それが叶わぬとみると、みずからそれをおこなう。では法を侵犯してまで履行した埋葬で、彼女はいったい誰を、何を弔ったのだろうか。弔う対象は、一義的には、「兄」ポリュネイケースである。しかしバトラーはこの埋葬の場面に、ポリュネイケースに対するアンティゴネーの近親姦的愛情を読みとる。

「ソフォクレスの劇の読みの多くは、ここに近親姦の愛はないと断言している」(Butler, 17)が、兄妹のあいだに近親姦を読みとるとき、『アンティゴネー』はさらに複雑なテクストになるとバトラーは言う。なぜなら、そうでなければ、この劇の対立は〈国家の欲望〉と〈血の欲望〉、つまりクレオーンが表象する〈公的なもの／男性的なもの／政治〉と、アンティゴネーが表象する〈私的なもの／女性的なもの／親族関係〉の対立——厳密には、前者を上位とする階層秩序——を示すものでしかなく、この両項のあいだには、いかなる曖昧さも、重なりもなくなってしまうからだ。この読みでは、国家概念、民族概念、公私の定義、男女の意味づけに現在つきまとっている〈境界〉の思想を、それと同じホモソーシャルな土俵での——つまり同じ象徴化・境界化の手段を介した——暴力の連鎖をもたらすだけである。さらにラカンのように、兄への近親姦を読みとっても、それを象徴秩序がその成立のために措定する負の「形式」とみなせば、これも、現有秩序(象徴界)を裏から補強することにすらなれ、それを切り崩すことにはならない。したがってアンティゴネーが兄に対して具体的な近親姦的愛情を持っていたと解釈することによってのみ、アンティゴネーの反抗は、「反抗」

という名に値する反抗となり、現有秩序がずらされる可能性を将来に向かって開いていくことができる。いわば兄＝恋人を弔うアンティゴネーの「追悼」は、現在の境界概念に基づく喪失対象の意味づけを、新しい意味づけへと変えていき、そのような喪失をもたらさない新しい「生」の様式を志向するものとなる。

さらにバトラーはイリガライとは異なって、アンティゴネーを、ただ単に現在の秩序の対極にいる反抗者とはみなさない。なぜならそうした場合、ちょうど女性性を男性性の対極に置くときと同様に、秩序の内部では生存不可能な「他者」となり、その秩序を支えてしまうからである。むしろ「形式」や「象徴」としてではなく、一人の生きた人間として、現実との交渉のなかでおこなうアンティゴネーの反抗のなかに、バトラーは制度攪乱の唯一の可能性を見い出そうとする。つまり、《父の法》に組み込まれながらも（自ら組み込みながらも）、しかし《父の法》の排他性を言挙げしなければならない被抑圧者の、その二律背反的な位置性のなかに、その《法》をこじ開ける可能性があると主張するのである。だからアンティゴネーがクレオーンの怒りをかい、地下牢に生きながら埋められてしまったことも、いやこの「生きながらの死」が指し示す「公的領域のメランコリー」のなかに――つまり公的発話をつうじて、追悼できない領域に触れていく反抗のなかに――「〔現在では〕理解不能な生が言語のなかに登場」しうる契機があるとバトラーは考える。(4)

しかしわたしはここでもう少し立ち止まって、追悼とメランコリーの差異やメランコリーと暴力の関係を考えてみたい。メランコリーのなかで語られる「言語は悲嘆の出来事となり、また〔その〕

言語は語りえぬものから湧き上がっているがゆえに、語りえるものの限界にそれをもたらす暴力を運んでくる」(80 強調引用者)とバトラーは説明する。著書の終わり近くで書かれているこの言葉は、以下に引用する結辞と呼応している。

彼女は行動し、彼女は語り、彼女は、発話行為が宿命的罪となるような者となる。だがこの宿命は、彼女の生を超え、それ自身の可能性に満ちた宿命、その倒錯的で前例のない未来の新しい社会形態としての理解可能性の言説のなかに入っていく(82 強調引用者)。

ここでバトラーは、「暴力」「宿命的罪」を、「新しい社会形態」の出現のために、やむを得ず引き受けなければならないものと捉えているようだ。だがその「暴力」「宿命的罪」という言葉に、バトラーはどれほどの現実感を与えているのだろうか。

前節で弔いの秘匿化・象徴化・私有化を論じたとき、これが、覇権的権力を誇示し行使する国家(特定の政治目的の達成のために、暴力的な恐怖状態をつくりだす国家)によっても、また暴力によってその存在を否認された「異邦人」(不当に排除され、「神話的暴力」を自分たちの法とするまでに追い詰められた者たち)によっても取られる戦術であることを指摘した。そしていずれの場合においても、これは暴力の連鎖をもたらすだけで、戦争・脅迫・一時的協定を繰り返すホモソーシャルな磁場から抜け出るものではないと論じた。ではこのような暴力と、アンティゴネーが「新しい社会形態」のために呼び起こす暴力とのあいだに、何か違いがあるのだろうか。ホモソーシャルな《法》から排除され、そしてその《法》ゆえに喪失を経験し、また何を喪失したかを言えない者が、その喪失対象の喪失に抵抗して喪失対象に近づこうとするとき、しかしそれでもなお完全にそれを摑み取ることができないときに「運び入れられる」暴力――しかしその「宿命的罪」ゆえに、「新しい社会形態」を現出できるかもしれない「暴力」――は、悲惨さや惨禍をもたらさないのだろうか。象徴化が引き起こす連鎖的暴力と、象徴作用に穴を穿ち、その暴力の連鎖を断ち切ろうとするときの暴力のあいだには、暴力の承認をめぐる何かの序列、超越的で非歴史的な何かの価値づけがあるのだろうか。

喪失対象の喪失は「語りえぬもの」を生みだす。そして「語りえぬもの」を胚胎したメランコリーは、「語りえるもの」の限界にその暴力を運んでくるとバトラーは言う。またフロイトは、喪失対象も喪失経験も霧散させたメランコリーの受苦者は、自らの死を顧みない、いや自らの死を望むまでの破壊に突き進むと言う。ここでは、暴力的な喪失→喪失対象の喪失→「語りえぬもの」への接近→メランコリー→暴力の体内化→自己放棄、破壊、喪失……が繰り返される。であるならば、この循環から抜け出す方法、そして暴力的に逝った死者の弔いから、「暴力」や「破壊」という語彙を取り除く可能性は、わたしたちに残されていないのだろうか。

アンティゴネーの埋葬の問題に戻ってみよう。ここには奇妙な転倒がある。アンティゴネーの悲劇は、彼女が禁じられた埋葬をおこなったことではなく、その行為によって罰せられ、彼女自身が禁忌となり、地下の墓に生きながら閉じこめられ、そこで命を絶ったことにある。彼女のこの末路のために『アンティゴネー』は悲劇となっており、法を侵してなされる追悼だけでは、反抗や解放の物語にはなっても、悲劇にはならない。しかし逆に言えば、アンティゴネーの自死ゆえに、この物語は反抗や解放の物語として貫徹することができなくなった。

ところで前述したように、彼女はポリュネイケースを「兄」としてだけではなく、愛する「恋人」としても弔っており、そのことによってアンティゴネーとクレオーンの対立は、単なる親族関係と国家、私的領域と公的領域、女と男の対立ではなく、国家・公的領域・男性性を枠づけてきた境界を揺るがし、その境界の内部で繰り返される境界画定の戦いを相対化しうるものとなった。クレオーンが罵倒して連発する「女」という言葉は、彼がこれらの二項対立の瓦解に気づいており、アンティゴネーへの処罰は、それへの防衛措置であると解釈できる。しかしクレオーンは、アンティゴネーを地下牢に閉じこめはしても、「僅かばかりの食料を与えて」、生かしたままにしておいた。この処遇は、「国中が穢れを受けずにすむよう」(Sophocles, b 375)な負の象徴としての「死者」の利用であるが、生きながらの死と実際の死とでは、その象徴化の道程が異なる。生きながらの死においては、「死者」からの言葉が発せられる。未来の可能性というだけではなく、「死者」が生きているという月日のために、死の象徴化は完全には遂行されない。けれども実際の死は、死者とのあいだの「絶対的な隔たり」を生者にもたらす。

にもかかわらず、彼女はそこで自殺した。これは彼女の抵抗だろうか。だがどのような抵抗であれ、それが「死」であるかぎりにおいて、「語りえぬもの」を引き出そうとするプロセスを、送り届けることはできない。むしろ死は、「語りえぬもの」を摑み取ろうとする激しい希求に、終止符を打つ。彼女の自殺は、もはや追悼行為をし続けていくことはできないと、早々と絶望した彼女が、喪失対象の分節化を禁じる「公的メランコリー」に殉じたものと言える。アンティゴネーは「追悼」を諦め、「メランコリー」へと向かい、そして自己放棄、自死へと至った。

そしてこの死によって、新たなる死が次々と引き起こされた。許婚ハイモーンとその母エルリュディケの自殺である。しかしこれらの死もまた、彼女の反抗を引き継ぐものではない。むしろ「語りえぬもの」を呼び起こそうとする彼女の追悼——血と国、私と公、女と男の境界が融解する時を夢想すること——は、これらの死によって忘れ去られ、否定されていく。たしかにハイモーンとクレオーンの論争では、男女の境界を混乱させる言葉が発せられた。しかしハイモーンは、アンティゴネーの近親姦を理解するまでには至っておらず、彼女の縊死を目の当たりにして、「許嫁」としての彼女を「抱き締めた」(409)まま、おのれの命を絶った。もしも兄への近親姦的愛情を知っていれば、ハイモーンはおそらく自殺しなかっただろう。エルリュディケもまた、息子の死に起因する悲嘆のみによって自害する。アンティゴネーの自殺は、たとえ彼女がなした反抗がいかなるものにせよ、また彼女がどのように「語りえぬもの」に近づこうとしていたにせよ、彼女の試みを世に訴える行為とはならずに、無為な死を次々と引き起こしただけだった。

アンティゴネーの自死は、別の死を意図的に呼び込むものではなかったので、それを「自爆」と言うわけにはいかない。しかし結果的に、それは対立者の(そして自分の)身内を死に至らしめた。そもそもメランコリーがもたらす死は、「語りえぬもの」として放逐された喪失対象を摑みきれないがゆえのもの、それが隠されることによって——あるいはそれを隠すことによって——現存の秩序をなんとか維持しようとするときに訪れる深い憂鬱から生みだされるものである。したがってメランコリーによって引き起こされる死は、喪失対象を失わせた権力がもつ破壊性をそのまま、死者に対してだけではなく、死者以外の人々にも行使していく。だからメランコリーによる自殺は、比喩的な意味において、すべて「自爆」であると、他者を巻き込む死であると言うことができる。そしてその死は、メランコリーを生みだす秩序の外側に出ることができないがゆえに、その秩序を変える契機にもならない。

実際アンティゴネーの死によって、その反抗がハイモーンやエルリュディケに引き継がれなかっただけでなく、この二人の死が、クレオーンを翻意させることにもならなかった。彼は悲嘆に暮れ、自分が息子や妻を「図らずも殺してしまった」(417)ことを悔いはするが、ソフォクレスの劇はそこで終わる。このの後執政者＝家父＝男であるクレオーンがどのように変化し、彼の共同体がどのように様変わりするかは、ここには描かれていない。しかし神話を繙けば、彼はその後エテオクレースの遺児ラオダマスの後見人となり、摂政を務め、ラオダマスは、かつてポリュネイケースに味方した七将の息子たち(「後継者」「第二世代」という意味でエピゴノイと呼ばれる)と領土をめぐって争い、テーバイの地は、ポリュネイケースの息子、そのまた息子へと受け継がれ、その折々に戦いが引き起こされた。依然として男根的な秩序、そのホモソーシャルな輪のなかでの戦闘は、世代を越えて継続していく。同様のことを別の視点で、ジョージ・スタイナーは、「アンティゴネーとクレオーンの両者が死んだ後も、ポリス内部で「倫理的実体」が分裂することにより、新たな衝突が生まれるだろう」（スタイナー、四九）と言う。だが二人の衝突を、「倫理的実体」の分裂と呼んで、その倫理を規定している《法》を問題にしないかぎり、現実に起きている戦いに終止符を打つことはできず、戦いを引き起こす《法》は、《普遍》となって現存のまま続いていく。

バトラーはアンティゴネーの反抗を「公的メランコリー」と呼び、そのなかに新しい生への可能性を見ようとした。しかしバトラーは、アンティゴネーが公的言語を使って公的言語に対峙しようとした「追悼」と、その罰としての「生きながらの死」（そこで続けられたかもしれない「追悼」）と、彼女のメランコリーな「自殺」を一緒くたにして、そのすべてにおいて、支配言語の増殖とその攪乱があると解釈しているようだ。だがそもそもアンティゴネーの抵抗は、オイディプスの呪いを断ち切って戦いをくい止めることに発しており、それが叶わなかったときに、その「戦後」の後処理が、「戦中・戦前」の論理のなかでおこなわれることを阻もうとするものである。それはまさに、「戦中・戦前」を続べてきた男たちの男根的な呪文の輪を、「戦後」において切り崩そうとする試みである。であるならば、彼女の反抗は、現有権力のなかに閉じこめられるメランコリー――緩慢な、あるいは性急な「死」へと向かうメランコリー――ではなく、「生」のなかで「生」のために「生」へと向かってなされる「追悼」のなかにあるのではないだろうか。死を悼む者の「「訴え」を記録し、法的主張を向け」(Butler, 80)るがゆえに、「いやおうなく永遠の濫喩」(78)が語られるのは、バトラーが言う「メランコリー」ではなくて、「追悼」において――「語りえぬもの」から沸き上がってくるがゆえに、無限に引き延ばされる追悼においてーーであると思われる。そしてこのとき、追悼の言葉の「永遠の濫喩」、悲嘆の声は、追悼する者だけではなく、追悼を禁止する者たちにも、投げかけられるのではないだろうか。

3 《普遍》の悲嘆、「勝者」の濫喩――ヘーゲルのクレオーン読解に抗して

自己意識によって……共同体精神の現在の形が放棄され……行為する自己と、行為に対立し行為を否定する現実とが分離させられる。こうして行為によって、自己意識には「責任/有罪性」が生じる。

――G・W・F・ヘーゲル『精神現象学』

ソフォクレスのテーバイ三部作は、前半はオイディプスの、後半はアンティゴネーの物語とみなされている。この二人はその後さまざまな関心や共感をよび、「神話的」人物としての地位を獲得してきた。他方クレオーンの旗色は悪い。オイディプスのように彼の名を冠した公理も作られず、アンティゴネーのように後世の作品に主人公として登場することもない。だがこれら三作品のすべてに、登場人物として姿を現しているのは彼だけである。また彼だけが、摂政であれ王であれ、終

始一貫してテーバイを統治する支配者であった。実際その名は固有名詞というよりも、「支配者」という意味で普通名詞化されており、「系譜の間隙を埋めるために」用いられて、「多くの同名異人」がいるほどである(高津、一一七)。しかし彼が「神話的」人物にならず、また「普通名詞」化されるほどに日常化されているということは、彼が表徴してきた権力が、その時代時代において覇権的勢力を保つ「当たり前の秩序」とみなされてきたせいではないだろうか。

これまで述べてきたように、彼の周りでは種々様々な争いが起こっては終わり、終わっては起こってきた。それぞれの戦いは、一見してその原因も経過も異なっている。そのようななか、彼はそれぞれの戦いのどちらかの陣営を率いる具体的な支配者というだけでなく、それらの戦いのすべてに君臨する秩序、言い換えれば、具体的な個々の戦いの終結後に、それらの戦いに意味を与え、それらの戦いを位置づけ、その「戦後」を調停・支配してきた《法》を体現しているように思われる。つまり、彼がこれらの作品のなかで背景に退いて読者の注意を引かないのは、彼が物語の基盤を支える不可視な土台となっているため、いわば「特殊」ではなく、遍在する「普遍」となっているためではないか。「普遍」は、それ自体の存在理由を問い糺されないもの、そしてそれ以外のすべての存在と非存在を裁定するものである。

そのようなわけで、クレオーンについてはこれまで思想家も多くの頁を割いてはこなかった(しかしこれこそ、思想家自身がクレオーンが表象する秩序の内側にいることの証左である)。そんななか、アンティゴネーよりもむしろクレオーンに焦点を当てていると思われる思想家がいる。ヘーゲルである。だがヘーゲルは、たとえば『精神現象学』では、直接にはクレオーンに言及しない。バトラーは、ヘーゲルがここでアンティゴネーの名前をあまり出さず、「彼女の名前も固有性も消し去って、彼女のケースから一般論を引き出している」(Butler, 35)と苦言を呈するが、クレオーンに至っては、名前すら一度も呼ばれない。しかし『精神現象学』のこの部分で語られているのは、共同体の法、つまりクレオーンの法である。したがってこのヘーゲルの論の運び自体にも、クレオーン(共同体)の法を普遍化する思想が反復されていると考えられる。本節では、ヘーゲルによる共同体の法解釈を批判的に検討しつつ、そのような法の普遍化に介入する可能性、いわば《普遍》を脱普遍化する可能性を探り、退迷する現代の紛争・戦争の後処理をめぐって、《普遍》を標榜する「勝者」の分析をおこなう。

ヘーゲルは、共同体と親族関係《キンシップ》を対極的に捉える。彼によれば、共同体は父性的なもの、政治がなされる場所、公的領域、国家であり、それに反して親族関係は、公的領域にすまう公民《シティズン》を産み、そこに公民を送り届ける「血」の関係、すなわち母の領域、私的領域、家庭を表す。アンティゴネーは後者に属し、クレオーンは前者に属する。しかしなぜアンティゴネーは母になったことがないのに、出産という血の繋がりの住人となるのか。その理由は、まさにバトラーが強調しているように、彼女の近親姦を読み込まないヘーゲルのアンティゴネー解釈のゆえである。なぜならここに具体的な近親姦の可能性を読み込まないかぎり、親族関係は次代再生産の規範によって統合されるものとなり、そのような生殖中心の親族関係を危険にさらす不穏因子は、その親族関係のなかには含まれないことになるからだ。その結果、親族関係が意味するものは、次代再生産にまつわる「女性的なもの」のみに限定され、男が活動する公的領域、「男性的なもの」とは明確に区別される。

クレオーンが男女の区別をことさらに主張して、身の内から女性的なものを排斥しようとしているのは、息子ハイモーンとの争論の場面に明確にあらわれている。わずか三〇行ほどのあいだに、何度もクレオーンは女性的なものを蔑視し、それを自分から切り離そうとする。アンティゴネーに対しても、「女の勝手にはさせぬぞ」(Sophocles, b 355)と言い放つ。しかしクレオーンの台詞は、ちょうどイヴ・K・セジウィックが「同性愛パニック」の理論で説明したように、自分のなかに潜んでいる「女性的なもの」を自分の属性とみなしたくないために、他者にそれを投影して投げつける防衛機制だと思われる。実際彼は、アンティゴネーとの言い争いでは思わず知らず、「こうやってアンティゴネーに罰も受けさせず、威張らせておいたら、自分が女になって、この娘が男になるだろう」(351)と呟く。ではクレオーンが執政官としてそれほどまでに固執した男の公的領域は、どのように理論化されているのか。

ヘーゲルは公的領域を統べる「共同体の精神」と私的な「自己意識」を、まずは対極的に捉える。共同体を生きる自己意識は「個としての存在を脱却する」ことで、「共同体の本質と一体化し、それを我がホームとする」。しかし個の信念は、「個から始まり、つねに個へと近づこうとする個の意識の動き」(Hegel, a 451-52)であるので、そもそも共同体への一体化は不可能である。ヘーゲルによれば、そのような共同体を担うのは男であり、他方、共同体に一体化しない個の意識が出現するのは私的な領域である。しかし共同体の成員を共同体へと送り届けるのが親族関係であるように、私的領域は共同体にとって不可欠の要素であり、そこから生まれる「個の意識は、共同体精神を動かす土台」(496)でもある。とはいえ共同体は、その存続のためには、共同体のために戦う兵士が必要であり、家族のなかから息子を奪い取り、「家族の幸福を破壊」(496)せざるをえない。したがって共同体は、「自分にとって必要不可欠だと認めざるをえない女性的なものを、自らの敵として、自らのために作り出す」(496)。(5)

ここでヘーゲルは、共同体と親族関係のあいだに、単純な対立関係ではなく、依存関係を見いだしている。しかしこの場合の依存関係は、あくまで親族関係を「敵」とみなし、共同体と相反するものと捉えたうえでのことである。共同体は公民を得たあとでは、その公民を生みだした親族関係とは袂を分かち、次の公民を得るためにべつの親族関係へと向かう。つまり、たとえ共同体という公的領域が、親族関係という私的領域に依存しているにしても、この両者は、その性質・機能においては分離したままである。したがってヘーゲルが言う個の自己意識——私的領域から生みだされ、公的領域の掟を侵害するもの——は存続することはできず、「非現実の影」として、いずれ止揚される。なぜなら自己意識の存在を裁定・認可できるのは、唯一、私的領域とは分離した公的領域のみであるからである。そのような自己意識の行為者を、ヘーゲルはアンティゴネーに形象化するが、何らかの行為をおこなう者は、かならずしも女だけでなく、すべての個人に言えることである。オイディプスもまた、共同体に違反する行為をおこなった。

しかしここでヘーゲルは、行為を二つの種類に分ける。一つは、自分が行為をおこなっていることを知らない場合、もう一つは、それを知っておこなう場合である。ところで行為はそもそも、「行為する自己と、行為に対立し行為を否定する現実とを、分離させる」(488)ので、行為はすべからく侵犯となり、そこに責任が生じてくる。行為者は、自分の侵犯性と責任を否定することはできない。だがオイディプスのように、自分が行為をおこなっていることを知らずにおこなった場合には、自分の行為の侵犯性を、行為のあとで自覚することによって、共同体の内部に抑圧されていた矛盾を引き出し、それと共同体精神を止揚させる。いわば彼の行為は、「現実と共同体を統一する」こととなり、それによって「現実は、たまたまその姿を取っているのではなく、本来あるべき姿と一体化することになり、真正の正義以外はどんな正義もない状況を作りだす」(491)。加えて行為者もまた、侵犯者・贖罪者としてではあるが、共同体に組み込まれ、共同体の一員としての資格を得ることができる。共同体にとっても、個人にとっても、自己意識から出発した行為が、弁証法的に「正義」へと止揚されるのである。

他方、自分の行為が共同体に害悪をなすとわかっておこなう場合には、自分がいる共同体の法に意図的に背いたわけだから、そのような行為をした自己意識と、共同体の一員であるという事実とのあいだに乖離が生じ、その結果、行為者は「自分の特質と自己の現実性を放棄し、没落へと向かわざるを得ない」(491)とヘーゲルは言う。その例として挙げられたのが、アンティゴネーである。

しかしこのヘーゲルの議論は、次の二つの点を看過、あるいは韜晦している。一つは、この議論では、もともと「共同体の現在と一体化することがない」個の自己意識が、どのように共同体に再包摂されていくかが詳述されていないことである。そのため、もしも自己意識が自分の行為の侵犯性を、行為のあとで自覚するならば、そのまえにすでに、自己の侵犯性を自覚しうる共同体精神《コモンセンス》を共有する個人であったと解釈せざるをえず、そのような個人の自己意識は、共同体と対立的なものではなかったということになる。あえて言えば、そのような個人は、共同体と対蹠的な私的領域ではなく、すでに公的領域に属しているのであり、公的領域に包摂されうる人間のみに限定されていることになる。

二つめは、そうであるにもかかわらず、ヘーゲルが行為はすべて「動かなかったものを動かし、単なる可能性として閉ざされていたものを引き出し、それによって無意識と意識、非在と存在を結びつける」(490)と定義していることだ。「動かざるもの」「単なる可能性」「無意識」「非在」は、共同体の秩序にとっては排除しなければならないものである。それらを「動かし」「引き出し」「意識や存在と結びつけ」ようとする行為は、共同体精神を、さらには共同体精神を規定している《法》までもを、無疵に留めおくことはできない。たとえ緩慢な効果であるにせよ、共同体精神に何らかの痕跡を残し、共同体自体の外延を揺るがすはずである。そうであるならば、無意識的行為と意識的行為が与える効果に、どれほどの違いをつけることができるだろうか。逆に言えば、このように行為を二つに分けて、前者(オイディプス)に弁証法的止揚を見て、後者(アンティゴネー)に破壊的結末を見るヘーゲルの姿勢のなかに、共同体精神を根底から揺るがす行為――共同体から排除されている女や非異性愛者の声――に対する、共同体の側からの防御が伺われる。その防御は、まずすべての行為に侵犯性を刻み込み、そして行為者を裁定／断罪し、それによって逆説的に、ある特定の行為者だけを共同体に組み入れようとする《法》――にもかかわらず《普遍》を騙る《正義》――がおこなう策略である。

公的領域は、血の絆によって親密性を育む親族関係《キンシップ》とは対極にあると、普通考えられている。しかしあらかじめ公的領域に住まう者だけを、ふたたびそこに引き入れる自己循環をしている公的領域は、その成員のあいだに、同質性を求める親密関係《キンシップ》を培っていると思われる。たとえそこで個人同士が争い、それが拡大して集団同士、民族同士、国家同士が争ったとしても、そのような戦いこそが「弁証法的に止揚」され、それらの戦いを基盤づけている「公的なもの」の《法》、男根的な《法》をさらに強固にする。まさに公的領域とは、そのような戦いと侵犯性の宣告を媒介として、「共同体精神の美しい団結と安定した均衡」(324)を現出させる場所、戦いと断罪によって男たちの親密性をますます蓄えていく親密関係《キンシップ》の領域だと言えるだろう。

ひるがえって私的領域は分断され、葛藤を抱えた領域となる。そこは公民を再生産する場とされているので、母と子どもの領分である。しかし公私を分け、男女を分ける思想において、「子ども」は存在しない。子どもはつねに男児か女児に区別される。そして生物学的基盤のために公的領域に包摂される資格をもつ男児と、生涯私的領域に留まらざるをえない女児、このまったくカテゴリーを異にすると考えられている「異質」な者たちが住まい、しかし「子ども」という名であたかも同じもののように扱われる場所が、私的領域、家庭という空間である。したがって私的領域は、この秩序の下ではけっして埋めることができない亀裂、矛盾、葛藤、抵抗、愛憎が渦巻く不安定な場所となる。それは、ヘーゲルやラカンが言うように(それぞれ意味している事柄は違うが)、「地下の掟」であるゆえに不安定なのではなく、公私、男女、共同体/個人を画然と分かつ「地上の掟」のために抑圧された抗争《ディファラン》の場となっているのである。(6)

そのような私的領域にいっとき身を置きながらも、生まれながらの公的領域の住人であり、いずれは大手を振って公的領域を住処とする男たちは、この成り行きのために、じつは彼自身のなかに深い亀裂を抱えているのではないか。彼が持ちえている私的領域と公的領域の二つの法、ダブル・スタンダードは、彼の特権ではなく、彼を切断し、彼を苛む桎梏となる。ライオスもオイディプスもクレオーンも、公的領域と私的領域の相克に苦しんだ。そのなかでもクレオーンは、彼の人生において、両者を跨ぐ矛盾にもっとも翻弄された人物と言えるだろう。クレオーンは義兄オイディプスの所行のために実姉を自殺で失い、そののち甥たちを後見して争いに加担し、彼らを死なせ、その折に彼自身の二人の息子を失い、戦いのあとには息子と妻を死なせ、姪アンティゴネーも死なせた。このようにクレオーンは、執政者でありながら/執政者であるために、その半生はつねに戦いの繰り返しとなり、それら男の戦いには、すべて何らかのかたちで親族が関わっている。つまり私的領域と公的領域が衝突する場面に、彼はいつも登場しているのである。

さきほど、個の自己意識と共同体精神の止揚によって《正義》に近づくというヘーゲルの解釈では、自己意識の行為者が公的領域に住みうる男に性別化されているために、《正義》が男根的なホモソーシャルの枠内に限定されると指摘した。この枠内での《正義》は、男性性を確認し、女性性を排除するものとなり、またそのためにも正義は、私的領域と公的領域の戦いを必要とする。その意味で執政者としてクレオーンが関与した戦いのすべてが、この両領域の衝突であったことは象徴的である。またヘーゲルが後の著作において、「公然と明示された法である国家の法」と、「どこから現れ出たか何人も知らない永遠の法……女の法」が対立する『アンティゴネー』を、「最高の倫理的対立」であると持ち上げて、そのすぐあとで「それゆえ最高の悲劇的対立」(Hegel, b 155 強調引用者)だと述べ、両者を「止揚」する可能性を遮断してしまうのも宜なることだ。なぜなら個の自己意識と共同体精神の対立・戦いは、ヘーゲルの場合、つねに後者の側に身をおいた上での前者の止揚——むしろ前者の「否認」——となるからだ。

　しかしこの劇は、ヘーゲルが言うように「最高の倫理的対立、それゆえ最高の悲劇的対立」なのだろうか。前節で述べたように、物語は悲劇となり、その結末では秩序は元に戻った。クレオーンの悲嘆にもかかわらず、何かが変わる糸口はここには書き込まれていない。神話の後日談をみても、何も変わらなかった。しかし物語の途中では、何かが変わる気配を見せた。それはまず、前述した男女の境界の揺らぎである。クレオーンは「アンティゴネーに罰も受けさせず、威張らせておいたら、自分が女になって、この娘が男になるだろう」と呟く。ここで強調したいのは、男女の境界の揺らぎを引き起こす原因が、アンティゴネーに「罰も受けさせず、威張らせておく」ことであることだ。

戦いと侵犯性の宣告の繰り返しによって共同体の法が維持され、強化されるのなら、その秩序に穴を穿つのは、戦いをなくするという理念だけでなく、むしろそれに先行して、現在の戦いの「その後」をどう裁定するかにかかっていると思われる。しかしヘーゲルは、個の自己意識がおこなう行為をすべて有罪化し、その有罪性によって個人に有資格性がもたらされると捉えて、個の自己意識→行為→有罪性→有資格性→共同体精神へと続けると考える。だがこの思想の下では、共同体精神を大きく規定している公的性質の前提は変わらない。いずれ別の形の、しかし同じ主張の、自己意識からの声が発せられるはずである。にもかかわらずヘーゲルは、「共同体的行動は、その内容から見て、犯罪の要素を備えている」(Hegel, a 489)と断じ、その理由を以下のように展開する。

自己意識の行為によって……共同体精神の現在の形が放棄され、……行為する自己と、行為に対立し行為を否定する現実とが分離させられる。こうして行為によって、自己意識には「責任《ギルト》/有罪性」が生じる。……責任が生じる理由は、そこに「犯罪」の意味が込められているからでもあり、というのも……自己意識は一方の掟に準じる他方の掟に背き、それを侵犯するからだ。(488)

共同体精神の現在の形を放棄させ、自己意識と現実のあいだに裂け目を生じさせる自己意識の行為は、当然ながら、共同体(他方の法)だけでなく、自己意識(一方の法)にも跳ね返り《リスポンド》、自己意識は行為によって、自己と共同体の双方に反響《リスポンス》を生みだす。したがって、それに対する「応答／責任《リスポンシビリティ》」が生じてくる。ここでヘーゲルは、「応答／責任」を飛び越えて、「責任／有罪性」に持っていくが、そのためには応答／責任を有罪化する法が介在しなければならない。応答／責任の有罪化によってはじめて、自己意識→行為→有罪性→有資格性→共同体精神の循環は維持される。だからこの循環を断ち切って、自己意識による行為を、真に「動かなかったものを動かす」(7)には、この循環から「有罪性」の語彙を引き抜いて、そこに「応答」を置く必要があるのではないだろうか。クレオーンの台詞のなかの「罰も受けさせずに威張らせておいたら」という仮定法は、その可能性を彼が感得したゆえのものではないだろうか。

共同体の法が、裁定者としての位置を保持しつつ、行為者に「罰を受けさせずに威張らせておく」ことができるのは、共同体の法がそれ自身の意味体系をずらすとき、その言語が今までとは別のものも意味してしまう濫喩が起きるときだろう。クレオーンの台詞に則って言えば、男でありながらも「男とは言えなくなる」ときである。さらにクレオーンは、アンティゴネーの助命を求める息子に激怒して、「女の大義を聞くつもりだな」と言うが、彼から「あなたが女なら、そうです。そもそもあなたのためなのですから」と返答された。クレオーンはこれに対して「父に向かって争論をしかけようとは……堕落者めが」と叱責するが、息子はさらに、「いえ、あなたが邪道に陥っているのを見かねるからです」(Sophocles, b 371, 373 強調引用者)と応酬する。ここでは、アンティゴネーの追悼行為――個の自己意識の行為――の反響／応答として、父＝共同体の法と息子の自己意識の法が、男女、正邪の意味をめぐって激しく衝突し、言葉の意味を増殖させている。

こののち翻意したクレオーンは、アンティゴネーを地下牢から出そうとする。だがすでになされていたアンティゴネーの自殺は、前節で述べたように、彼女の反抗を単なる兄への忠誠に矮小化してしまい、それに引きずられたクレオーンの息子と妻の自殺は、クレオーンを悲嘆に陥らせはしても、「動かなかったものを動かす」には至らなかった。そして翻意していた彼を元の共同体精神に戻したのは、皮肉なことに、彼の説得に成功したかにみえた予言者テイレシアスだと言える。説得の時点でクレオーンの翻意が叶わぬとみた予言者は、彼の一家に呪いをかけた。しかしその呪いは、クレオーンの家を統べていた親族関係の法を揺るがさず、私的領域と公的領域の境界を攪乱もしなかった。あくまでそれは、クレオーンの家＝共同体に、旧来の掟に則った悲嘆と争いをふたたび呼び込むものだった。

本節の冒頭で、クレオーンはこれらすべての戦いの支配者、それら戦いの大義を支える基盤的《法》だと述べたが、じつはこの三作品で彼がつねに従っていたのは、テイレシアスの予言である。テイレシアスこそが、さらに後景に隠れ、しかし隠然とした力をふるって、公的領域の《法》、男たちの《法》を司っているのではないか。なぜならテイレシアスは、オイディプスがおこなった父殺害と近親姦を「逸脱」として有罪化する《法》を宣告し、彼の悲惨な末路を予言したからである。また遡って、その宣告の前提であるオイディプスの父ライオスの同性愛を、罪とみなしたからである。

父殺害は、《父＝法》の秩序の転覆を意味する。近親姦や同性愛は、従来の公私の区分――男女を分断し、さらには女を母性に還元して、次代再生産がなされる私的領域と、政治を司る男の公的領域を分け隔てる思想――を不安定化させる。双方とも、ホモソーシャルな男根的《法》にとって、存在してはならない逸脱である。

さらにここで指摘したいのは、クレオーンがテイレシアスの予言を「絶対的な」神の宣託であると思い、彼の説得に応じようとしたのも、かつて同じ神の宣託がオイディプスにも打ち下ろされ、彼が悲惨な末路を遂げたからだとソフォクレスの劇で説明されていることだ。しかし『アンティゴネー』が書かれた時点において、『オイディプス王』はまだ書かれておらず、この予言＝宣託の絶対性は、遡って確認されるものでしかない。したがって《父＝法》の起源性、それゆえの絶対性は、具体的な個々の事象から、時間軸を入れ替えて、遡及的に定位されているにすぎない。にもかかわらず、虚構でありながらも絶対性・普遍性を獲得した《父＝法》は、それに背く者を有罪と宣告し、有罪者の悲嘆、悲劇を食い物にして、ますます肥え太っていく。換言すれば、遡及的にしか定位されない普遍は、有罪者の「悲嘆」をつねに必要とし、他方、《父＝法》に組み入れられる有資格者も、有罪者としての悲嘆をつねに抱え込むと言える。だから悲嘆を抱え込んだ有資格者＝個人は、共同体に止揚できない自己意識を、共同体への異議申し立てとしていずれ噴出し、共同体と自己意識、公的領域と私的領域のあいだの衝突、戦いをもたらしていく。そしてその行為に有罪性が宣告されるかぎりにおいて、ふたたびそこには「悲嘆」が生産され、この循環は永遠に続いて、《父＝法》は

《普遍》というその位置をますます強化していく。

しかし翻って考えれば、すべての個人にまず「有罪性」を宣告するという、その現在の《普遍》のやり方のなかにこそ、現在の《普遍》を脱普遍化する可能性があるのではないだろうか。というのも、有罪性を宣告されたオイディプスは、そのために「悲嘆」に陥り、そしてその「悲嘆」が次なる戦いを呼び起こした。しかしまた彼は、(第一節で述べたように)戦いを準備することによって、《普遍》の輪のなかに再包摂されていった。「勝者」でありつづけているクレオーンも、同様である。《普遍》はすべての人に有罪性を宣告することにより、すべての人に「悲嘆」をかならず生みだす。にもかかわらず、戦いの「勝者」は、「勝者」であるがゆえに、自らのなかに抱える「悲嘆」に気づかない。あるいは、クレオーンがアンティゴネーにおこなったように、「悲嘆」――つまり自らのなかの不連続――を他者への非難へと変えていく。そして現在の《普遍》が、公私や男女を分ける思想のもとに構成されているかぎり、その勝者の声は、私的領域と公的領域の境界で――いわんや拡大された私的領域(ホーム、自国、家庭)そしてそこに住まう女と子ども(論理的帰結では男児だけだが、レトリックでは女たち)を守るという転倒された議論を使って――発せられる。ホームを成り立たせている思想自体が、「勝者」に「悲嘆」をもたらし、自己防衛的な攻撃を起こさせていることには気づかずに。だから「勝者」はつねに転倒された言語、濫喩的な言語を使いつつ、自らの濫喩に気づくことはほとんどない。

「動かざるものを動かそう」とする個の自己意識――私的領域からの声――は、共同体精神へのその対抗的行為のゆえに、バトラーの言葉を使えば「悲嘆の出来事となる」。だがその出来事に「有罪性」を宣告する普遍の《法》もまた、勝者に「安寧」ではなく、勝者＝有資格者でありつづけるがゆえの「悲嘆の出来事」を運んでくる。したがって、戦いの調停とは、そしてそこで「締結される平和条約」(カント、一三)とは、戦場のそこかしこに、打ち破れた残骸として散らばっている「悲嘆」の裂片を、《普遍》たろうとするゆえに新たに生み出される「悲嘆」へと短絡的に翻訳していかないことではないだろうか。《普遍》を穿つものは、たとえば紛争の犠牲者を悼むウィメン・イン・ブラック(8)のような、暴力的に抑圧され「死」に至った者を弔う、追悼の声だけではない。その声に晒され、その声によって挑戦され、そしてその声を打ち破ったはずの勝者――公的領域という親密さのなかに住まう資格を得た者――が、それゆえにこそ抱える自らの「悲嘆」を含みつつ、追悼の声に応答せざるをえなくなるときの、その戦いの後の宣告の声、勝者ゆえに戸惑い、増幅する、その濫喩的な声の響きでもあるのではないだろうか。そして他者からの声だけではなく、「勝者」が自らの悲嘆が発する濫喩的な声を聞き取るときではないだろうか。

注

(1)『コローノスのオイディプス』では、彼は、自分が被害者であり、父母が加害者だと明言する(Sophocles, c 173)。

（2）このオイディプス神話をもとに、フロイトは性差別と異性愛主義を土台とするエディプス・コンプレックスの概念を打ち立て、ラカンはそれを《象徴界》の理論化にあたって継承したが、両者ともに、オイディプスの父ライオスの同性愛には言及せず、〔ヘテロ〕セクシストな論を展開した。

（3）デリダは不用意に歓待者を「彼」という代名詞で表現したが、講演の最後ではあたかもそれを訂正するかのように、歓待者たちの性差別と異性愛主義に言及し、暴力の連鎖を生みだすホモソーシャルな歓待の可能性を指摘している。これは彼の『友愛のポリティックス』の議論に繋がる。

（4）デリダも『弔鐘』のなかで、彼女を絶対的な他者性として称揚しているが(Derrida, a 164-68)、この解釈のなかに、前節でのオイディプス解釈と同様の、政治的現実を捨象した観念的な脱構築がみられ、したがって脱構築を現実化するときの「暴力」の問題には触れられていないと思われる。またヘーゲルのアンティゴネー解釈に対するデリダの議論で、女性性に関するものについては、Suzanne Gearhart および Mary C. Rawlison 参照。

（5）女性兵士の場合は、男根的な論理に組み入れられ、共同体にとっての有資格者に「昇格」した者と言える。

（6）ヘーゲルは十数年後の『法の哲学』では、「女の法」を審美化し、私的領域＝家庭を「永遠の法」として畏れつつ美化する傾向は、文学、日常言語、精神分析理論にまで引き継がれている。むしろ私的領域＝家庭の構造的暴力は、いまやっとドメスティック・バイオレンスの言葉とともに日の下に晒け出されようとしているが、その構造的な暴力性を無視した私的領域＝家庭の美化は、国家主義・民族主義の戦争にいまだに利用されている。

（7）ヘーゲル自身、共同体精神と現実との止揚による「絶対的な正義の実現」(Hegel, a 492)には、これが不可欠だと他方で述べてはいる。

（8）ウィメン・イン・ブラックについては多様な見解があるが、これが国・地域・民族・宗教・セクシュアリティの差異を横断してなされていることに、公私の境界をずらしていく追悼の可能性をみたい。

文献

原著、英訳を表示しているものについては、それから竹村が日本語に訳した。そのおりに邦訳があるものは参照させていただいた。

Benjamin, Walter. "Critique of Violence." 1921. *Reflections: Essays, Aphorisms, Autobiographical Writings*. Trans. Edmund Jephcott. New York: Schocken Books, 1978.（ヴァルター・ベンヤミン『暴力批判論』野村修編訳、岩波書店、一九九四年）

Butler, Judith. *Antigone's Claim: Kinship between Life and Death*. New York: Columbia University Press, 2000.（ジュディス・バトラー『アンティゴネーの主張——問い直される親族関係』竹村和子訳、青土社、二〇〇二年）

Derrida, Jacques, a. *Glas*. 1982. Trans. John P. Leavey and Richard Raud. Lincoln: University of Nebraska Press, 1986.

——, b. *Specters of Marx*. 1993. Trans. Peggy Kamuf. New York: Routledge, 1994.［ジャック・デリダ『マルクスの亡霊たち——負債状況＝国家、喪の作業、新しいインターナショナル』増田一夫訳、藤原書店、二〇〇七年］

——, c. *Of Hospitality*. 1997. Trans. Rachel Bowlby. Stanford, CA: Stanford University Press, 2000.（『歓待について——パリのゼミナールの記録』廣瀬浩司訳、産業図書、一九九九年）

——, d. *The Politics of Friendship*. 1994. Trans. George Collins. London: Verso, 1997.（『友愛のポリティックス』鵜飼哲ほか訳、みすず書房、二〇〇三年）

Freud, Sigmund. "Mourning and Melancholia." 1917. *The Standard Edition of the Complete Psychological*

Works of Sigmund Freud 14. Hogarth Press, 1957. 237–58.（ジークムント・フロイト「悲哀とメランコリー」『フロイト著作集』第六巻、井村恒郎・小此木啓吾ほか訳、人文書院、一九七〇年）

Gearhart, Suzanne. "The Remnants of Philisophy." *Hegel After Derrida*. Ed. Stuart Barnett. London: Routledge, 1998.

Hegel, G. W. F. a. *The Phenomenology of Mind*. [1807] Trans. J. B. Ballie. London: George Allen Unwin, 1949.（G・W・F・ヘーゲル『精神現象学』長谷川宏訳、作品社、一九九八年）

——, b. *Grundlinien der Philosophie des Rechts*. [1821] Hamburg: Felix Meinner, 1955.（「法の哲学」『ヘーゲル』岩崎武雄編、中央公論社、一九六七年）

Rawlison, Mary C. "Levers, Signatures, and Secrets." *Derrida and Feminism: Recasting the Question of Woman*. Eds. Ellen Feder, et al. New York: Routledge, 1997. 69–85.

Sophocles, a. Vol. 1 of *Sophocles: with an English Translation*. Trans. F. Scorr. London: William Heinemann, 1912. 2 vols. 1912–13.（呉茂一ほか訳『ギリシア悲劇全集』二巻、人文書院、一九六〇年）

Sophocles, b. *Antigone*. Sophocles, a 309–419.（『アンティゴネー』、『ギリシア悲劇全集』二巻）

Sophocles, c. *Oedipus at Colonus*. Sophocles, a 141–307.（『コローノスのオイディプス』、『ギリシア悲劇全集』二巻）

Sophocles, d. *Oedipus the King*. Sophocles, a 1–139.（『オイディプス王』、『ギリシア悲劇全集』二巻）

カント、イマヌエル『永遠平和のために』宇都宮芳明訳、岩波文庫、一九八五年。

グラント、マイケル『ギリシア・ローマ神話辞典』西田実ほか訳、大修館書店、一九八八年。

スタイナー、ジョージ『アンティゴネーの変貌』海老根宏訳、みすず書房、一九八九年。

高津春繁『ギリシア・ローマ神話辞典』岩波書店、一九六〇年。

レヴィナス、エマニュエル『全体性と無限』合田正人訳、国文社、一九八九年。

第一四章　生と死のポリティクス——暴力と欲望の再配置

1　はじめに——暴力が備給された欲望

人がふるう暴力は、人の「本性」(というものがあるとして)の無媒介の発露ではなく、言語体系のなかに生存する人間特有の心的機制に由来する。人は、社会のなかに自らを組み入れるにあたって、社会によって認可された欲望を自己の欲望として自己の内に取り入れ、認可されない欲望を自己の外に投射する。この意味で欲望は歴史的なものであり、それを介して、人は自分が属している社会の承認《レコグニッション》と自己認知《セルフレコグニッション》の両方を得る。けれどもこのような欲望の認可・非認可をつうじた自己形成は、必然的に他者化という作用を生み出し、暴力をはらむものとなる。なぜならフーコーが示したように、非認可の欲望は、それ自体としてではなく他者化された人間の形象に具現化されて、排除されるからだ。したがって、市民主体の構築と不即不離の関係をもつ欲望の配置は、歴史化された他者カテゴリーを生み出し、それは、たとえば「女」や「同性愛者」や「有色人種」や「異教徒」として形象化される。そしてこのようなカテゴリーに割り振られた人々に、社会的死——すなわち暴力に対する被傷性――を刻印する。他方、規範的市民は、そのようなカテゴリーからいかに自分が離れているかによって、自らの安寧と、自らの社会的生を獲得する。あるいはまた市民とはいえ、規範から外れて暴力を行使したときには（つまり戦時や正当防衛などの留保がつかないときには）、「犯罪者」や「精神病患者」として他者性の淵に滑り落ちる。

ゆえに欲望とは、このような自己および社会のナルシスティックな構築のエイジェンシーとして機能しており（1）、だからこそ自己抑圧と他者排除という内的および外的な暴力の隠れた根源として、欲望の編成が問題となる。またさからこそ、欲望が「性差」と言われるものを軸に配備されている社会においては、欲望の近代的形式であるセクシュアリティの配置が重要となる。セクシュアリティ研究が、非異性愛のセクシュアリティの解放に留まらず、近代の認識構造にまで食い込んで、自己形成の根幹を問いかけようとする理由も、またここにある。

しかし昨今では別様の暴力のかたち――従来の自己形成や欲望配置に関わらない自死的暴力――が出現し始めているように思われる。しかしここで言う自死的暴力は、近年多発している自爆テロそのものを指しているのではない。むしろ自爆テロの多くは、支配権力への明確な「抵抗」としてなされており、たとえその実行者が抑圧・搾取される側であっても、その暴力行使は、やはり既存の命名法にのっとった自己表出であると考えられるからだ。テロリストの身体的な死は、大義の世界における生を意味し、味方に対しては英雄的殉教者として、また敵に対しては脅威的亡霊として、不滅の生を得ることになる。

むしろいま取り上げたいのは、報いなく行使される暴力、つまり暴力の行使者に主体性の特権も、社会的承認も、あるいは殉教者としての英雄的価値づけも与えず、ただ自己の暴力によって、ひたすら自己破壊的な従属へと突き進む暴力である。こう言うと、他者の周縁化を通じて得られる主体性とて、擬似的自律性を誇っているにすぎず、主体位置を占めているかに見える覇権的人間も、自己の内なる心的抑圧すなわち社会的従属を被っているのではないかという反論もあるだろう。まさにフーコーの主体化《サブジェクション》／隷属化の議論、およびラカンの斜線を引かれた主体という概念が、これを如実に語っている。しかしそういった概念が、近代の人間主体を念頭においた考察であるなら、むしろ現在浮上している暴力は、人間主体を液状化させる暴力、《法》と自己のあいだの従来の関係をなし崩しにするような暴力である。

2　死の政治学とホモ・サケル

「ホモ・サケル」とは、古代ローマの法典から援用してジョルジョ・アガンベンが同名の著書で展開した概念で、市民によって殺害可能な人々、しかもその死を何かの犠牲に供することを禁じられている人々である。アガンベンによれば、ホモ・サケルの生とは、「生物学的な生」あるいは「剝き出しの生」(ヴァルター・ベンヤミンの造語)のことで、社会的に認可された「生の形式」(ビオス)に統合される以前のものである。まさにホモ・サケルは、社会的にも字義的にも生存を拒否された人たちだが、このカテゴリーは、フーコーの言うバイオポリティクス（生政治）のなかに、市民主体生産のネガとして——すなわち、欲望の構築をとおして身体を構築し、それをつうじて市民主体を作り上げるメカニズムの暴力的側面として——その構造のなかにあらかじめ組み入れられていると言える。

ここで着目すべきは、アガンベンが生の問題と同様に、死の問題を前景化したことである。ホモ・サケルは人に非ざるものであるがゆえに、その死が人間社会のなかに位置づけられることはない。殺害されても、殺害者は咎められず、またその死によって殉教者として奉じられることもない。いわば「生」ではなく、「死」によって、「他者」として登録される者たちである。デリダは同様のことを、『歓待について』のなかで別の観点から取り上げている。デリダによれば、異邦人が異邦人たるのは、その生まれ（属性と思われているもの）によってではなく、その死の追悼がいかにおこなわれないかということによる（Derrida, 87–88）。この追悼不可能性、犠牲化不可能性——すなわち、その死が生の言説のなかに組み入れられていない状況——こそ、異邦人を究極的に他者として追放するものだ。したがってデリダの異邦人の定義においても、またアガンベンのフーコー理論の展開においても、重要なことは生の様式ではなく、死の様式ということになる。

ホモ・サケルに戻れば、それは社会化以前の存在と見なされているので、その殺害は、法の例外として、社会の内部と外部の境界領域においておこなわれる。アガンベンの言葉を使えば、「法そのものが一時宙づりになって例外状況を生みだし、そしてこの例外状況との関係を維持することによって、はじめて法は、法として自らを構築する」(Agamben, a 18)。しかし、(あるいは)だから、ホモ・サケルをいつでも、どのようにでも、殺害できるわけではない。なぜならホモ・サケルは市民に非ざるものと規定されているので、市民の定義そのものが問題となり、また殺害は、市民によってなされるものであるからだ。換言すれば、ホモ・サケルの生、すなわち「生物学的生」とか「剝き出しの生」と呼ばれているものは、その名称の含意とは裏腹に、けっして先験的な自然状況ではなく、社会的・政治的・言語的にその外延が時代決定されていると言える。

したがってホモ・サケル殺害は、もともとは例外状況と位置づけられてはいても、「剝き出しの生」を市民から一掃するという近代のプロジェクトの進展とともに、必然的に規則に包含されていく。むしろ、こういった例外状況の不断の組み込みによって近代の民主主義は支えられ、(生物学的存在とみなされていた)人間存在を、政治権力の対象から、政治権力を有する主体へと、つまり法を遵守する市民へと、格上げしていく。事実ホモ・サケルを排除しつつ、その排除によってそれを包含するというこの制度は、ホモ・サケル殺害を徐々に制度化することによって、民主主義社会を強化してきた。逆に言えば近代民主主義は、自己を「剝き出しの生」から切り離して、自己の安全を確保しようとすればするほどに、ホモ・サケル(殺害)に関与せざるをえず、それに憑きまとわれるというアポーリアを経験することになる。このメカニズムは、デス・ポリティクス(死の政治学)を徐々に前景化していくバイオポリティクス(生の政治学)ということで、「ハイパー・バイオポリティクス」と呼ぶことにする。(2)

その意味で、ナチスドイツの強制収容所はまさに、例外としてのみ許容されていたものが「物質化」され、「剝き出しの生と法制的規則の双方が分かちがたく結びついた」(174)歴史的事柄だが、さらにアガンベンが「ポスト」ナチ収容所の例として挙げた臓器移植をおこなう現在の病院や、移民受け入れの窓口となる空港は、後述するように、ホモ・サケルと市民の境界のいやます不分明化を物語っている。またさらに言えば、近年世界を震撼させたアブグレイブ収容所や、それと比べて可視化の度合いは低いものの深刻な問題として思想家に取り上げられているグアンタナモ収容所を、(3)その例に加えることもできる。なぜなら、そこで虐待・殺害されている拘留者たちは、収監されたその時点で、非人間的な存在として死を宣告される——つまり殺してもよい——ホモ・サケルと刻印されるからだ。

しかしこの文脈で言えば、アガンベンの議論には盲点が一つある。たしかに彼は、バイオポリティクスの「生」の側面を論じたフーコーとは異なって、バイオポリティクスによって殺害される者の死の局面に光を当てたが、彼が中心的話題にしたのは、排除を介したホモ・サケルの取り込みによって自らの延命をはかる政治組織のほうであり、また殺害されるホモ・サケルの側であって、自らの手でホモ・サケルを殺害する「市民」の考察は、直接的にはなされていない。事実、その著書の終わり近くで、「もともと法制的な政治秩序の一時的中断でしかなかった例外状況が、いまや新たな安定した空間配置となり、そこでは、法制的な政治秩序にますます書き込まれなくなる剝き出しの生が棲みついていく」(175)と述べつつも、今後の課題として彼が挙げているのは、「〔剝き出しの〕生を都市国家〔＝市民の政治的組織〕のなかに書き込むさいの、さらに狂気じみた新しい規範的定義」にどう立ち向かうか、ということだけである。また筆者が他所で述べたように(4)、アガンベンは、きわめて現在的な状況への政治思想的アプローチと並行して、別書では神学的ともいえる存在論的議論もおこなっており、そのなかでは、殺害や暴力それ自体ではなく、「その後」から逆照射した普遍的な人間存在のあり方を問う方向にむかっている。この二つの議論が巧みに縒り合わされているのが『アウシュビッツの残りのもの』だが、残念なことに、そこでの彼の焦点は存在論（これ自体は興味深いものである）のほうに傾いている。

けれども、ホモ・サケルと市民が暴力的で「狂気じみた」かたちで混在するとき、ホモ・サケルを実際に殺害する者の立場も不分明になるはずである。彼／女たちは、法に対してどのような位置を占めることになるのだろうか。ひいては、それによって彼／女たちの市民主体はどのように変容していくのだろうか。先に引いた例で言えば、アブグレイブ収容所で虐待の写真に写っている米軍の兵士たちは、アガンベンの二分法――市民かホモ・サケルかという二分法――において、市民の側に入れられるのか。それともホモ・サケルの側に入れられるのか。

「剝き出しの生」と「法」が交差する暴力的地点に関わる「市民」について、アガンベンは一つだけその例を記している。ナチスドイツの強制収容所の看守である。法を遵守し、それによって社会的生存を保証された側として「市民」と呼ぶべきその看守は、しかし、「もはや〔独房の〕痛いほどの寒さとナチス親衛隊の残忍さの区別さえつかなくなった囚人」――つまり「屈辱とおぞましさと恐怖のためにすべての意識と人格を奪われ、アパシーの極に達している存在」(Agamben, a 185)——を前にして、「突然に自分が無力になったように思えた」と報告されている。看守を「無力」に感じさせたのは、囚人の状況が「抵抗の物言わぬ形態」(185 強調引用者)と思われたからであり、そして囚人のこの「壊死化した生」(187)こそが、「収容所の活ける法への脅威となる」(185)と、アガンベンは半ば希望的に語っている。彼はそれ以上論を進めないが、ホモ・サケル殺害をおこなう「市民」のなかで、法の隠れた暴力的根拠がいっとき揺らぐ瞬間を、ここで垣間見ようとしたのかもしれない。

しかし「抵抗の物言わぬ形態」を前にして、バイオポリティクスの法はどのように無力でありつづけることができるのだろうか。たとえば、スピヴァクが言うサバルタンに対して、帝国主義の言説——これはとりもなおさず生と死を、国境と階級と性差で境界づけてきた言説である——は、これまでどのように「無力」になりえただろうか。たとえば「乳を与える女」の乳ガンに冒された身体を前にして。さらに言えば、「屈辱とおぞましさと恐怖」の極北の場面として世界に衝撃を与えたアブグレイブの虐待で、その写真を撮り、また自らもそこに写っている兵士は、その「無力さ」をどのように感じていたのだろうか。むしろ暴力は法の内部に滑り込み、その行使者自身が一転してその対象へとすり替わる——あるいは自ら自死的暴力へと突き進んでいく——のではないだろうか。そしてこれによって、《法》はそれ自身の生／死の政治学を、さらに残酷なかたちで延命させていくのではあるまいか。

3　アブグレイブと虐待文化

アブグレイブ虐待の際だった点は、軍――つまり国家――の関与があったかどうかが問題になっている点と、拷問者がその様子を自分自身も含めて写真に撮っていることである。

前者の問題から見ていこう。米軍の兵士たちは上官からの命令に従ったのであり、とくに女性兵士は、イスラムの男性拘留者に屈辱を与えて自白を強要するために利用されたと考える向きもある。事実、写真が公開されてのち、「実際にあった残虐行為は報道されているよりも根深く、また組織的になされていた」(Shenon, par. 5)と語ったメディアもあった(たとえば『ニューヨーク・タイムズ』)。また『ニューヨーカー』は、その罪を問われたアイバン・フレデリック軍曹に対して開かれた第三二条項審理における憲兵マシュー・ウィズダムの目撃証言を、次のように引用している。

二人の裸の拘留者を見ました。一方が跪いて大きく口を開け、もう一人にマスタベーションしていました。そこを離れるべきだ、これは良くないことだと思いました。……するとフレデリック軍曹がわたしの方に歩いてきて、「おまえがちょっとでも離れていると、この獣たちが一体どういうことをするかよく見ておけ」と言いました。……わたしは、犯罪に思えることに加担したくはなかったのです。(Hersh, par. 12　強調引用者)

一方、フレデリック軍曹の方も、家族に宛てた手紙やEメールのなかで、「軍の情報チーム、つまりCIA職員、語学専門家、防衛契約企業から派遣された尋問専門家が、アブグレイブ内部を管轄している」(par. 19)と記し、さらに次のように書き送っていた。

> ここで見たことについて尋ねてみた。……服を着せず、あるいは女の下着を被せて、独房に放置しておいたり、ドアに手錠でつないだままにしておくことについてだ。そうしたら答えは、「軍の情報部がそれを望んでいるから、やっている」だった。(par. 19)

記事は、「フレデリックの弁明はかなり自己防御的だが、しかし彼の申し立ては、軍内部の二つの情報で裏付けられている」(par. 22)と報道している。

ここで明らかなことは、実際に軍上層部からどのような命令が直接に下っていたにせよ、あるいは下っていなかったにせよ、兵士たちは、「味方か敵か」という二分法が支配する国家体制において、その死の政治学を、国家の境界領域すなわち戦場の捕虜収容所において執行したエイジェンシーであるということだ。兵士たちの行動は、フレデリック軍曹がいみじくも使った「獣《アニマル》」という言葉に示されているように、すでにホモ・サケルと位置づけた拘束者に対する「正当な」虐待として、収容所内部では、そして軍内部でも、また(暗黙のうちに)国家内部においても、許容されていた。拷問が必要不可欠の戦略手段とみなされるのは、ひとえに、その目的が国家およびその市民の安全を確保するためだと位置づけられるからである。

　したがって虐待行為をした者が軍の法廷で有罪を宣告され、また軍の外でも公的に弾劾されるのは、けっして兵士たちが、(そう見せかけられてはいるが)軍および国家の法規を侵犯したからではない。むしろ兵士たちが罰せられた理由は、そもそも境界領域に匿われているべきホモ・サケルへの残虐行為を、日の下に引き出したためである。「剝き出しの生」を殲滅しようとする紛れもない政治的事実が、本来は民主主義的装いによってその実態から遠ざけられているべき市民たちに、写真を介して直接に襲いかかってきたのである。「胸が悪くなる」という言葉をブッシュ大統領が使ったのは[5]、まさにこの残虐行為が、外部の人によっておこなわれたのではなく、内部の人間、同胞市民によっておこなわれたことが暴かれたときの、個人および公人としてのたじろぎを示していると思われる。

　さらに彼は続けてこの会見で、「このような扱いはアメリカ国民の本性(nature)を反映したものではない」と語った。「本性」という言葉の使用はさておき、それは本当にアメリカ国民に馴染みのないものだろうか。いや合衆国に限らず、それは消費文化を享受する他の国々の人々にとっても、はたして異質なものなのだろうか。そこで問題になるのは、アブグレイブ虐待の二つ目の特記点、兵士たちが撮った写真である。

　スーザン・ソンタグは『ニューヨーク・タイムズ』に載せたエッセイのなかで、現代の兵士の観光客化している側面を指摘し、当時の国防長官ラムズフェルドの以下の言葉を引用する。「兵士たちはカメラを提げてあちこち歩き回り、信じられないような写真を撮り、法に反してそれをメディアに送りつけたりする。驚くべきことだ」(Sontag, V par. 2)。ラムズフェルドは、兵士たちの行動が「軍の〔表向きの〕法規に違反していること」(V par. 2)にのみ焦点を当て、なぜ兵士たちが写真を撮るのか、つまり、なぜ社会で認められていない(と彼が考えている)暴力的で卑猥な行為をするかについては、何も語っていない。しかし本当にこの種の行為は、社会のなかで許容されていないのだろうか。

ソンタグによれば、「レイプや性器に対して与えられる苦痛は……もっとも普通の拷問の形式」(III par. 2)であり、「殺害ビデオゲームから……大学や運動部の新人歓迎会」に至るまで、日常世界に蔓延している「大いなる娯楽、楽しみの普通のかたち」(III par. 3)である。トリン・T・ミンハが述べているように、観光者の悲劇は、真似し、真似されることにある。旅行の真の楽しみは、まったく予想もつかない驚異に出会うことではなく、予想された驚異、情報をすでに得ている驚異に出会うことだ。その意味でアブグレイブの拷問執行人たちは、自分たちの国のなかで、そしてインターネットを介して世界規模で流通しているポルノグラフィによって、この種の拷問にすでに馴染んでいる。彼我の違いは、暴力の行為者か観客かということだが、電子技術による「ヴァーチャル・リアリティの洪水」と、観光産業による「世界規模のおみやげ文化」、そしてデジタルカメラの普及によって出現した「ポーズをとる快楽」を考えれば、その違いも微々たるものだ。

しかしこのような洞察を提示しつつも、他方でソンタグは、「かつてポルノグラフィとして、あるいは極端なサドマゾの熱望を実践するものとして、またピエル・パオロ・パゾリーニがほとんど見るに堪えない映画『ソドムの市』で描いたような拷問の饗宴として、日常生活から隔離されていたものが、いまや一部の人々によって、血気盛んなプレイや商品として規範化されている」(III par. 4 強調引用者)と述べ、暴力表象の消費を「一部の」愛好家に限定し、またパゾリーニの映画を例外の位置に閉じ込めようとした。けれども、暴力を題材にしながら国境を越えて多数の観客を動員している近年のハリウッド主流映画の隆盛を見てもわかるように、その種の表象は、今や一大産業と化している。(6) この意味で暴力の快楽は、消費資本主義社会においてすでに商品として夥しく生産され、国境を越えて享受されている。したがって拷問をおこなった兵士たちは、自国や他国の市民とさして遠いところにいたわけではない。ただし、ひとたびその内実が明るみに出れば、「モンスター」として社会から追放され、その行動は「非人間的」だと断罪される。

さきほど引用したくだりで憲兵ウィズダムは最後に、「犯罪に思えることに加担したくはなかった」(Hersh, par. 13)と述べ、あたかも「プレ」ナチ収容所時代の近代的な法倫理と、現在の彼個人の社会的倫理が、そのまま同延上にあるかのように語った。だがホモ・サケル殺害が法のなかに浸潤し、行為とその表象が消費文化のなかでますます分かちがたく結びついているとき、それを「犯罪」とみなすには犯罪者のべつの定義が必要であり、市民が犯罪者となるときのべつの回路が求められるはずだ。

4 (非)主体形成とジェンダー配置

近代市民国家において、ホモ・サケルと市民の境界は曖昧になる。社会的生(ビオス)を広範囲に推し進めることに比例して、ホモ・サケルへの暴力配置は自ずと姿を変え、医者や科学者や専門家などをそのエイジェンシーとして巻き込んでいく。ホモ・サケル殺害は、近代的な知の「開発」に伴って大規模に再組織化され、法のなかに滑り込んでいくために、その執行者たちは、自分が暴力をはたらいているという自覚も、なかんずく「人」を殺しているという自覚も持ちえず、また持つ必要もない。まさしくこれが、死の「政治学」たる所以だと言えるだろう。そして「剝き出しの生」の排除という「開発」プロジェクトによって、資本主義的な民主主義政治は、皮肉にも、社会の内外にホモ・サケルを増殖させていくのである。

たとえば空港では、外部者が内部者となり、またその逆も起こっている。そこはまさに乗客の市民性を一時中断させ、また時には永遠にその市民権を剝奪する場所でもある。このことをテーマにした映画が近年製作された。スティーヴン・スピルバーグ監督の『ターミナル』である。この映画は、突如クーデターが起こったために祖国が消滅してしまい、そのせいで入国審査が受けられなくなった主人公が、市民性を失い、空港職員に疑惑の目を向けられながら、空港に日夜隠れ潜む物語である。空港から一歩外に出れば不正入国で当局につかまる彼は、なんとか空港内で生き延びる道を探ろうとするが、その行く手を阻むのは空港職員である。

トム・ハンクス主演のこの映画は、いかにもハリウッド的に、最後には恋人も得て、その上に父親の悲願までも叶えるという、父系的な異性愛家族主義に帰着していく。しかし彼を追いつめていた空港職員は、そもそも彼の生殺与奪の権限を担っていたのであり、二〇〇四年という公開時期を考えても、また彼が東欧の某国出身という設定からも、彼がテロリストと間違われて、(たとえばグアンタナモのような)強制収容所に送られ、そこで不当な暴力に晒されるというプロットにもなりえただろう。主人公の行動を妨害していた正当な市民たる空港職員は、自分が暴力を行使しているという自覚がないまま、彼を死地に追い遣ることが可能だったのである。したがって、このような都市国家のど真ん中にある空港(舞台はニューヨークのケネディ国際空港)の行政職員と、戦闘只中の「辺境」の地イラクのバグダッドにあるアブグレイブ収容所の看守は、一見して別物のように見えはするが、双方とも、共同体の安寧を守るためにホモ・サケルを生産しようとする暴力行使の連続体のなかに存在している。その相違は、暴力行使が発覚した場合に、その行為が共同体の保全を侵害すると判断しなおされて弾劾されるか否か、ということにすぎない。実際グアンタナモ収容所のほうは、その全容がいまだに公開されておらず、したがってその看守たちは軍諮問委員会にも、法廷にも、呼び出されてはいない。

ゆえにアブグレイブ収容所は、アガンベンが言うのとは違った意味で、現代の政治地勢の範例となっていると思われる。アブグレイブ収容所は、イラク人拘留者をホモ・サケル化する場所というだけではなく、その看守もまたホモ・サケル化する蓋然性を秘めた場所だということである。アブグレイブの看守たちは、自己の行為によって社会から追放されるという自覚はなかっただろうし、自分が、世に氾濫するポルノグラフィの観客とも、あるいはクエンティン・タランティーノ監督の復讐映画『キル・ビル』で剣を振り回すユマ・サーマンとも、また観光地のあちこちで写真を撮っている観光客とも、さして違わないと思っていただろう。看守たちは、国家とその軍の支配権力に従属していたのみならず、支配文化にも従属していた。しかしシステムに従属すればするほどに、システムが飛び地的に夥しく生産し続けているホモ・サケル殺害の執行者となり、その結果、その暴力が何かの理由でシステムの保全を危うくすると判断されなおされれば、すぐさま彼／女たち自身がホモ・サケル化されて、排除されていく。ラムズフェルドの命を受けた軍諮問委員会の委員長ジェイムズ・シュレジンジャーは、まさにフレデリック軍曹がイラク人拘留者に向けて発したのと同じ「獣《アニマル》」という語を使って、その虐待現場を「アニマル・ハウス」と表現した(CNN, par. 7)。

しかしその行為がどれほど目を覆うばかりの残虐なものであれ、それを違法とみなすか、合法とみなすか、あるいは法を中断させて看過するかは、時代決定される。暴力はけっして普遍的な「人間性」なるものに照らして、社会のなかで弾劾されてきたわけではない。近年あらたに進行している事態は、政治場面でも、消費文化の上でも、科学技術の面でも、「市民なるもの」が精緻化あるいは享楽化されることに伴って、市民主体の形成そのものがハイパー稼働し、これまで隠蔽あるいは抑圧されていた暴力が、規範の侵犯とか法の中断という自覚なしに躍り出ていることだ。その結果、ホモ・サケルを増殖させている文化政治にどっぷりと浸かっている主体であればあるほどに、殺害を実行する行為者となり、今度は自分自身の市民としての主体性が危機に晒される。スピルバーグの映画の題名は「空港」ではなく、奇しくも「ターミナル」(終着点)だった。生と死の政治学を介した主体形成は、市民ではなく、市民かつホモ・サケル、すなわち殺害者かつ被殺害者の生産へと歩みを進めるように思われる。

市民かつホモ・サケル、殺害者かつ被殺害者となる危険性を秘めているのは、しかし、収容所看守、空港職員、臓器移植をおこなう医師といった、社会権力を何らかのかたちで付与されている者に限らない。たとえば近年、自殺的とも言える他殺事件が「一般」市民のあいだで増えているように思われる。その一つに挙げられるのが、二〇〇四年に佐世保市で起こった小学生による同級生殺害である。彼女はインターネットに夢中だったと報道された。しかしインターネットへのアクセスこそ、今日の市民に求められている技能である。彼女はあまりに深くインターネットに埋没しすぎて、自己を見失ったのか。しかし残念なことに、どこまでが認可され、どこからが認可されないかの明確な線引きは不可能だ。また身体的危害のみが違法な暴力でないことも、ドメスティック・バイオレンスやセクシュアル・ハラスメントやいじめの概念が証明している。

「剝き出しの生」の抹消を加速し、「より良き生」の拡大を求める現代社会は、皮肉なことに「より良き生」の偽善を露わにして、市民性の定義を突き破り、自らの暴力によって自らが社会から放逐されるという自死的暴力の淵に、市民自体を駆り立てているのではないか。ここではたらいていいるのは、「より良き生」を約束しているはずの主体化《サブジェクション》／隷属化が、逆に主体の社会的な死、そして身体的な死を呼び込むという(非)主体形成のメカニズムである。この論のはじめで、近代の主体形成は欲望の他者化をとおしておこなわれてきたと述べた。それでは、このように液状化しつつある(非)主体を前にして、現代社会はそれをどう取り扱おうとしているのだろうか。

アブグレイブ虐待については、ラファエル・パタイ著の『アラブの精神』〔脇山俊・脇山怜訳『これがアラブだ』ＰＨＰ研究所、一九七七年〕を参照にした米軍が、イラク人に対する効果的な拷問として、女性兵士による性的虐待(アラブ文化の男性中心主義ゆえ)と、同性愛の性行為の強要(アラブ文化の同性愛嫌悪ゆえ)という手段を選んだと言われている。そしてまた皮肉なことに、拷問を執行した兵士――とくに女性兵士――が世間から糾弾された理由も、同じく「不埒にも女だてらに男に暴行を加えた」ことと、「同性愛というスキャンダラスな行為」を強要したことだった。ここに現出しているのは、性(差)別化せずに欲望を享受しつつある現代の消費文化を背景にして、それを戦術的に操作し、それによって、性の軸で配分されてきた従来型の主体構築が担保していた安全弁を巧妙にはずし、そのうえで、その戦術に批判が集まると、今度はもとの〔ヘテロ〕セクシズムとオリエンタリズム(7)に溢れた欲望言説を前面に出して、暴力行為を、従来型の個人主体の欲望の帰結として処理するというご都合主義的で、時代錯誤的な自己防衛システムである。事実アメリカ政府は、それ自身の死の政治学も、それが謳歌している消費文化も再考することなく、古典的とも言える方法で行為者を罰し、それによって、この虐待が未来に投げかける問題に蓋をしてしまった。

同様のことは、佐世保の小学生の同級生殺人にも言える。当時の特命担当大臣（防災・有事法制担当）だった井上喜一は、この事件直後、「元気な女性が多くなってきたということですかな」と述べ、また当時の谷垣禎一財務大臣は「昔はナイフは男、放火は女性の犯罪」だったと公的場所で語った。暴力の性別化を印象づける二人の発言は、この惨事を性配置に矮小化するのみならず、惨事を近代主義的な個人主体の次元にまとめ上げようとするものである。

さらに重要なことは、このような時代錯誤的な言説に寄りかかっているのが、統治力を誇示する政府（たとえば日米両政府や米軍）のみならず、暴力行為者を自分とは無縁の怪異な存在とみなして、彼／女たちを批判する「普通の」人々でもあるということだ。アブグレイブの写真にショックを受けた人々は、ともすれば兵士たち、とくに女性兵士たちを「非女性的」で「異常」だと弾劾し、理解不能の殺傷事件をその行為者の「特殊」事情に還元しようとする。だがいまだにグアンタナモでは同様のことが起こり、暴力をめぐる消費文化がテクノロジーを巻き込みながら世界中を駆け回っているときに、はたして兵士たちは、どんな法に照らして、深い悔悟と謝罪の念をもって犠牲者たちに責任《リスポンド》を取ることができるのか。児童の場合はどうなのか。たとえば彼／女たちを現法で処罰し、あるいは自国の収容所（刑務所や鑑別所）に「収監」させるだけで、これらの残虐行為は完全に解決・解消されるのだろうか。欲望を介した市民構築に基づく現在の民主主義の枠内で、こういったことを扱うことがはたしていまだに可能なのだろうか。

おそらく現在求められていることは、近代の主体形成とは異質の（非）主体形成が今や進行しているという認識に立って、その自己他者化の心的構造――それはとりもなおさず(非)欲望の再配置――が、どのように共社会性と新たに折り合いをつけられるかについての思弁的追求と、[8]またそのような(非)主体に対していかにいまだに〔ヘテロ〕セクシズムの語彙が流用されているかに関する分析的研究なのではないだろうか。暴力の増殖と連鎖を前にして、現在の法体制は、ただ途方にくれているか、あるいは時代錯誤的な自己防衛に腐心しているだけのようだ。ジェンダー／セクシュアリティの差異に基づく市民構築が液状化しつつあることを踏まえて、「暴力」のインターフェイスを子細に検討すること、それがオルタナティヴな対抗暴力の布置を案出していく道であるように思われる。

注

(1) ここでは、「ナルシシズム」の語は唯我的・自閉的な自体愛としては使っていない。しかしさらに、自己構築の契機としての「自己破砕的ナルシシズム」を考慮する必要があり、本論は心的分析には立ち入らなかったので、それにには言及しなかった。これについては拙論「(自)殺害へ向かうパッション」を参照〔未発表。第一一章注(18)参照〕。

(2) このメカニズムを、別様の方面から論じた口頭発表「人間と非人間――死をめぐる(バイオ)ポリティクス」(第四回F-GENSシンポジウム「ポリティクスの分水嶺」二〇〇七年)では、「スーパー・バイオポリティクス」と呼んだが、「バイオポリティクス」の加速度的過剰さを表現する語として、「ハイパー・バイオポリティクス」の呼称に変えた。

（3）　たとえば Judith Butler, *Precarious Life*, Chapter 3 "Indefinite Detention" など。

（4）　拙論 "Human/Inhuman: Biopolitics toward Death"（第四回F-GENSシンポジウムでの発表論文を文字化したもの、注（2）参照）、および拙論「（自）殺害へ向かうパッション」参照［注（1）参照］。

（5）　二〇〇四年四月三〇日、カナダ首相を迎えてのホワイトハウスでの記者会見のおりの言葉。この前日にアブグレイブ虐待の写真が世界中のメディアにのった。ホワイトハウス公式ウェブサイトより。〈http://www.whitehouse.gov/news/releases/2004/04/20040430-2.html［http://georgewbush-whitehouse.archives.gov/news/releases/2004/04/20040430-2.html］〉

（6）　『ソドムの市』が例外的表象でないこと、また暴力の被害者と加害者の不分明化を表象している現在の映画（『ドッグヴィル』）の分析については、拙論「マゾヒスティック・エイジェンシーの（不）可能性」を参照。

（7）　『アラブの精神』はサイードによってすでに三〇年余前に批判されていた。またアブグレイブ虐待とセクシュアリティの関係の考察については、Jasbir K. Puar, "Abu Ghraib: Arguing against Exceptionalism" も参照。

（8）　このように主体化によって自己他者化（自己抹消）をおこなう主体液状化の現象のなかで、自己の欲望がどのような変容を遂げはじめているかを検証する必要があるが、この考察は拙論「（自）殺害へ向かうパッション」参照［注（1）参照］。

文献

Agamben, Giorgio, a. *Homo Sacer: Sovereign Power and Bare Life*. 1995. Trans. Daniel Heller-Roazen. Stanford: Stanford University Press, 1998.（ジョルジョ・アガンベン『ホモ・サケル――主権権力と剝き出しの生』高桑和巳訳、以文社、二〇〇三年）

——, b. *Remnants of Auschwitz: The Witness and the Archive*. 1998. Trans. Daniel Heller-Roazen. New York: Zone Books, 1999.（『アウシュヴィッツの残りのもの——アルシーヴと証人』上村忠男・広石正和訳、月曜社、二〇〇一年）

Butler, Judith. *Precarious Life: The Powers of Mourning and Violence*. London: Verso, 2004.（『生のあやうさ——哀悼と暴力の政治学』本橋哲也訳、以文社、二〇〇七年）

CNN. Com. 24 Aug. 2004. 〈http://edition.cnn.com/2004/US/08/24/abughraib.report/index.html〉

Derrida, Jacques. *Of Hospitality*. 1997. Trans. Rachel Bowlby. Stanford, CA: Stanford University Press, 2000.（ジャック・デリダ『歓待について——パリのゼミナールの記録』廣瀬浩司訳、産業図書、一九九九年）

Foucault, Michel. *The History of Sexuality: An Introduction*. 1976. Trans. Robert Hurley. New York: Pantheon Books, 1978.（ミシェル・フーコー『性の歴史Ⅰ 知への意志』渡辺守章訳、新潮社、一九八六年）

Hersh, Seymour M. "Torture at Abu Ghraib." *New Yorker on the Web* 23 Nov. 2004. 〈http://www.newyorker.com/fact/content/?040510fa_fact〉

Puar, Jasbir K. "Abu Ghraib: Arguing against Exceptionalism." *Feminist Studies* 30. 2 (Summer 2004): 522-34.

Said, Edward W. *Orientalism*. New York: Pantheon, 1978.（エドワード・W・サイード『オリエンタリズム』今沢紀子訳、平凡社、一九八六年）

Shenon, Philip. "The Struggle for Iraq: Detainees: Officer Suggests Iraq Jail Abuse Was Encouraged." *New York Times* 2 May 2004. 〈http://query.nytimes.com/gst/fullpage.html?res=9E04EED9123DF931A35756C0A9629C8B63〉

Sontag, Susan. "Regarding the Torture of Others." *New York Times on the Web* 2 May 2004. 〈http://donswaim.com/nytimes.sontag.html〉

Spivak, Gayatri Chakravorty. "Can the Subaltern Speak?" 1985. *Marxism and the Interpretation of Culture*. Eds. Cary Nelson and Lawrence Gossberg. Urbana: University of Illinois Press, 1988. 271-313.（ガヤトリ・C・スピヴァク『サバルタンは語ることができるか』上村忠男訳、みすず書房、一九九八年）

Takemura, Kazuko, a. "Violence-Invested (non-)Desire: Global Phallomorphism and Lethal Biopolitics."『F-GENSジャーナル』三号、お茶の水女子大学、二〇〇五年、六五―七一頁。

――, b. "Human/Inhuman: Death and Life in Biopolitics."『F-GENSジャーナル』一〇号、お茶の水女子大学、二〇〇八年、五二―五七頁。

Trinh, T. Minh-ha. "Other than Myself/My Other Self." *Travellers' Tales: Narratives of Home and Displacement*. Eds. George Roberts, et al. London: Routledge, 1994.（トリン・T・ミンハ「私の外の他者／私の内の他者」竹村和子訳、今福龍太・沼野充義・四方田犬彦編『旅のはざま』（世界文学のフロンティア、第一巻）、岩波書店、一九九六年、二四一―七一頁）

竹村和子a「マゾヒスティック・エイジェンシーの（不）可能性――アブグレイブ写真・『ソドムの市』・『ドッグヴィル』におけるプンクトゥムと暴力」『立命館言語文化研究』一八巻二号、立命館大学、二〇〇六年、三―一三頁。［竹村和子『彼女は何を視ているのか』作品社、二〇一二年］

――b「（自）殺害へ向かうパッション」『思想』岩波書店、二〇〇八年掲載予定。［未発表。第一一章注（18）参照］

フィルモグラフィー

『キル・ビル』監督クエンティン・タランティーノ、アメリカ映画、二〇〇三年、（続編）二〇〇四年。

『ソドムの市』監督ピエル・パオロ・パゾリーニ、イタリア映画、一九七五年。

『ターミナル』監督スティーヴン・スピルバーグ、アメリカ映画、二〇〇四年。

第一五章　「戦争の世紀」のフェミニズム

1　はじめに――新しい形の暴力の出現

本書の企画［「特集　戦後思想再考――「新しい戦争の世紀」から」『神奈川大学評論』第六〇号］は、単に「戦後六〇有余年」を語るものではない。それならば、戦後に女が参政権を得たことを筆頭に、男女同権への試み、ウーマン・リブの挑戦、フェミニズム運動の展開、雇用機会均等法や男女共同参画社会基本法の施行、フェミニズム研究の主流化への歩み、民族差別に潜む性差別の指摘、日本軍性奴隷（慰安婦）の問題化、性暴力の法的認知、同性愛やクィアの可視化、性同一性障害の医療化……といった事柄によって、男女間の平等・公正のみならず、男女の二分法を言挙げするまでになった、と言えるだろう――一応のところは。というのも、フェミニズムの思想が政治のアリーナに侵入すればするほど、また女が社会的に力をつければつけるほど、とくに一九九〇年代後半あたりから、フェミニズムへのバッシングが陰に陽に猖獗をきわめてきているからである。また性差別の解消は一様に進んでいるのではなく、女のなかの差異が、政治経済のネオリベラリズム化によって、性を横断しつつ「格差」という言葉に変換されて進展しているからである。さらには、少子化や介護のイシューを規範的な家族回帰に矮小化する言説が、政策上でも、またメディア上でも、ハピー・ウエディングや家族によるケアという幻想を身にまとってふたたび蘇っている。旧来の女らしさの価値観が新しい指南書的な様相を呈して、巷に流布している現象もある。

この半世紀あまりのあいだに、性の平等化がそれ以前と比べて飛躍的に進められてきたにせよ、それを真に現実のものとするための人々の心のありようは、いまだに思い込みや偏見や幻想や既得権への固執から完全に抜け出せているとは到底言えない。そのようなことのあれこれが、戦後六〇有余年のフェミニズムを語るときには、主要な話題となるだろう。

しかし本号の特集には、「「新しい戦争の世紀」から」という副題がつけられている。二一世紀の幕開け前後から顕著に見られるようになった衝突・闘争・葛藤を「戦争」とのみ呼ぶことの是非はともかく、従来の枠組で説明することが困難な様相を呈している暴力、あるいは、従来の枠組で説明することが困難なほどの量的規模の暴力が跋扈しはじめていることは確かである。それは国内・国外を問わずに起こっている。世界を震撼させたアブグレイブの拷問、学校での無差別殺傷、児童虐待や親による子どもの殺害、家族内殺人や傷害の顕在化、殺害した死体の切断や遺棄の加速化、いじめと、それによる自殺の低年齢化、労働環境がふるう暴力とも言うべき過労死や過労によるうつ病、ウェブサイトを介した犯罪、不特定多数の殺害・傷害……。こういった暴力のなかには、一見して性とは無関係に見えるものもある。しかし近ごろ顕在化している暴力は、近代の規範が隠蔽してきた暴力が、近代の枠組の構造的変容によって、そこここから一気に噴き出しはじめているとも言えるのではないか。そして近代市民社会が性を主軸にして構成されてきたのなら、そのような性体制が生産しつつ抑圧してきた暴力が何なのかを、今問うことが必要になるだろう。

2　社会の形質変化の予兆[1]

過去半世紀あまりに展開したフェミニズムは、国内・国外を問わず、大別すると次の二つに分けられるように思われる。一つは、既存のジェンダー体制を分析し、非対称的なジェンダー体制が暴力的な形をとって発露し表象されることを精緻に分析して、結果的にその攪乱をねらうという、いわば解放主義的な「明るい」志向性をもつものである。もう一つは、既存のジェンダー体制から逸脱したり、それに抵抗している形象自体が、べつの暴力的な構造に加担してしまっているという指摘や考察、つまり解放主義的方向には一概にまとめ上げられない「ますます暗くなってしまう」方向である。これらはあくまで「理念的に大別」したので、現実には、人々の意識・無意識にかかわらず、両者の要素が複雑に混じり合っている。

さて、この二つの方向のどちらにも言える理由として、二つ挙げられる。一つは、これまでのフェミニズム活動や研究の進展、もう一つは、社会の形質変化の予兆である。前者については、冒頭で挙げたような性の平等や公正化をめざすさまざまな試みや、女性学・フェミニズム／ジェンダー研究の蓄積が挙げられる。たしかにとくに戦後は、国内・国外を問わず、また「国際女性年」から始まってＮＧＯやＮＰＯも含む種々の国際的取り組みも効を奏して、ジェンダー・センシティブな社会へと大きく動いてきたことは確かである。フェミニズム研究においても、社会や文化の男性中心主義を指摘し、埋もれていた女の声を発掘しようとする七〇年代、八〇年代の試み（ガイノクリティシズム）から、九〇年代以降に盛んになった、性差別と植民地主義の交差を言挙げする議論（ポストコロニアリズム）、セクシュアリティの分析に基づく認識構造への切り込み（クィア理論）、ホモソーシャリティの概念を含む男性性の研究（男性学）、グローバル資本の隆盛に伴う国境を越える性配置の分析（グローバル化研究）、テクノロジーの進展がもたらす生殖医療や身体加工の検討などへと推移し、またそれらの要素を同時に包含して、個別的な問題提起に留まらない認識論的な変容を迫るまでになってきた。

しかしこのことは同時に、社会のラディカルな形質変化をフェミニズム自体が促し、あるいはその徴候をフェミニズムがいち早く読みとることにもなった。わたし自身それを最初に如実に感じたのは、アブグレイブ虐待への女性看守の関与だった。そのときに書いた文章を少し引用したい。

この意味で、男性的な女は「パンドラの箱」を開けたと言えます。彼女たちは、暴力行為に対する男たちの自己弁明を無効にしたり、女の活動を非暴力的範囲に限定しようとするフェミニストを戸惑わせるだけではありません。男性的な女がわたしたちに要請しているのは、女性兵士のみならず、男性的な女一般、いやそれどころかすべての女が、暴力的になりうることを「再」認識することです。なぜなら、単なる「外見」から「日常行為」、そして「戦場での残虐行為」にいたるまで、そこには何らかの連続性が理念的に存在しているからです。別の言葉でいえば、男性性／女性性という、これまでの性の二分法は、世にあまねく存在している権力関係を、性的関係に矮小化し、それによって、権力関係から発生する暴力を、生物学や社会的大義で説明して正当化してきたものです。したがって今わたしたちが考察しなければならないことは、ジェンダーおよびセクシュアリティの配置そのものだけでなく、それをつうじておこなわれてきた近代的な「暴力の配置」が奈辺にあるかを暴いていくことではないでしょうか。(2)

3 バイオポリティクスの致死装置

近代的な「暴力の配置」とは、とりもなおさず、近代的「人間」の生産でもある。そしてそれを稼働させてきたのが、近代のバイオポリティクス（生政治）である。バイオポリティクスは、近代の「人間」を生産するために、人口管理つまりはジェンダー／セクシュアリティにまつわる規範化言説を発動してきた。その意味で近代的な人間主体は、バイオポリティクスに則った性の非対称のもとに、（男性的）市民モデルとして生産されてきた。つまり男には「生得の属性」としての「攻撃性」を割り振り、それを戦争する能力、資本を拡大する能力、また性的な活力として肯定・是認し、他方で女には受動的な役割を割り振り、社会的にも、また私的・性的局面においても、男の攻撃性を補完する受動性や従属性を担わせた。この文脈においてドメスティック・バイオレンスもセクシュアル・ハラスメントも、その法制化や社会的認知の以前には「暴力」として認知されることがなかった。

フーコーによれば、暴力は、市民が市民たりえるために代価として支払う自己規律、すなわち病理学的および犯罪学的コードの内面化として現れる。いわば暴力は、まずは言説的次元において、生存可能な市民主体＝身体（ビオス）を形づくるために発動される。まさにこの人口管理が、「バイオ」ポリティクス（「生きる」ための政治）と呼ばれる所以である。ひるがえって現実の暴力――殺人や傷害、自死や自傷――は、犯罪化されたり診断されて、社会のなかに事後処理的に位置づけられる。また戦場での殺傷行為のように、自国の安寧や利害のために必要な正当防衛として、承認され不可避化される。いわば近代の民主主義は、目に見える暴力行使を、犯罪や精神病や戦場に局所化することによって、表層的には暴力とは無縁であるかのような市民を産出する装置だと言えるだろう。

しかし言うまでもなく、このような市民の生産は、主体化＝隷属化《サブジェクション》による自己規律のみならず、規範的な市民の資格を持たぬと判断された者に対して、排除の暴力を組織的に執行するものである。そこでは、非規範的人間を市民によって排除することが、社会的に「例外状況」(3)として認められている。

ところが近代の民主主義と手に手をとったバイオポリティクスは、非認可の生を市民生活から徹底的に抹殺しようとして、人々の生を次々に「政治的生」へと――「認可される市民」へと――変えていくが、このプロセスをとおして、排除の情熱は皮肉なことにますます研ぎ澄まされ純化されて、これまで生存可能とみなされていた人々やその属性、さらには自らの身体さえも、(ときに欲望のかたちをとった)排除の対象としていく。その例として、近年の過度の清潔思想、加齢の抵抗としての美容整形、生殖テクノロジーへの欲望、差異の捏造に帰因するいじめなどを挙げることができるだろう。現在深刻になっている学童期のいじめ(日本では職場でも顕在化している)は、非認可の生を捏造し擬人化して、増殖させる行為である。その結果、新しいかたちの内戦(市民戦争《シヴィル・ウォー》)が偏在的に勃発し、市民と非市民、認可された生と非認可の生とのあいだに、新しい不連続な境界が生まれる。ジョルジョ・アガンベンは、このような例外状況の恒常化を、「既存システムが、その機能存続のために「致死的マシーン」へと自ら姿を変えることの徴候」(4)と捉えた。

4 賞味期限切れしつつあるドメスティック・イデオロギー

バイオポリティクスが「致死的マシーン」化する時代においては、自己が立ち上がるときに経験される「一次的欠如」が、どのように近代的な差別軸を離れて、社会化されていくかを考える必要があるだろう。それは自己と他者の分別が、これまでと異なってどう展開していくかということであり、またそもそも自己と他者の分別そのものが近代の所産だとすれば、そのような分離を要求しないかたちの生存可能性がどのように作られうるかという問題でもあるだろう。ここでは、「一次的欠如」という精神分析の次元には踏み込まずに、自己／他者の分別を産出してきた近代のドメスティック・イデオロギーの推移を指摘したい。

ドメスティック・イデオロギーは、近代資本主義社会が展開させてきた男女の領域の分化に対して、第二波フェミニズムが批判的に与えた呼称である。近代市民社会が資本主義の隆盛とともに進展していくなかで、職場（公的領域）と家庭（私的領域）が分離され、男にはこの両方の領域を、女には私的領域を、理念的に（というのも、これが現実的に可能だったのは当初、中産階級だけだったので）割り振り、この二重基準が、ジェンダーにおいてもセクシュアリティにおいても、男性性、女性性という社会的・政治的・道徳的・美学的な虚構を生産し、流布し、自然化していくことになった。この操作は「領域の分化」とも呼ばれるが、とくに焦点化されたのが、私的領域に女を閉じ込める言説であったために、ドメスティック・イデオロギー（あえて訳せば、家庭主義イデオロギー）という呼称が流通している。しかし資本主義が、当初の産業資本主義から消費資本主義、情報資本主義へと、またポスト・フォーディズム的生産様式へと様変わりするなかで、そして非生産労働が「北」の諸国で趨勢を占めていくにしたがって、生産労働と再生産労働の分離に端を発する公的領域と私的領域の分化が、自国の資本主義の発展にとって、喫緊の課題ではなくなってくる。

また「ドメスティック」の語に「国内の」という意味があることから、奇しくもこの名称は、当初のフェミニズムの意図を超えて、植民地差別や外国人嫌悪《ゼノフォービア》と交差する性差別《セクシズム》や異性愛主義《ヘテロセクシズム》を的確に記述するものでもあった。国境の内外を明確に分けるさいに動員される性幻想である。しかしこれについても、近年の生産拠点の海外移転や、国境を横断する情報集約が進行するなかで、また国内での私的再生産労働に海外からの労働力が充当されるにつれ、性のメタファーで補強されていた国境の内・外の区分が液状化してくる。

したがって、そもそも男性性／女性性や主体／他者の明確な区別を要請していた近代のドメスティック・イデオロギー自体が、資本主義の展開、とくにグローバル資本の隆盛によって、国内的にも、また国境を挟んでも、当初のイデオロギー的必要性を失いつつある。にもかかわらず、依然として男性性と女性性、異性愛と非異性愛のカテゴリーは、あたかもそれが非歴史的な真実や事実であるかのごとく流通している。だから近年顕著に見られるようになってきた暴力――従来の枠組で説明することが困難であったり、従来の枠組で説明することが困難なほどの量的規模の暴力――は、そのような性に関するメタファーが、その有効性がもはや賞味期限切れしていることに起因して、またそれにもかかわらず過去のイデオロギー的残像によってそれがいまだに参照枠として使用されていることに起因しているのではないだろうか。人々を震撼させる事件が起こるたびに、「犯人」の「精神」鑑定が問題となるが、しかしその「精神」鑑定が近代のドメスティック・イデオロギーに準拠した内部／外部、自己／他者の枠組みで思考されるかぎり、「犯人」の行動の心的組成をその同時代の文脈において位置づけることはそもそも困難である。

加えてドメスティック・イデオロギーは、私的領域を公的領域から差異化し、私的領域を非政治的なものとみなすものだが、しかしこの操作自体が政治的である。だからこそ表面上は政治的領域から引き離されていたように見える私的領域に、資本や情報が流入してくるにつれ、それまで不可視化されていた私的領域内の権力関係はますます増幅され、分裂再生産されて、その桎梏のなかにいる者たちを、屈折したかたちの暴力執行者として、私的領域のなかで、そして私的領域と表裏一体の公的空間においても、現出させることとなる。

暴力とは無縁の市民の生産という近代の民主主義的プロジェクトが、これまで刈り込み、局在化させていた心的エネルギーは、ドメスティック・イデオロギーの推移によって、その規制範囲から溢れ出ている。ジェンダー、セクシュアリティ、人種、民族などといった、近代の差別化の軸にしたがってこれまで配備され固定されていた攻撃性が、これとはべつの心的組成のなかで現在立ち上がっているように思われる。だからと言って、フェミニズムの解放主義的努力を否定しようというのではない。むしろ逆だ。性的・人種的・宗教的な不寛容は冷酷な暴力であり、それを根絶することは急務である。しかし、市民／非市民の境界の増殖と曖昧化が起こり、それによって暴力が、市民＝主体や市民社会の〈内部〉に奔入しているときに、これまでのパラダイムに則って〈認可されない暴力〉と〈認可される攪乱〉の区別を立てることはさほど容易ではない。

またむろん殺害や傷害は、それがどのようなものであれ、実際には個人が手をくだす行為である。

したがってその原因を社会や制度にのみ帰することはできない。しかし暴力行為を犯罪と同定するのは制度であり、また何を暴力とし、何を社会化された関係性とみなすかも、また制度である。そしてこの制度は、法規範のみならず、人が社会のなかで「人間」化していくさいに作られる自己についての物語のなかに刻印されるものでもある。言語的存在である人間が、その「人間性」の資格として、どんな物語を現在作り直しつつあるのか。あるいはドメスティシティ(家庭性／一国性)の境界の液状化によって、「個」の自律性を基盤とする「人間性」という概念それ自体が、もはや間尺に合わないものとなりつつあるのか。こういったことこそが、「新しい戦争の世紀」とも呼ばれる時代に、フェミニズムが考察すべき事柄、いやフェミニズムの視点で考察しなければならない事柄のように思われる。

注

(1) この節と次節の一部は、二〇〇七年一〇月二〇日に開催された第四回F-GENSシンポジウム「ポリティクスの分水嶺」(お茶の水女子大学二一世紀COEプログラム「ジェンダー研究のフロンティア」主催)で口頭発表されたものに基づいている。なおその折の発表は、以下に英文で掲載されている。Kazuko Takemura, "Human/Inhuman: Death and Life in Biopolitics,"『F-GENSジャーナル』一〇号、二〇〇八年、五二—五七頁。なお同趣旨のことは、以下でも述べている。竹村和子「生と死のポリティクス——暴力と欲望の再配置」(『欲望・暴力のレジーム——揺らぐ表象／格闘する理論』竹村和子編著、作品社、二〇〇八年に所収[本書一四章])。

（2）拙論（オリジナルは英語）の一部の翻訳。Kazuko Takemura, "The Future of Sexual Difference and the New Deployment of Violence."『F-GENSジャーナル』三号、二〇〇五年、二四〇―四二頁。またこれは、二〇〇四年一一月二七日に「ジェンダー研究のフロンティア」と科研費プロジェクト「近現代日本における男性性の構築過程についての学際的研究」（研究代表者 細谷実）との共催で開催されたJudith Halberstamの講演 "The Contradictions of Female Masculinity Before and After Abu Ghraib" に対するリスポンスとして発表されたものである。ジュディス・ハルバーシュタム講演の一部は高橋愛によって邦訳されている（「女の男性性――歴史と現在」『欲望・暴力のレジーム』に所収）。

（3）ジョルジョ・アガンベンが『ホモ・サケル』で展開した概念。もともとはカール・シュミットが議会制民主主義の限界を論じるさいに使った。Giorgio Agamben, *Homo Sacer: Sovereign Power and Bare Life*, 1995, Trans. Daniel Heller-Roazen, Stanford: Stanford University Press, 1998.（ジョルジョ・アガンベン『ホモ・サケル――主権権力と剝き出しの生』高桑和巳訳、以文社、二〇〇三年）

（4）Ibid., p. 175.

付論

「翻訳の政治」——誰に出会うのか

これまでの発表者が個別的な文献に関して精緻で、問題意識に満ちた発表をされましたので、わたしは、翻訳という作業はどういうことかという問題提起からはじめて、翻訳における他者性について考えてみたいと思っています。歴史的にも翻訳文献が数多く流通しているこの文化風土のなかで、翻訳という作業は当たり前のこととして、あまり注意を向けられてこなかったように思いますが、これはたいへん特異なジャンルです。それは、「読む」という行為に通底する問題をはらみつつ、それを一つの表現形式にまとめあげるという点で、「書く」という行為の問題系を提示していくものであるからです。もちろん翻訳は、読むことと書くことが分離不可能な状態でテクスト化されたものです。しかし思考の手順として、まずこの両者のそれぞれを論じながら、「翻訳の政治」がはらむ問題と可能性をさぐっていきたいと思います。

1 テクストの表象性について

現在、翻訳について考察されている背景の一つには、植民地主義再考(いわゆるポストコロニアリズム)の隆盛があるように思います。それはべつべつの文化(言語体系)が出会うときに、一方の文化(言語体系)からもう一方の文化(言語体系)へのテクストの移動がおこなわれ(英語で translate の最初の意味は「ある人、場所、状況から別の人、場所、状況へ移しかえる」という意味です)、そのときに抑圧的、領有的、あるいは生産的な誤移動(すなわち誤訳)がおこなわれるので、その誤移動(誤訳)が個別的な翻訳文献でどのようになされ、またその個別的な誤移動(誤読)が、それをおこなったテクストの生産者やその受容者を取り巻く文化の言説とどのような関連をもっているかということです。とくにこの植民地主義再考の文脈では、文化(言語体系)を基盤づけている国家や文化圏といった地政的な言説の権力関係が問題化されます。

しかし翻訳の問題を考えるにあたって、わたしはかならずしも、テクストの移動を地政的な言語領域の問題としてのみ捉えるのを避けようと思っています。なぜなら、翻訳はまず「読む」という行為から始まると思うからです。つまり「誰」が「どのように」そのテクストを読むか、さらに付け加えれば「いつ」読むかということが、その翻訳の姿勢を決定していくと思うからです。(1)

ガヤトリ・C・スピヴァックは『教育機械のなかの外側』という著書におさめた論文「翻訳の政

治」のなかで、「翻訳者の仕事は、原作とその影とのあいだで、愛情を流通させることであり、この愛情こそ、翻訳者の行為と、想像上の、あるいは実際の読者の要求とのあいだに緊張関係を保たせるものだ」(Spivak, f 181 強調引用者)と述べています。ちなみにこの発表のタイトルを、このスピヴァックの論文と同じ「翻訳の政治」にしたのは、彼女の翻訳議論を、その概要においては首肯しつつも、それにべつの観点を付け加えようと思ってのことです。それは副題に記した「誰に出会うのか」ということですが、そのことについては、この発表のなかで明らかにしていきたいと思います。

スピヴァックの言う「愛情」とは、テクストを「ほぐし」つつも、テクストに「降伏する」というきわめて困難な作業を可能にさせるものです。すでに脱構築を経過しているわたしたちにとって、テクストを、〈完全な理解〉とか〈文学史的な意味〉とか〈コンセンサスに基づく妥当性〉に収斂させることはできません。スピヴァックが言うように、「(テクストの)言葉の表面を打ち砕く破壊的なレトリック——しかもその砕き方には必ずしも一貫性はない——を巧みに操ることによって、言語の織物の縁がほどけ、ぼろぼろになって、意味の流通が容易になっていく」(180)ものであるからです。したがってテクストの意味(あるいは意味の渦巻きとも言うべきもの)は、テクストの言語の臨界点に近づくことで——ふたたびスピヴァックの言葉を使えば、「言語が完全にほつれたところにある沈黙、テクストが独自の方法で何とか、かわそうとしている沈黙」(183)を測定することで——得られるかもしれないものです。この言語の臨界点に近づくこと、ピエール・マシュレが言う「沈黙への旅」をおこなうには、テクストに対する――そしてテクストをとりまくコンテクストに対する――「親密さ」ともいうべきものが不可欠で、その「親密さ」は、まずテクストに降伏することによって得られるというのが、スピヴァックの論点です。

たしかにこの意味で、彼女が例を挙げているベンガル作家マハスウェータ・デヴィの短編"Stanadayini"を最初に訳した翻訳者は(2)、その題名を「乳母」(the wet-nurse)と訳したことで、女の乳房が生産労働の手段として商品化されているというこのテクストの重大なテーマを切り捨ててしまったというスピヴァックの批判は、適切であるかもしれません。特定の階級が刻印されている「近代性」に汚染された翻訳者は、女の乳房の交換価値という「土着の知恵」の面倒な部分は、訳さずに済ませておいた。もしかしたら、読み取らなかったかもしれません。そしてこの欠陥は、ちょうどサイードが『オリエンタリズム』で語ったのと同じ構造、西洋が第三世界の女の表象を占有し、それによって、第三世界の女のテクストの翻訳という重大な他者との遭遇の場面を「自分に似た何かに変えてしまった」こと、「自分が見たいと思う何かに変えてしまった」こと――つまり他者との遭遇を、自分の言語の枠内でおこなうことによって、自己画定と他者の矮小化をおこなってしまったこと――も確かです。

しかしかりにある翻訳が、原テクストを既存の言語体系や文化体系のなかに包摂してしまわなければ、翻訳の問題はおおむね解決するものでしょうか。たとえば翻訳者がテクストに対して「親密さ」を保持し、スピヴァックが言うように、テクストの使用言語で「親密なことが言える」(Spivak, f 187）だけの言語運用能力と、さらには、単に「原文の言葉で会話できる」（188）というだけではなく、文学作品の慣習を制度的な側面から再位置づけできる視点と能力を持っていれば、たとえば、スピヴァック自身が訳したマハスウェータ・デヴィの短編の翻訳のようなものであれば、翻訳の問題は解決するのでしょうか。

スピヴァックは『文化としての他者』のなかで、この短編を訳したのちに、「サバルタンの文学的表象――第三世界の女のテクスト」という長い論文を掲載しています。その論文のなかで彼女は、このテクストが、西洋のマルクス主義フェミニズムによっても、西洋の自由主義フェミニズムによっても、またフランスのエクリチュール・フェミニンによっても、十全には解釈できないことを――それぞれの解釈にはその範囲と限界があることを――実際にそのような読みを実験してみせることで、示しています。彼女によれば、西洋のエリートの方法論がつねにこのテクストの解釈に失敗するのは、このテクストが、翻訳する側の言語によって抑圧されている植民地の、さらにそのサバルタンの題材を扱ったものであるからです。

では西洋の読者ではなく、原テクストの使用言語を使う読者ならば、このテクストを十全に読むことができるのでしょうか。それに対しても、彼女は間接的ですが否定の身振りをします。なぜならこのテクストは、「［土着の素朴な文学がそうであると思われているような］リアリズムの文体を使ったジェンダー表現を、わざと謎めかして、不条理に提示しているので、それは自国語を話す読者にもほとんど理解不可能になっている」（Spivak, d 267）からです。事実この短編は、孕みつづけることによって母乳を生産し、その余剰生産を主人の子供たちに提供するという話ですが――プロットの次元でも、レトリックの次元でも――家父長的な性体制や、階級の従属、民族主義の寓話的記号、病気の身体隠喩などといった多様な主題を横断し、連結させ、浸食する複雑な構成をなしているテクストです。

スピヴァックは、テクストの沈黙に接近することを、「愛」というメタファーで捉え、まずそれは、テクストへの服従であると語りました。しかし脱構築的な視点をとる文学批評にとって(ポストコロニアリズムはこの一つですが)、読みの行為を透明化して、テクストへの服従を中立的なものにすることはできません。愛は、他者を「もてなす」という意味で、受動性と能動性の両方を併せ持つものです。そしてテクストは、読むまえに存在しているのではなく、読むという行為遂行的《パフォーマティヴ》な行為によって――つまり読者という行為体《エイジェンシー》をとおして――はじめて現れ出るものです。しかしこの読者の介在性《エイジェンシー》が、テクストの読みの範囲と限界を、必然的に画定することにもなるのです。

たとえばスピヴァックが固執するこのテクストの題名について、彼女は、サンスクリット系のベンガル語"Stanadayini"は、「乳母」という意味の"Stanyadayini"と違って、「胸を与える者」(Breast-Giver)という意味であり、この新造語を造ることによって、胸を「生産の疎外された手段、部分対象、女を母にする特徴的器官」として表現する暴力的な意味作用が可能になったと述べます。しかしスピヴァックは"Stanadayini"を「胸を与える者」と訳すことによって、彼女は同時に、その者が女であることの明示的意味を奪ってしまいました。ベンガル語の"Stanadayini"は"Stanyadayini"からの類推によって、また文法上の構造からも、その名詞が女であることを指し示しています。むろん、英語には"give a child the breast"という慣用表現があり、それは「(女が)子供に乳を与える」ことですので、一般的な解釈慣習に従えば、「胸を与える者」が「女」であることは暗示的に語られています。しかし、ひっきりなしに子を孕むことによって母乳を生産し、それを生産価値として主人に提供し、ついには乳癌によって死亡する主人公の物語、しかも植民地主義と階級差別と性差別が、「ジェンダー化されたサバルタン」に重ね合わされるとスピヴァックが主張する物語の原テクストの表題に、本来明示的に付け加えられていた「女」の意味を切り捨てることは、翻訳者の介在であり、翻訳の「範囲と限界」を指し示すものです。

他方、スピヴァックの英訳をさらに日本語に訳したときの邦題は「乳を与える女」です。しかしここにも問題があります。邦題の方は、「女」という語を付け加えることによってベンガル語の原文にあった性別を温存しましたが、今度は"breast"を「乳」としたことで、乳房という身体器官の性的意味づけや、またそれが主人公に死をもたらす「癌」の部位であること、つまり彼女は「癌に胸を与えた女」でもあったことを看過してしまいました。おそらくこのテクストの表題としては、「乳房を与える女」が今のところ適切だと思われますが、それも「今のところ」という留保がついてのことです。

つまりこのテクストを十全に読む特権的な読者は、自国語話者にも、外国語話者にもいないということになります。むろん、特権的な作者の「意図」に頼ることはできません。テクストが

「現前《プレゼンテーション》」ではなく、言語によって表　象《レプリゼンテーション》――すなわち再‐現前《レプリゼンテーション》――されたものであるかぎり、テクストは、作者が語るつもりもないことを語るからです。むろんこの表象性は、複雑な構成をなすデヴィの短編、あるいは文化を横断して移動したこの短編の「翻訳」にのみ言えることではありません。わたしたちが「テクストを読む」行為をおこなう場合には、つねに発生している出来事です。問題は、翻訳が読みという行為を抜きに存在しえず、読みは、テクストを成り立たせている意味作用の無意識の隙間への関与であるかぎり、完全に受動的な読み、完全にテクストに降伏する翻訳はありえないのです。スピヴァックは、翻訳者の愛を語りますが、それを言うならば、翻訳には愛の逆説がつねにつきまとうことになります。なぜなら翻訳が意味作用の無意識――テクストの非連続――への関与であるならば、それは、テクストが意味の非連続のなかに抑圧している苦しみや恐怖を聞き取ろうとするもの、したがってテクストの苦しみや恐怖を引きずり出し、ときにテクストそのものを危機に陥らせるものであるからです。

2　行為遂行性の暴力

ここで「他者」について考えてみたいと思います。翻訳を話題にするとき、翻訳という、言語を横断するテクストによって、それがなければ出会わなかった他者(自国語や自文化には還元できない他者)に出会う――たとえ、それが間違った、有害な逢瀬であっても、また他者を自己の存在証明として強奪するものではあっても——と考えがちです。はたしてそうでしょうか。

スピヴァックは、次のように言います。「責任ある応答可能《リスポンシブル》な翻訳をつうじて共通性《コモナリティ》を辿ることによって、わたしたちはさまざまな差異の領域や、相異なった差異化作用に入っていくことができる」(Spivak, f 193)。しかし、差異とか差異化というのは、大変難しい概念だと思われます。「差異」を民主主義の正義の履行として考えるとき、そこには「平等」の理念が不可欠です[3]。しかし平等は「共約可能性」や「翻訳可能性」を土台に成立するものですので、差異と平等は、往々にしてパラドックスの関係に陥ります。なぜなら、差異は差異であればあるほど、他者との共約性が困難になっていくからです。差異は、他者を生産し、かつ他者との共約性を否定してはじめて意味をもつものだからです。

スピヴァックに戻れば、彼女が批判しているのは、原文が植民地主義の権力によって偏って翻訳されることで、原文が翻訳する側の言語のなかにとりこまれ、原文が沈黙させられることです。その結果、翻訳する側の主体の肥大化が生じ、異なる言語や文化の境界を超越した「わたしたち」という、さらに抑圧的な共同体が出現することです。たとえばベンガル語で書かれたデヴィのテクストが、西洋フェミニズムによるマルクス主義の家父長制批判の一例として、あるいは「女」の身体を本質化して捉えるフランス・エクリチュールの言説例として取り込まれたとき、原テクストが暗示しているジェンダー化されたサバルタンの状況は、グローバルな女の連帯《シスターフッド》によって、「なお暗い陰のなかに沈み込む」(Spivak, a 287)とスピヴァックは述べます。この時点で想定されている事柄は、翻訳言語の外側に、翻訳不可能な「他者性」が存在しているということです。

けれども「責任ある応答可能な翻訳」もまた、つねにすでに誤訳であるかぎり、翻訳として表象化されたものは異本として――テクストはすでに、翻訳者の読みの段階で異本になっているのですが――ヴァルター・ベンヤミンが言う「死後の生」を生きることになります。翻訳は、「読み」であると同時に、原テクストの再‐現前(表象)であり、それは原テクストをべつの言語のなかでテクスト化したものです。言葉をかえれば、翻訳による他者との遭遇は、翻訳を介して翻訳の向こう側にいる他者との遭遇ではなく、翻訳のなかで、翻訳としての他者との遭遇――他者の構築――です。

ではそのとき他者として現れるのは何でしょうか。翻訳が読みという行為であるかぎり、そこでまず行われるのは、原テクストの他者化です。原テクストをとりまくこれまでの文化的な「解釈共同体」、あるいは原テクストの「作者の意図性」への信頼というものが、翻訳によって、暴力的なかたちで侵犯されます[4]。たしかに翻訳主体が帝国主体の場合、原テクストの他者化は、植民地主義の権力構造を強化するかたちで、「言葉の織物」の破壊や矮小化がなされます。しかし、そのような暴力的な翻訳の侵犯力を問題化するということは、それをもたらす権力構造(たとえば植民地支配や性体制)を告発するための「非難のレトリック」としては機能しても、原テクストのオリジナリティを守ろうとするための「自己同一性《アイデンティティ》のレトリック」としては使えないのです。翻訳対象が帝国の文学である場合も、例外ではありません。

たとえばその例として、『ジェーン・エア』という小説を取り上げてみたいと思います。シャーロット・ブロンテが一八四七年に出した小説です。不遇の孤児ジェーン・エアはロチェスター家の家庭教師になり、主人ロチェスターと恋に陥るが、彼には狂人の妻がいて、邸内の一室に閉じ込められていることを知り、そうしているうちにロチェスターの館から火が出て、妻は焼死、それを救おうとして失明したロチェスターとジェーンは結局結婚するという物語です。少女たちにも人気があって、子供の頃読んだ人も多いと思います。読んでいなくても、題名と粗筋はご存じかもしれません。けれども、ほとんどの人は——少なくとも文学批評においては——つい先頃までは、狂人の妻が西インド諸島生まれの有色人であるということに注意を向けた人はいませんでした。フェミニズム批評もマルクス主義批評も着目しませんでした。これに注意が向けられたのは、カリブ海出身の作家ジーン・リースが、『ジェーン・エア』の広義の翻訳とも言うべき『広き藻の海』(一九六五年)を出版し、それをもとにスピヴァックが「三人の女のテクストと帝国主義批判」(Spivak, b)のなかで再考して以降のことです。

　このことは、いったいわたしたちは翻訳を介在させないで、他者に遭遇することが可能なのだろうか、他者とはいったい誰なのか、どこにいるのか、という問題を提示するものです。ふたたび読むという行為に戻りますが、『ジェーン・エア』のなかにじつは他者が表象されていたのに、わたしたちは(この場合は、帝国主義内部の読者は)他者を読んでいなかった、他者に出会わなかったのです。だからもしも翻訳をとおして他者に出会ったとしても、その他者は、わたしたちとはまったく無縁なべつの領土の他者、まったく未知の他者ではありません。それは、自国の文化や「わたし」という主体を一枚岩的に捉えることによって見過ごしていた(抑圧していた)他者なのです。ロチェスターという名家に、当主の妻として西インド諸島からの「他者」がいたということは、大英帝国の内部に、その構成員として「他者」がいたということであり、したがってその「他者」は、大英帝国の主体を構成する「構造的他者」として存在していたのです。内部にいたにもかかわらず、あたかも外部であるかのように「装い」、それを文化の無意識のなかに押し込めていたのです。

精神分析の用語で言えば、絶対的な他者――大文字のA――に人が遭遇することはありません。人が遭遇するのは、象徴界――言語領域――のなかにいるにもかかわらず、言語領域の外部だと詐称されている小文字の他者aです。(5) したがって、大文字の他者だと思い込んでいたものがじつは小文字の他者だと気づくことは、象徴界(言語領域)の秩序の攪乱になります。外部だと思っていたカリブ海出身の者を、内部に抱えていたことを「発見する」ことは――彼女を狂人という設定にしたことも含めて――原テクストの象徴秩序のなかで説明されていた主体=他者の関係を組み換えてしまう可能性をもつのです。

だから原テクストをべつの言語で書き直すことによって現れ出てくる他者は、一つには外部の他者ではなく、原テクスト自体が隠蔽していた内的他者であり、そこで顕在化するのは、統治的な主体だと思っていたもの、均質な言語体系だと思っていたもの、自律的な文化だと思っていたもの――つまり原テクストをとりまく「解釈共同体」――が、そのなかに他者を包含する雑種的なものであるということです。翻訳の言語遂行的な暴力があばきだすものは、原テクストの自己のなかで、その言語のなかで、その文化のなかで強迫観念的に排除していた自己の他者性ではないかと思います。つまり原テクストの内部に、他者性の亀裂を引き起こすのです。

ただし翻訳の行為遂行性は、かならずしもつねに、価値転覆的なズラシをおこなうものではありません。言語が行為遂行的だというとき、その行為遂行性は、慣習の反復を要請することが第一義です。つまりそれによって、意味が確認され、意味が再生産されるからです。べつの言葉で言えば、翻訳によって、差異が遡及的に再生産されるのです。したがってスピヴァックが批判するような植民地主義に追随する翻訳は、この種の行為遂行性の反復作用を前景化し、べつの種類の行為遂行性――すなわち原テクストへの攪乱力――を埋没させているような翻訳ということになります。あるいは、そういうかたちでの翻訳の読みを「強制している」本国の文化環境です。

次に、翻訳が及ぼす翻訳する側の言語への影響を考えてみたいと思います。翻訳は書かれたテクストとして、「翻訳の言語」の文化にどのような行為遂行的な暴力を加えるのか。ここでもふたたびわたしは、翻訳によって出会うのは、翻訳の向こう側の他者ではなく、翻訳のなかで、翻訳として出現している他者であることを強調したいと思います。なぜなら翻訳は、翻訳(者)の言語をかならず経たものであるからです。ちょうど“Stanadayini”のスピヴァック訳の表題が、「乳母」でも「乳房を与える女」でもなかったように、翻訳によって遭遇する他者は、どんなに「責任ある応答可能な翻訳」ではあっても、つねにすでに、翻訳(者)の言語によって生産された「他者」なのです。

その例として一九世紀中庸のアメリカ人作家エドガー・アラン・ポウのフランス受容について考えてみたいと思います。この時期、アメリカはみずからの「文化的後発性」を自他ともに認識していて、それから数十年のちのヘンリー・ジェイムスの著作のなかにさえ、それに対する自嘲の言葉が述べられているほどでした。しかしポウとほぼ同時代のフランスの詩人シャルル・ボードレールは、ポウのテクストを翻訳し、ポウのテクストに未来性を見て狂喜したのです。ボードレールがポウのテクストに見たものは、のちにフランス象徴詩として文学史の主流になっていく言語に対する強烈な自意識、言葉の抽象性、フランス語を破壊するほどの他者性でした。

たしかにポウのテクスト自体は、一見したところアメリカの土着性(つまり南部特有の題材)を扱ったものではなく、コスモポリタン的な状況設定をしています。しかし現在の文学批評においては、ポウのテクストには南部性や人種に対する暗喩などが表象されていると見て、その表象分析がおこなわれています。今では、ポウにおけるアメリカの地方性の表象を見ずに、ポウの一見して非現実的な舞台設定を説明することはできません。

しかしボードレールは、そういったポウの土着性はことごとく切り捨て、ポウのテクストを、ボードレール自身のフランス語への挑戦の契機を与えるものと「普遍化」して、翻訳したのです。ポウの翻訳はボードレールにとどまらず、それを読んで衝撃を受けたマラルメやヴァレリィへと受け継がれ、それに並行するように、フランス象徴詩が確立していきました。そののちフランス象徴詩は、二〇世紀初頭のアメリカのモダニズムの詩に間接的に逆輸入されていきますが、アメリカのポウの評価は――文学史でも言及され、多くの研究者もいますが――全般的には、ボードレールが狂喜したような反応ではありません。フランス人は英語をあまり読めず、当時のアメリカの風土には無関心で知識が乏しかったから、あのように「誤解した」と語る批評家さえいます。

したがってボードレールのポウは、ボードレールの文脈のなかで読まれ、フランスの言語に移植されたものです。これはアメリカ人からすれば、明らかにボードレールの誤訳であり、いかにボードレールが他者に遭遇したとはいえ、そしてそれによってフランス語の均質な言語の統治能力が破壊され、象徴詩という新しい詩のジャンルが誕生したとしても、それは、ポウのテクストを取り巻くイデオロギーの権力関係をまるで無視したポウの審美化であって、オリエンタリズムと同じ原テクストの領有化だということになります。

このことは否定しようもなく、またそれが、サイードやスピヴァックが警告する重大な抑圧の再生産と同じ構造をもつことも確かです。しかしわたしがここで述べたいことは、べつのこと、それは、もしも何らかの形で翻訳する側がみずからの文化の権力布置を意味づけなおすような他者遭遇を、翻訳が与えたとしても、その場合の他者は、つねに翻訳によって生産され、翻訳によって解釈した他者でしかありえないということです。ということは、翻訳する側が出合う他者もまた、翻訳する側の文化や言語体系の内部で抑圧されていた他者ではないかということです。他者はかならず、翻訳されたものとして、つまり翻訳言語のなかで、はじめて他者になるのです。したがって翻訳の向こうに、無傷の完璧な他者がいて、翻訳が運んでくるのではなく、あるいは「真正な」他者を翻訳が変形するのでもなく、翻訳が自己の言語のなかに他者を生産しているのです。

3　交通の現在性

このように述べてきますと、二つの言語、二つの文化を横断しているはずの翻訳において出合うのは、結局は、原テクストや翻訳テクストの言語体系の内部の他者にすぎず、そこには、相異なる言語が別個にそれ自身のなかで内的運動を繰り広げる自閉的な構造しかないのではないか、「交通」は起こっていないのではないかという批判があると思います。しかしわたしは、他者との邂逅による自己の亀裂が、翻訳のなかで、翻訳として、発生しているということを、もう一度強調したいと思います。つまり翻訳は、翻訳という透明な媒介《エイジェンシー》をはさんで二つの別個な言語が出合うのではなく――そのように「交通」がおこっているのではなく――翻訳という行為遂行的な場において、二つの言語がゲリラ的に邂逅し、各々の内的境界の画定をしなおしているのです。したがって他者との「交通」は一つの文化の内部で起こりますが、それを引き起こしているのは、その文化が翻訳の生産と読みの過程で、もう一つの文化に重なり合うからです。けっして同じものにはならず（厳密に翻訳可能なものではなく）、さりとてまったく異なるものではなく（厳密に翻訳不可能なものではなく）、変形され異本として出現した翻訳が触発する、自己の内部の他者性との偶発的な邂逅です。

他者性は、厳密に「翻訳可能」でもなく、「翻訳不可能」でもないという理由は、もしも他者が翻訳可能であれば――他者領有にしろ、他者邂逅による主体の他者化にしろ――そこにはある種の普遍主義、「わたしたち」という解釈共同体があらたに出現してしまうからです。またもしも他者が翻訳不可能であれば、つまりつねに二つの文化のそれぞれが他者を生産し、差異化しつづければ、翻訳は結局、成立しえないからです。翻訳として、翻訳のなかで出現する他者との遭遇――すなわち行為遂行的な雑種性の偶発的な生産――を、ホミ・バーバは、デリダやベンヤミンの言葉を引きながら、「夢見る」という表現で語りました。

もしも雑種性が異端というのなら、悪態をつくこと〔原本からずれたものになること〕は夢見ることである。しかし夢見ているものは、過去の夢でも、現在の夢でも、連続して続く現在の夢でもない。そこには、伝統的なノスタルジックな夢のイメージもなければ、近代の進歩主義がもつユートピアの夢もない。それは、「死後の生」というベンヤミンの翻訳概念のなかで示されている「時」を、デリダが「生き残る」(survival)と訳した翻訳の夢である。「生き残る」(sur-vival)とは、「その上を生きる」(sur-vivre)ということ、つまり境界を生きる行為である。
(Bhabha, 226-27)

翻訳によって現出したものは、過去の意味の総体とか、過去から現在へとつづく時間の連続性とか、その時間の連続性がもつ単一性とか、そういったものすべての瓦解です。原本の意味からずれた翻訳は、何かを夢みている。それは境界の上、翻訳をとおして、原テクストの死後の生を生きているという意味での、夢みることなのです。しかしこれは、予定調和的な「夢」の世界ではありません。行為遂行性がもつ現体制の反復再生産に抵抗しながら出現する緊張に満ちた「死後の生」、不安定な境界を生きる生です。バーバの「模倣」理論の攪乱性は、そもそも被植民地者が帝国主体を「模倣する」こと、それを「再生産する」ことを強要されることから生まれるものであるからです。

現体制――つまりこれまで語られてきた物語、歴史――を執拗に反復再生産する言語のなかで、かろうじて出現する他者性は、明示的なものとして語られることはないでしょう。反復再生産と攪乱作用の二つに牽引されている翻訳の「模倣」作業は、他者性をたいていの場合、「沈黙」として、「言語が完全にほつれたところに出現するもの」として存在させます。スピヴァックは「翻訳の政治」の論文の最後近くで、翻訳(不)可能な他者性は、翻訳のレトリック性のなかに存在していることを徐々に明らかにしていきます。他者性は明示されるのではなく、レトリックの沈黙によって語られるものなのです。強いられた沈黙でありながら、そのレトリック性において雄弁な沈黙です。そして翻訳の愛とは、このレトリック性の沈黙に対峙する「読み」であり、また、言表化されずにレトリックとして存在している生の痛みを引きずり出す「著述《エクリチュール》」でもあるのです。したがって翻訳テクストが、テクストとして夢見るものは、愛に満ちた理解の夢――すなわち、新しい共約性の構築――ではなく、言表の非連続という形態で示されるテクストの苦悩に対する残酷で、かつ生産的な親和性なのではないでしょうか。

それをあらわす例として、グローリア・アンサルデュアの「境界地域を生きることはこういうこと、それはあなたが」という詩を最後に引用しようと思います。この詩は、『ボーダーランズ／ラ・フロンテラ』という英語とスペイン語の二カ国語で題名が付けられた著作のなかに収められています。この著作は、詩と散文と論文がないまぜになった興味深い形式をとっていますが、そのなかで彼女は、スペイン語で雑種性を示す「メスティーサ」という新しい概念を提示しました。彼女はいわゆるチカナ——アメリカ南東部にすむメキシコ系アメリカ人——ですが、人種・民族だけではなく、階級やセクシュアリティにおいても、自分が雑種的な人間であることを、痛みと矜持を込めて語ります。

ポスト植民地主義の文脈では、雑種性や同時代性は肯定的に議論されることが多いように思います。しかしアンサルデュアは、けっして「メスティーサ」であることを、生産的な希望として単純に提起しているわけではありません。むしろこの詩は、戦場の比喩で満ち溢れています。表題に続く最初の二行で、彼女は興味深い言語の交差をおこなっています。その二行を次に記します(二カ国語が混在しているテクストを、さらにべつの言語に訳するという、翻訳のずらしの実演のようになりますが)。

境界地域を生きることはこういうこと、それはあなたがヒスパニックオンナ、インディアオンナ、コクジンオンナ、スペインオンナでなくハクジンオンナデハナク、メスティーサ、ムラータトイウコト、混血ということ

To Live in the Borderlands means you
are neither *hispaña india negra española*
ni gabacha, eres mestiza, mulata, half-breed（Anzaldúa, 194）

読者がもしもスペイン語しか知らなければ、「あなた」はヒスパニック女、インディオ女、黒人女、スペイン女「であって」、またそれらが混淆したメスティーサ「であって」、けっして白人女「ではない」と読めます。しかしそれに英語を加えると、ヒスパニック女、インディオ女、黒人女、スペイン女「でもない」となり、「背中に五つの人種を背負っている」メスティーサの葛藤、「どちらに救いを求めればよいか、どちらから逃げればよいか、わからない」混迷した位置が鮮明になります。なぜなら、ヒスパニック女、インディオ女、黒人女、スペイン女のアイデンティティを否定するのは、彼女のなかの「英語」であり、「白人女」を否定するのは彼女のなかの「スペイン語」であるからです。この二つの言語の交差対句《カイアズマ》が浮かび上がらせるのは、メスティーサがもつ内部暴力です。

第六連で彼女は「境界地域では、あなたは戦場である」と述べます。「そこでは敵は親しい者同士／あなたは馴染みの場所にいながらも、余所者で／境界紛争はすでに解決済みなのに／一斉射撃

はその休戦協定を打ち砕き／あなたは傷を負い、戦場で行方不明となり／死亡し、反撃している」(194)。ここで展開されている死のイメージ、あるいは「死亡し」ながら「反撃し」、「行方不明」になりながら戦うイメージは、安易な理解や、時間の共有性の幻想を打ち砕きます。

次の連もまた、暴力の隠喩に満ちています。「剃刀のような白い刃をみせる製粉機」が、「茶褐色の表皮」を砕いて「芯までつぶし」、「(中流白人好みの)白パン」にしてしまう様子が描かれます。しかしその暴力は誰が誰に向けているものでしょうか。あるいはその暴力は、日常の生とまったく異質な次元のものでしょうか。

たしかにこの部分は、一見したところでは、圧倒的な白人支配という一方的で不合理な暴力に抵抗するチカナの抗議に見えますが、製粉のレトリックは、それとは別の箇所の散文形式を混じえてかかれた具象的な叙述的な日常描写に反響し合っていると読むこともできます。そこでは、トルティーヤ(メキシコ料理のタコスに使う薄焼きパン)をつくるために、「メターテ(石臼)の上に石を置いて、女がトウモロコシをごろごろと挽く、またごろごろと挽く」様子が、スペイン語を交えて郷愁を込めて描かれ、さらには彼女自身が「石臼の上の多孔性の石」あるいは「麺棒」あるいは「挽く運動」そのものと譬えられて、彼女のセクシュアリティ、レズビアニズム、がエロティックに暗示されます(80-82)。けれども他方で、そのようなスペイン語系のチカナ／チカノの文化がけっして「性的逸脱に寛大ではない」(18)ことも、べつの箇所で、郷愁ではなく、現在的な苦しみを込めて語られています。挽き臼を回すチカナの動作は、懐しい過去の所作というだけではなく、チカナ／チカノのマッチョな文化に対するレズビアンの現在の力強い政治的抗議でもあるのです。「挽く」という動作／暴力に込められた複数のレトリックのあいだの——書記上の、また意味上の——時間的距離は、このレトリックを単なる白人英語中心主義への抗議や、また民族／性の雑種性に対する手放しの礼賛にせずに、複数の言語や民族やセクシュアリティが複層的に交差するなかで、暴力と優しさ、愛と憎悪、政治と親密性に引き裂かれつつそれを「生き延びる」(survive)、「その上を生きる」(sur-vivre)作者の苦悩に満ちた現在《アクチュアリティ》を差し示すもののように思えます。

　ジェイムズ・ボイド・ホワイトは翻訳について、「翻訳とは、不可能なものに直面する技法であり、テクストとテクストのあいだ、言語と言語のあいだ、人と人のあいだの架橋できない非連続に対峙する技法である」(White, 257)と述べました。しかしもっと正確に言えば、翻訳をおこなうとき、あるいはそれを読むとき、わたしたちは一つの言語の側に立って、その場所から、もう一つの言語との架橋できない非連続に対峙しているわけではありません。翻訳をとおしてわたしたちは、二つの言語の「あいだ」《イン-ビトウィン-ネス》に身を置き、両者の還元不可能な非連続に身を晒して、そうして、各々の言語の内的非連続——言語の暴力と苦悩——に対峙していくのではないかと思います。二つの言語の「あいだ」にあるグローリア・アンサルデュアの一種の翻訳テクストは、まさにそれを行為遂行的におこなっています。したがって「あいだ」を生きる翻訳が切り拓くものは、レトリックの雄弁な沈黙であり、言語のなかの翻訳(不)可能性であり、「わたし」のなかの他者性であって、翻訳が夢見るものは、あたらしい普遍(共約性)の出現ではなく、むしろ交通の現在性《アクチュアリティ》が増殖させる非連続への親和性、その撞着語法の夢なのではないでしょうか。

注

（1）翻訳がかならずしもテクストの地政的移動でない例として、時代を隔てた翻訳（『源氏物語』の現代語訳）や、イデオロギー的な翻案（Kathy Acker の *Blood and Guts in High School*（Picador, 1984）のなかの『緋文字』の翻案）などがある。

（2）"The Wet-Nurse," *Truth Tales: Stories by Indian Women*, Ed. Kali for Women, New Delhi: Kali for Women, 1986.

（3）拙論「アイデンティティの倫理——差異と平等の政治的パラドックスのなかで」（『思想』九一三号〔竹村和子『愛について——アイデンティティと欲望の政治学』岩波書店、二〇〇二年、所収〕）参照。翻訳と正義の関係は近著「〈普遍〉でなく〈正義〉を——翻訳の残余が求めるもの」（仮題）（『思想』二〇〇一年六月号掲載予定〔『愛について』所収〕）のなかで考察している。

（4）その意味で、スピヴァックが作者デヴィが自分の訳題に「認可を与えた」（Spivak, f 183）と述べているのは適切ではない。

（5）精神分析自体が大文字の他者の絶対性をあくまで主張しようとすることに対する批判については、「愛について」（『思想』八八六号〔『愛について』所収〕）、「あなたを忘れない」（同九〇四—九〇五号〔『愛について』所収〕）参照。

文献

Anzaldúa, Gloria. *Borderlands/La Frontera: The New Mestiza*. San Francisco: Aunt Lute, 1987.

Bhabha, Homi K. *The Location of Culture*. New York: Routledge, 1994.

Spivak, Gayatri Chakravorty, a. "Can the Subaltern Speak?" 1985. *Marxism and the Interpretation of Culture*. Eds. Cary Nelson and Lawrence Gossberg. Urbana: University of Illinois Press, 1988. 271–313.（ガヤトリ・C・スピヴァク『サバルタンは語ることができるか』上村忠男訳、みすず書房、一九九八年）

——, b. "Three Women's Texts and a Critique of Imperialism." *Critical Inquiry* 12. 2 (Autumn 1985): 243–61.

——, c. *In Other Worlds: Essays in Cultural Politics*. New York: Methuen, 1987.（『文化としての他者』鈴木聡・大野雅子・鵜飼信光・片岡信訳、紀伊国屋書店、一九九〇年）

——, d. "A Literary Representation of the Subaltern: A Woman's Text from the Third World." Spivak, c 241–68.

——, e. "'Breast-Giver' by Mahasweta Devi." Spivak, c 222–40.

——, f. "The Politics of Translation." *Outside in the Teaching Machine*. New York: Routledge, 1993. 179–200.（「翻訳の政治学」鵜飼哲・本橋哲也・崎山政毅訳、『現代思想』二四巻八号、青土社、一九九六年、二八—五二頁）

White, James Boyd. *Justice as Translation: An Essay in Cultural and Legal Criticism*. Chicago: University of Chicago Press, 1990.

＊本稿は、日本近代文学会二〇〇〇年度秋季大会（一〇月二二日実践女子大学於）のシンポジウム「境界・交通としての〈翻訳〉——〈他者性〉をめぐって」における報告を一部加筆修正したものである。

初出・原題一覧

・本書の底本には、以下の論文を使用し、明らかな誤りは適宜修正した。
・本文・注の中の文献は表記を整え、必要に応じて〔　〕で補足した。

Ⅰ　セクシュアリティ

第一章　「資本主義社会はもはや異性愛主義を必要としていない」のか
――「同一性《アイデンティティ》の原理」をめぐってバトラーとフレイザーが言わなかったこと――
（上野千鶴子編『構築主義とは何か』勁草書房、二〇〇一年）

第二章　「セックス・チェンジズ」は性転換でも、性別適合でもない――解説にかえて
（パトリック・カリフィア、サンディ・ストーン、竹村和子、野宮亜紀『セックス・チェンジズ――トランスジェンダーの政治学』〔石倉由・吉池祥子・レズビアン小説翻訳ワークショップ訳〕、作品社、二〇〇五年）

Ⅱ　フェミニズム理論

第三章　フェミニズムの思想を稼働しつづけるもの
（辻村みよ子監修・編『ジェンダーの基礎理論と法』〔「ジェンダー法・政策研究叢書」第一〇巻〕、東北大学出版会、二〇〇七年）

第四章　修辞的介入と暴力への対峙――〈社会的なもの〉はいかに〈政治的なもの〉になるか
（『社会学評論』五五巻三号、日本社会学会、二〇〇四年）

Ⅲ　バトラー解読

第五章　異性愛のマトリクス／ヘゲモニー――J・バトラー『ジェンダー・トラブル』
（井上俊・伊藤公雄編『身体・セクシュアリティ・スポーツ』（「社会学ベーシックス」第八巻）、世界思想社、二〇一〇年）

第六章　訳者あとがき　いかにして理論で政治をおこなうか
（ジュディス・バトラー『触発する言葉――言語・権力・行為体』岩波書店、二〇〇四年）

第七章　訳者解説　生存／死に挑戦する親族関係――セクシュアリティ研究の理論展開
（ジュディス・バトラー『アンティゴネーの主張――問い直される親族関係』青土社、二〇〇二年）

第八章　未来のバトラーとの対話に向けて
（『思想』九八九号、岩波書店、二〇〇六年）

第九章　デリダの贈与――脱構築／ポリティックス／ポスト性的差異
（『ジャック・デリダ』（別冊『環』一三）、藤原書店、二〇〇七年）

第一〇章　訳者あとがき　理論的懐疑から政治的協働へ、あるいは政権と理論
（サラ・サリー『ジュディス・バトラー』（シリーズ「現代思想ガイドブック」竹村和子・越智博美・山口菜穂子・吉川純子訳）、青土社、二〇〇五年）

Ⅳ　生政治と暴力

第一一章　生政治とパッション（受動性／受苦）――仮定法で語り継ぐこと
（『思想』一〇三三号、岩波書店、二〇一〇年）

第一二章　マルチチュード／暴力／ジェンダー

第一三章　（『現代思想』三六巻五号、青土社、二〇〇八年）

第一四章　暴力のその後……――「亡霊」「自爆」「悲嘆」のサイクルを穿て
（『思想』九五五号、岩波書店、二〇〇三年）

第一五章　生と死のポリティクス――暴力と欲望の再配置
（お茶の水女子大学二一世紀COEプログラム　ジェンダー研究のフロンティア、竹村和子編『欲望・暴力のレジーム――揺らぐ表象／格闘する理論』（「ジェンダー研究のフロンティア」第五巻）、作品社、二〇〇八年）

「戦争の世紀」のフェミニズム
（『神奈川大学評論』第六〇号、神奈川大学、二〇〇八年）

付論

「翻訳の政治」――誰に出会うのか
（『近代日本文学』第六四集、日本近代文学会、二〇〇一年）

竹村和子主要著作（単行の書として刊行されたもの。雑誌掲載のものは除く）

著書

『フェミニズム』（「思考のフロンティア」）、岩波書店、二〇〇〇年
『愛について――アイデンティティと欲望の政治学』岩波書店、二〇〇二年
『文学力の挑戦――ファミリー・欲望・テロリズム』研究社、二〇一二年
『彼女は何を視ているのか――映像表象と欲望の深層』作品社、二〇一二年
『境界を攪乱する――性・生・暴力』岩波書店、二〇一三年（本書）

編著

『女というイデオロギー――アメリカ文学を検証する』（海老根静江と共編）、南雲堂、一九九九年
『〝ポスト〟フェミニズム』（「知の攻略　思想読本」一〇）、作品社、二〇〇三年
『かくも多彩な女たちの軌跡――英語圏文学の再読』（海老根静江と共編）、南雲堂、二〇〇四年
『欲望・暴力のレジーム――揺らぐ表象／格闘する理論』（「ジェンダー研究のフロンティア」五）、作品社、二〇〇八年
『思想と文化』（「ジェンダー史叢書」三、義江明子と共編）、明石書店、二〇一〇年

共著

岩元巌・森田孟編『アメリカ文学のヒロイン』リーベル出版、一九八四年
岩元巌・森田孟編『アメリカの小説――理論と実践』リーベル出版、一九八七年
越川芳明編『アメリカ文学のヒーロー』成美堂、一九九一年
川口喬一編『文学の文化研究』研究社、一九九五年
山形和美編『差異と同一化――ポストコロニアル文学論』研究社、一九九七年
渡辺和子編『アメリカ研究とジェンダー』世界思想社、一九九七年
たばこ総合研究センター『談』編集部編『〈構造〉としての身体――進化・生理・セックス』(「シリーズ身体の発見」)、河出書房新社、一九九七年
上野千鶴子編『構築主義とは何か』勁草書房、二〇〇一年
上野千鶴子編『ラディカルに語れば……――上野千鶴子対談集』平凡社、二〇〇一年
姜尚中編『ポストコロニアリズム』(「知の攻略　思想読本」四)、作品社、二〇〇一年
國重純二編『アメリカ文学ミレニアム』(二)、南雲堂、二〇〇一年
『ジェンダーがわかる。』(「アエラムック」七八)、朝日新聞社、二〇〇二年
江原由美子・金井淑子編『フェミニズムの名著50』平凡社、二〇〇二年
樺山紘一・坂部恵・古井由吉・山田慶兒・養老孟司・米沢富美子編『20世紀の定義』(八〈マイナー〉の声)、岩波書店、二〇〇二年
タニ・バーロウ『国際フェミニズムと中国』(「シリーズ　国際ジェンダー研究」一、伊藤るり・小林英里訳、秋山洋子・竹村和子他コメンテーター)、御茶の水書房、二〇〇三年

小森陽一監修『研究する意味』東京図書、二〇〇三年

鷲津浩子・森田孟編『イン・コンテクスト――Epistemological Frameworks and Literary Texts』「Epistemological Framework と英米文学」研究会、二〇〇三年

小森陽一・富山太佳夫・沼野充義・兵藤博己・松浦寿輝編『岩波講座 文学』(別巻 文学理論)、岩波書店、二〇〇四年

越智貢・金井淑子・川本隆史・高橋久一郎・中岡成文・丸山徳次・水谷雅彦編『岩波 応用倫理学講義』(五 性/愛)、岩波書店、二〇〇四年

藤森かよこ編『クィア批評』世織書房、二〇〇四年

エリザベス・ライト『ラカンとポストフェミニズム』(「ポストモダン・ブックス」、椎名美智訳、竹村和子解説)、岩波書店、二〇〇五年

パトリック・カリフィア、サンディ・ストーン、竹村和子、野宮亜紀『セックス・チェンジズ――トランスジェンダーの政治学』(石倉由・吉池祥子・レズビアン小説翻訳ワークショップ訳)、作品社、二〇〇五年

河野貴代美編『女性のメンタルヘルスの地平――新たな支援システムとジェンダー心理学』コモンズ、二〇〇五年

出雲まろう編『虹の彼方に――レズビアン・ゲイ・クィア映画を読む』パンドラ出版、二〇〇五年

辻村みよ子監修・編『ジェンダーの基礎理論と法』(「ジェンダー法・政策研究叢書」第一〇巻)、東北大学出版会、二〇〇七年

辻村みよ子・戸澤英典・西谷祐子編『世界のジェンダー平等――理論と政策の架橋をめざして』(「ジェンダー法・政策研究叢書」第一一巻)、東北大学出版会、二〇〇八年

日本学術協力財団編『性差とは何か――ジェンダー研究と生物学の対話』(「学術会議叢書」一四)、日本学術協力財団、二〇〇八年
巽孝之編『反知性の帝国――アメリカ・文学・精神史』南雲堂、二〇〇八年
市野川容孝・小森陽一編『壊れゆく世界と時代の課題』(「思考のフロンティア」)、岩波書店、二〇〇九年
天野正子・伊藤公雄・伊藤るり・井上輝子・上野千鶴子・江原由美子・大沢真理・加納実紀代編『フェミニズム理論』(「新編 日本のフェミニズム」二)、岩波書店、二〇〇九年
井上俊・伊藤公雄編『身体・セクシュアリティ・スポーツ』(「社会学ベーシックス」第八巻)、世界思想社、二〇一〇年
赤尾光春・早尾貴紀編『ディアスポラの力を結集する――ギルロイ・ボヤーリン兄弟・スピヴァク』松籟社、二〇一二年

翻訳

ナサニエル・ホーソーン『人面の大岩』(「バベルの図書館」三、酒本雅之と共訳)、国書刊行会、一九八八年
紀田順一郎編『謎の物語』(N・ホーソーン「ヒギンボタム氏の災難」竹村和子訳)、ちくまプリマーブックス、筑摩書房、一九九一年 →ちくま文庫、二〇一二年
ピーター・B・ハイ『ロングマン 概説アメリカの文学』(岩元巌と共訳)、桐原書店、一九九五年
トリン・T・ミンハ『女性・ネイティヴ・他者――ポストコロニアリズムとフェミニズム』岩波書店、一九九五年 →岩波人文書セレクション、二〇一一年

今福龍太・沼野充義・四方田犬彦編『旅のはざま』(「世界文学のフロンティア」一、トリン・T・ミンハ「私の外の他者／私の内の他者」竹村和子訳)、岩波書店、一九九六年

ジュディス・バトラー『ジェンダー・トラブル――フェミニズムとアイデンティティの攪乱』青土社、一九九九年

ジョン・バース『レターズ』(一・二、岩元巌・小林史子・幡山秀明と共訳)、国書刊行会、二〇〇〇年

ジュディス・バトラー、エルネスト・ラクラウ、スラヴォイ・ジジェク『偶発性・ヘゲモニー・普遍性――新しい対抗政治への対話』(村山敏勝と共訳)、青土社、二〇〇二年

ジュディス・バトラー『アンティゴネーの主張――問い直される親族関係』青土社、二〇〇二年

ソフィア・フォカ、レベッカ・ライト『イラスト図解〝ポスト〟フェミニズム入門』(河野貴代美と共訳)、作品社、二〇〇三年

ジュディス・バトラー『触発する言葉――言語・権力・行為体』岩波書店、二〇〇四年

サラ・サリー『ジュディス・バトラー』(「シリーズ　現代思想ガイドブック」、越智博美・山口菜穂子・吉川純子と共訳)、青土社、二〇〇五年

ジュディス・バトラー、ガヤトリ・C・スピヴァク『国家を歌うのは誰か？――グローバル・ステイトにおける言語・政治・帰属』岩波書店、二〇〇八年

ガヤトリ・C・スピヴァク『スピヴァク、日本で語る』(鵜飼哲監修、本橋哲也・新田啓子・中井亜佐子と共訳)、みすず書房、二〇〇九年

(花岡ナホミ作成)

あなたを忘れない

上野千鶴子

竹村和子とは誰か?

本書は竹村和子さんの最後の遺著となる。二〇一一年一二月一三日、五七歳でその才能を惜しまれながら急逝した竹村さんの作品は、これ以降一点も増えない。その最後の著書を読者に送り届ける責任を背負ったことを、光栄に思う。

書名の『境界を攪乱する』は、彼女がつけたものではない。すべての編集作業は本人の没後に行われた。本書の刊行を、彼女はつよくのぞんでいたが、病の進行が早く、書名や構成についてたちいった相談をする余裕もなく、彼女は旅立った。わたしたち後に遺された者は、彼女の遺志を忖度しながら前にすすむほかなかったが、このタイトルがふさわしいことに、彼女の理解者の多くは同意されることであろう。まず何よりも、彼女自身がこのフレーズをしばしば文中に用いているように、彼女の愛用のフレーズであり、次に彼女自身がさまざまな学問分野、ジェンダー、セクシュアリティ、アイデンティティの境界の攪乱者でありつづけたからである。

竹村和子はアメリカ文学研究者だった、と言ってよいだろうか？　没後、遺された未整理の原稿のうち、文学研究関係の論文は『文学力の挑戦――ファミリー・欲望・テロリズム』（研究社、二〇一二年）として刊行され、アメリカ文学研究者である小林富久子さんの解説がつけられている。無類の映画好きだった彼女の映像批評関連の論文は『彼女は何を視ているのか――映像表象と欲望の深層』（作品社、二〇一二年）として刊行され、編集にたずさわった同じくアメリカ文学研究者、新田啓子さんの解説と、彼女の闘病を最期まで支えぬいたフェミニスト・カウンセラー河野貴代美さんの「あとがき」がついている。前者は病床にあって最後まで本人が校正に心を砕いたものであり、刊行は予告されていた。後者は計画半ばにして本人が不在となり、新田さん、河野さんらが編集委員会をたちあげて一周忌に刊行にこぎつけたものである。「未完のまま途絶せねばならなかった映像論集を、考えうる最良の形でまとめたもの」と編者のひとり、新田さんが解説で自負するとおり、「美しい本を作ってほしい」という本人の遺言はかなえられた。

ならば、そのどちらでもない本書に収録した論文は、専門外の残余なのだろうか。否、わたしは彼女を文学研究者である以上に、フェミニズム思想家であったと呼びたい。日本におけるフロイトの最良の理解者であり批判者、バトラーの翻訳者であり解説者、フーコーの言説理論やデリダとスピヴァクの脱構築理論を自家薬籠中のものとし、マルクス理論やネグリのマルチチュード論までを土俵に載せ、文学、哲学、修辞学、心理学、社会学を縦横に越境するこの女性の専門分野を、いったい何と名づければよいだろうか？

彼女が『愛について――アイデンティティと欲望の政治学』(岩波書店、二〇〇二年)で日本の思想界に鮮烈にデビューしたとき、それを分類するどのような専門分野もなかったはずなのだ、ただ「フェミニズム思想」と呼ぶ以外に。彼女はこの著作でお茶の水女子大学から学位を授与されているが、それは「文学博士」ではなく、「学術博士」という称号である。学位を授与する者たちがこの論文の分類に苦慮したであろうことが想像されるが、それというのも、この論文が文学でもなく哲学でもなく、心理学にも社会学にも分類されず、だがそれらを超えてそれらすべてであり、アイデンティティとジェンダーとセクシュアリティと欲望とについて、現代思想の最前線で縦横に論じたものだからである。

その意味で本書は、『愛について』のまっすぐな延長上にある、彼女の本領の存分に発揮された思想書である。本書を読めば、わたしたちがどんな思想家を喪《うしな》ったかが、読者には了解されるであろう。

思えば文学批評とは迂遠な自己表現の方法である。文学研究は、それにもまして制約の多い表現の手段である。竹村さんは文学研究者以上の存在だった。彼女は文学を愛好したが、文学とは彼女が世界と自分について考えるための素材だったからであり、それを分析するための最良のツールを、必要とあれば、現代思想のありとあらゆる分野から――フーコー、デリダ、ラカン、スピヴァク、バトラーなどなど――借りてくるのをためらわなかった。それを「フェミニズム思想」と呼ぶのは、彼女の業績を狭いカテゴリーに封じ込めるためではない。フェミニズム思想とは、たんに「おんながつくった思想」の別名にすぎない。それを二〇世紀の後半になぜおんながつくったかといえば、この世を成り立たせている巨大な謎のひとつ、ジェンダーとセクシュアリティについて、おんながそれを解く切迫した必要を持っていたからだ。

本書の成り立ち

編者を引き受けた者として、本書の成り立ちについて最初に説明しておきたい。没後刊行された上記の二冊の著書に収録された論文のほかに、学術書や紀要に発表された研究論文、各種の会議の席上での講演録や発言の記録、英文のスピーチ原稿等さまざまな遺著が残された。その中からフェミニズム思想家としての竹村和子の代表的な著作を編むという方針で、二〇〇一年から二〇一〇年にかけて発表された計四七点の論文から一六点を選びぬいた。編集の方針としては、(1)内容の重複を避け、(2)文体の統一を図り、(3)事典的な記述は割愛し、(4)英文原稿は採用を見送った。講演録等は、書かれた論文と内容が重複するのみならず、一部の表現が冗長で、竹村さんの密度の高い論理的な文体との落差があると思われたために採用しなかった。竹村さんには『フェミニズム』[竹村 2000]と『〝ポスト〟フェミニズム』(1)[竹村編 2003]というふたつの解説書があるが、誰が書いても大同小異とならざるをえない啓蒙的で事典的な文章は、わかりやすいが、彼女の持ち味が出ているとは思われなかったために、採用を見送った。いくつかの英文原稿は、適切な翻訳者を得ることができないだけでなく、文体にこだわりのある本人がいたらかならず校閲するはずの過程を踏むことができないために、断念した。将来、竹村和子英文論集が刊行されることがあれば、英文のまま著書になる性格のものであろう。

その過程でセレクトし、構成した結果は本書の目次のとおりである。論文の選択と目次の構成については、彼女と専門分野の近いお二人の研究者、折島正司さん（青山学院大学）と三浦玲一さん（一橋大学）の協力を得た。わたしを含めて三人の見解がほぼ一致を見たのは幸運なことであった。また、竹村さん自身が二〇〇七年までの論文について暫定的に立てた構成案とも、本書の構成は第三部を除きほぼ重なっている。本人の遺志に近く、そして専門分野の研究者にも納得できる構成になったものと信じる。

本書はⅠセクシュアリティ、Ⅱフェミニズム理論、Ⅲバトラー解読、Ⅳ生政治と暴力、の四部構成となっている。

Ⅰ部に「セクシュアリティ」を置いたのは、このアリーナが「境界を攪乱する」最前線だからである。Ⅱ部の「フェミニズム理論」は、彼女にとってホームグラウンドともいうべきフェミニズムの領域で何が問われているかを、つねに「その先へ」と問いつづけたもの。Ⅲ部の「バトラー解読」は、日本におけるジュディス・バトラーの翻訳者であり紹介者である彼女の、いくつかの翻訳書に掲載された「解説」を原書の経年順に収録した。それを通読することによってバトラーの軌跡のみならず、バトラーを通じて彼女が何を論じようとしたかがわかってくる。彼女の「解説」はたんなる「解説」以上のものであるから、「解読」とした。Ⅳ部の「生政治と暴力」にまとめた論文は、上記にくらべて比較的近年になって発表されたものであり、最晩年の彼女の関心がどこに向かっていたかをあきらかにしてくれる。

本書の末尾に、付論として「翻訳の政治」を収録したのはわたしの独断である。文体の統一という編集方針に反してまで、この話ことばの講演録を採用したのは、外国の文学研究者という彼女の位置どりについての彼女自身の自覚を明断に論じたこのチャーミングな論考を、読者と共有する誘惑に勝てなかったからである。

以下、順に論じていこう。

Ⅰ　セクシュアリティ

本書の冒頭にセクシュアリティを主題とする論文の章を置いたのは、それが「境界を攪乱する」理論と実践の最前線だからである。バトラーが『ジェンダー・トラブル』でジェンダー／セクシュアリティの二分法に斬り込んだとき、それをあとから「クイア理論」と呼んだのは本人ではなく、テレサ・デ・ラウレティィスであった。日本語で「変態研究」と訳されるクイア理論は、何もＬＧＢＴのようなセクシュアル・マイノリティに特殊化した研究領域をさすわけではない。竹村さんが(2)本書で指摘するように、「クイア理論家」と呼ばれることにバトラーは困惑を覚えたはずなのだ。

彼女の遺著となった『文学力の挑戦』の最終章には、口頭で語られたためにおもいがけず率直な本音の吐露が見られる。

「一九九〇年代の前半あたりからセクシュアリティについて書くようになりました。というか、セクシュアリティについて書けるようになったのですが、書き進めるにしたがって、自分が英文学の研究者であることと、セクシュアリティについて書いていることがどのように繋がるのだろうと考えるようになり、ひいては、自分が英文学の研究者であることは、どんなことなのか……と考えるようになってきた」[竹村 2012a：290]。

その前段に、二〇〇三年に開催されたアメリカ文学会東京支部で、「コメンテーターをしていただいていた社会学者の方」から、こんな質問が発せられたことが紹介してある。それは「このようなアメリカ文学の発表や議論を、日本で、日本語で、日本の観客に向かってだけ発する意義はどこにあるのか」というものだった[竹村 2012a：289]。その「社会学者」とは、わたしのことである。

この頃から竹村さんにとってはアメリカ文学研究者としてのプロフェッショナル・アイデンティティとセクシュアリティを論じるフェミニズム理論家としての「統合」は課題になっていたにちがいない。だがもういっぽうで、彼女は、同じ業界の先輩から自分が受けとった「親身なアドバイス」を紹介している。「いつまでもフェミニズムやセクシュアリティ研究をやっていてはいけない、君はその方面だけの批評家だとみなされてしまう、それでは勿体ない」[竹村 2012a：319]と。セクシュアリティという「品位のない」主題を論じる者は、そのことによって自分の「品位を落とす」と、人々がまだ信じていた時代のことだ。

だが、ほんとうに「フェミニズム理論」は偏った分野で、「セクシュアリティ研究」は狭い領域だろうか？　善意の忠告と聞こえることばでそこで行われているのは、フェミニズムやセクシュアリティ研究を周辺化することで、「境界の攪乱」に抵抗するジェンダー体制の再生産という言説実践である。セクシュアリティ研究は、かれらが想定する以上の波及力と影響力を持って、領域を侵犯していく。

本書で、竹村さんがくりかえしくりかえし果敢に挑むのは、異性愛制度(ヘテロセクシズム)とそれが強制する性的アイデンティティである。男か女か、二種類の身体のあり方しか許さず、そのジェンダー化された性的身体のもとに欲望を配置し、それ以外のあらゆる欲望を病理化し、強制されたものにすぎない異性愛を自然化する……その全プロセスがあばかれる。それが国家と家族の基礎となり、生と死と再生産の制度をしるしづけ、人口と国境の管理をもたらし、富と承認の再分配の原理となる。したがって男女という二項対立にもとづく異性愛制度というセクシュアリティについて批判的に論じることは、けっして局所的な「セクシュアリティ研究」に参与することではなく、世界と秩序の生産と再生産に「攪乱をもたらす」行為なのだ。

セクシュアリティを論じることがアイデンティティに結びつくことは、自己がなによりも性的自己として定義されているからだ。ヘテロセクシズムに抵抗する者は、したがって(異性愛の)男／女のいずれに分類されることも拒むだけでなく、レズビアン、ゲイ、バイセクシュアル、トランスジェンダーなどの非異性愛のアイデンティティに同一化することも同様に拒む。なぜならこのような非異性愛の同一性のカテゴリーは、異性愛制度の残余であり、境界の管理の産物にほかならないからだ。竹村さんはバトラーの「レズビアンというカテゴリーを立てること自体が、異性愛制度との共犯関係に陥ることになる」〔本書133〕というモニカ・ウィティッグ批判を紹介しているが、バトラーにならって、竹村さんも徹底した同一性の解体を求める。したがって「クイア理論」とは「クイア(性的少数者)」のための理論ではなく、異性愛制度を解体し転覆するための理論である。だからこそ「ストレート(異性愛者)」も含めて「すべての人はトランスセクシュアルである」という命題が成り立つ。というのも「すべての人は、成人でさえも、それぞれ「男」や「女」や「なにか別の性」の身体になっている、あるいは移っている途上だと思うからだ」〔本書54〕。「けんめいにゲイになる」というフーコーのことばを借りれば、ストレートもまた「けんめいにストレートになる」途上にある。アイデンティティをこのように関係的・動態的・過程的なものととらえれば、だからこそセジウィックが言うように、異性愛者にとってホモフォビアというホモエロティシズムの自己検閲が厳重にならざるを得ない事情が理解できる。

脱構築は徹底すればアイデンティティの解体と「主体の死」にまで至らざるをえないが、それは運動圏のなかにいるフェミニストたちに困惑と怒りをもたらした。また同じようにレズビアン/ゲイ・アクティビズムのなかにいる者たちのあいだに、「カミングアウトの政治(3)」をめぐる対立をもちこんだ。「呼びかけられ」「ふりむいた」者たちは、スティグマ化されたカテゴリーを引き受け、それを顕在化させることを通じてセクシュアル・ポリティックスに参入し、異性愛制度に抗議の申立をする。その同一化＝主体化なしに、変革の実践はありえない、と信じてきた運動圏のひとびとにとって、カミングアウトとそれに伴うカテゴリー化を否定するのは、「攪乱」と見えながら異性愛制度への服従と沈黙に荷担してしまう反動的な行為に見えたことだろう。だが竹村さんは、バトラーが依拠するアルチュセールの「呼びかけ」の理論を読み替えて、「呼びかける者」を神にしないこと、そして「呼びかけられてもふりむかない者」……という攪乱の実践を対置する。しかもたんなる承認の要求に見えた行為は、その実、心的現実として社会を構成し、その規範的物質的拘束からわたしたちは自由ではない。竹村さんが実践するのは脱構築の臨界までの徹底と、それがもたらす見かけの二項対立の反転した一致なのだ。

本書の第一章は、わたし自身が編者となって編んだ『構築主義とは何か』(勁草書房、二〇〇一年)に寄稿してもらった。その後わたしは続編として同じ出版社から『脱アイデンティティ』(二〇〇五年)を編んだが、彼女の論考は、脱構築の行き先を先取りしていた点で、理論的な徹底性を持っていたと言えよう。二章のタイトル、「「セックス・チェンジズ」は性転換でも、性別適合でもない」をもじっていうなら、I部に収録した論考は、セクシュアリティ研究でも、クイア理論でもない。そう呼ばれ、分類されるべきではない。彼女の目的は、異性愛制度のもとに規範化され、自然化された身体＝同一性への挑戦であり、異性愛制度のもとで性的マイノリティの「人権」や「承認」を確保することなどではない。『境界を攪乱する』という本書のタイトルに、これらの論考ほどふさわしいものはないだろう。

Ⅱ フェミニズム理論

理論は越境する。

Ⅱ部に収録したふたつの論文は、それぞれ第三章が法学の分野への越境、第四章が社会学への介入である。日本社会学会は二〇〇三年度の年次大会の特別部会に彼女を講演者として招いた。(4) その大会にわたしは参加しており、彼女の一語もゆるがせにしない華麗で緻密なプレゼンテーションに、会場の社会学者たちが息を呑む現場に立ち会った。

だが、これはほんとうに理論の領域横断的な越境であり、介入だろうか？　構造主義と脱構築とは、言語理論と文学批評とに多くを負っている。二〇世紀の文学研究は、それまでの作家論や印象批評を離れて、「理論漬け」になった。ロシア・フォルマリズム、読者論、構造主義、ポスト構造主義(あるいは脱構築)、精神分析、ポストマルクス主義、新歴史主義、ポストコロニアリズム、カルチュラル・スタディーズ、そしてフェミニズム批評……これらは竹村さん自身が『文学力の挑戦』のなかで挙げているリストである。英語が得意な文学愛好者のひとりで文学研究の現況にいささか倦《う》んでいた聡明な若い女性が、八〇年代の文学理論の渦中に引きこまれて分析の武器を手にし、先鋭な理論家へと育っていく過程を見れば、彼女が「文学研究」者であったことを言祝《ことほ》ぎたいくらいだ。というのも隣接の人文社会科学分野は、哲学、歴史学であれ、法学、社会学であれ、これらの言語理論や批評理論から、公然または隠然と理論を流用してきたからである。

しかもこれらの理論は「行為実践によって理念自体が間断なく問いかけられる」ような「行動」や「作用」であり、すなわち「運動」であり、「実践」である。第三章で彼女がフェミニズム研究の「動態としての政治的／学問的姿勢を明確にする」ために、「ジェンダー」の語ではなく「フェミニズム」に「固執する理由」をわたしは共感を持って読んだ。たしかにフェミニズム実践、フェミニズム運動という用語はあっても、彼女の指摘するとおり、「ジェンダー実践、ジェンダー運動という熟語はつくりにくい」[本書76]。フェミニズムとは、彼女にとって「理念と行動を分離させない希有な挑戦」[本書78]を指していた。

彼女が挑戦するのは「本質主義と構築主義の二項対立」を脱構築し、「承認と再分配」の見かけの対立を調停することである。だからこそ第一章の論文の副題には「『同一性の原理』をめぐってバトラーとフレイザーが言わなかったこと」とある。スピヴァクが脱構築とポリティカルエコノミーとを架橋したように、彼女は「修辞的言語行為」と見えるもののなかに「変革的実践」を見出し、それを「戦闘」と呼ぶ。後年に至る暴力への関心の契機がすでにここにあらわれている。社会構築主義について知悉しながら、彼女は社会学者の土俵にかんたんに載らない。修辞的言語行為が性的身体を産出していく過程でもたらされる切断——抑圧・排除・搾取・虐待——を、彼女は「暴力」と形象化した。その意味で彼女はどんな社会構築主義者よりも徹底した言語的な構築主義者であり、他方、どんなアイデンティティ論者よりもはるかに身体的な存在にコミットしていると言える。唯名論は、メビウスの環のように、反転して唯物論と出会うのだ。

Ⅲ　バトラー解読

デリダがアメリカでスピヴァクという翻訳者であり紹介者を得たのはデリダと脱構築にとって幸運なことだったと同じように、バトラーが日本で竹村和子という翻訳者であり紹介者を得たのは、バトラーとジェンダー理論にとって幸運なことだったというべきであろう。竹村さんが何度もくりかえすようにバトラーの原文は「悪文」の代表とされる晦渋な英文であり――「何かをこじ開けようとのたうち回るようなその文体」[本書 146]と彼女は形容する――それを翻訳するのがなみたいていの作業ではないばかりか、しばしば挑発的なバトラーの文章は、さまざまなところで誤解や論争を招いてきたからである。もとより翻訳とは誤読の可能性につねに開かれており、翻訳者はただの外国語使いではない。

バトラーが『ジェンダー・トラブル』でジェンダー本質主義に最終的な死を宣告したことによって、フェミニズム業界が大混乱に陥ったことは周知のとおりである。バトラーの登場は、フーコーがもたらした西欧哲学における「主体の死」と同じぐらいの激震を、フェミニズムにもたらした。それ以降、本質主義と構築主義とのあいだに論争と対立が生まれ、バトラーは批判にさらされてその応答を『物質／問題となる身体』に書かなければならなかった。共通の経験にもとづいた「変革の主体」としての「女性」の解体を許さない旧来のフェミニスト陣営からの批判に対して、バトラーは脱構築がいかにして言説秩序の再生産の閉域から逸脱して、変革の実践が可能になるかを、「主体」概念を禁じ手として、応えなければならなかった。『触発する言葉』は、竹村さんの表現によれば「社会構築論の閉塞性(社会体制を瓦解させる契機を主体に求めることができない苦境)を打開しようとした」[本書153]ものである。

竹村さんはバトラーの翻訳者であり紹介者でありながら、たんなる解説者にとどまらない。彼女の「解説」のユニークなところは、「解説」と見えて、いつのまにかバトラーを手がかりに彼女自身の考察が始まっていることだ。その点では、彼女はバトラーのもっともよき理解者であり、同時に批判者でもある。彼女はバトラーに対しても遠慮なく「本書に不十分なところがあるとすれば――事実、訳者は不十分と思っているのだが」[本書155]、「わたしがバトラーの著作を読んで物足りなく思うのは……」[本書156]と苦言を呈している。「暴力」についての考察が不十分、「新しい民主主義」や「新しい意味づけ」へと「議論を短兵急にまとめ上げてしまう」という批判において、すでにそこから彼女自身の問いと探求が始まっている。それらはもはやバトラーが答えるべき問いではなく、彼女が自らに課した問いである。

聞くところによると、お茶の水女子大学の招きでバトラーが来日した二〇〇六年頃から、バトラーと竹村さんとのあいだの往復書簡が計画されていたという。この企画は、彼女の急逝で日の目を見なかったが、バトラーと日本で唯一対等に対話できる女性として、これが実現したらどんなものになっただろうか。読んでみたかった。

Ⅳ　生政治と暴力

バトラーが二〇〇〇年代から急速に現実的で政治的な発言を強めたように、竹村さんも同じ頃から、主題を現実的な関心にシフトしてきた。『触発する言葉』以降の展開を見れば、バトラーの「理論」が決して理論のための理論ではなく、ジェンダー、セクシュアリティ、人種、暴力などを含むアメリカ社会の現実との格闘のなかから、それに応えるために生まれたものであることがよくわかる。その課題が、第Ⅳ部のタイトルにあげた「生政治と暴力」である。人を規範化した身体として生かすと同時に、そこからはみだした逸脱した身体を抹殺し殺す権力。言説が構築した世界は、言説のみで成り立っているわけではない。それは心的現実となって、リアルな身体を生かしも殺しもする。言語と物質は互いに異なる二元的なものではなく、ここにおいて、構築主義と本質主義の二分法は対立を止揚される。

バトラーの現実的関心をうながしたものが、九・一一がもたらした暴力とその連鎖であることに疑いはない。竹村さんの関心をシフトさせたものは、それに加えて日本国内のますます暴力化する現実、いじめ、自殺、格差等々が含まれている。そのなかには九〇年代後半以降、彼女の表現によれば「猖獗《しょうけつ》をきわめた」ジェンダー・バッシングも含まれる。

「境界の攪乱」は、既存の秩序を揺るがし、それに亀裂を走らせ、断絶を持ちこむ。その不安と恐怖にもっとも敏感に反応する者たちは、境界線上に位置する者たちだ。ホモフォビアが男性集団のなかのホモエロティシズムを排除し、抑圧するためにこそ動員されるように、「おかま」と見まがわれやすい者ほど、同性愛嫌悪に敏感に反応し、強力に同調するだろう。同じようにゼノフォビア(外国人嫌悪)は、蔑視していた外国人と境界線上で競合しなければならない立場に立たされる者たちのあいだで、いっそうはげしくなるだろう。セクシズム(性差別)もまた男性性の既得権がもはや安泰ではなくなったところで、女性に向かってより暴力的に行使されるであろう。女性差別に抵抗することで命を落としたフェミニストはいまのところ日本にはいないが、パキスタンでは女子の教育を求めるだけで少女が銃撃を受ける。インドでは公共の乗り物のなかで女性が集団強姦を受ける。このような女性への暴力はかねてより存在していただけでなく、インド社会の急速な社会変動のもとで男性性の不安が高まると共に、激化していることだろう。

「境界の攪乱」は攪乱者にも重い問いをつきつける。既成のジェンダー体制のもとで指定席を与えられそれに安住していた者たちに、それが不可能になるからだ。フェミニストも例外ではない。差別されていたあいだは、安全な場所から男性性を批判していられたフェミニストに、「アブグレイブの女性看守」は衝撃を走らせた。女も暴力的な存在になる。だからこそ「女性兵士」問題は、フェミニズムにとって試金石となったのだ。「境界の攪乱」は、聖域なき侵犯であり、服従と抵抗、混乱と希望、不安と期待の双方をもたらす。その一方だけをのぞむことはできない。「攪乱」の持つこの両義性に、竹村さんはあくまでセンシティブだった。

それだけでなく、境界の管理の成果としての自己同一性は、不断の監視と検閲を要請する。したがって暴力は自己を他者化する他者からふるわれるだけでなく、自己を他者化する自己自身によってもふるわれる。「境界を生きる者」の不安は、かれら自身の生存を危うくするものでもある。バトラーは「ジェンダーをほどく」のなかでこう指摘する。

「暴力とは、ジェンダー・トラブルを抱えている人に、外からふるわれるだけでなく、そういった人が自分自身にやむなくふるうものでもあるのです」[Butler 2006＝2006：15](5)。

生政治を論じることとは、生と死、生命の再生産と歴史的時間を論じることでもある。そのなかでは、生かされる生命と生きる価値のない生命とのあいだに分断がもちこまれ、産まれる前に抹殺される生命があり、生きる値打ちがないと宣告される生命がある。

もし竹村さんが生きていたら……？　フクシマのあとに産まれる命について、彼女はどう論じただろうか？　あるいは胎児の出生前診断や羊水検査、安楽死をめぐる言説については？　また在特会(在日特権を許さない市民の会)のエスカレートするヘイト・スピーチ(6)や、会田誠問題(7)に見られる「実在少年」をモデルとしない性暴力表現については、どんな発言をしただろうか？　何よりフクシマ原発事故というヒトがもたらした災厄、被災者にとっては生命と生活とをまるごと奪う暴力について、彼女はなんと言うだろうか？　あるいは汚染地にとどまる者と避難する者との分断、残留者が沈黙によってみずからに強いた暴力と自主避難者が自責によって味わわなければならない暴力……わたしたちが直面するさまざまな課題について、彼女の発言を聞いてみたいが、それもかなわぬのぞみとなった。

翻訳者の使命

「翻訳の政治」と題する講演録は、本人が肯《うべな》うとおり、スピヴァクの「翻訳の政治」の本歌取りである。「文化と文化とのあいだのテキストの移動」である翻訳は、不可避に「誤読」を含む。翻訳には「完全に受動的な読み、完全にテクストに降伏する翻訳はありえない」[本書380]と彼女は言う。あたかも、翻訳者としての彼女自身の告白であるかのように。

翻訳は、「翻訳という言語遂行的な暴力」を通じての「自己の他者化」である、と彼女は言う。二重の意味でそうなのである、テキストに対して、と翻訳者自身の言語に対して。まず前者は、「原テクストをべつの言語で書き直すことによって……原テクストの自己のなかで、……排除していた自己の他者性」の浮上である。コンテクストを移動することによって原テクストが自明と見なし隠蔽していた排除が浮上する。スピヴァクが『ジェーン・エア』のなかに「西インド諸島生まれの有色人」である「狂人の妻」を見出したように、トニ・モリソンが、『ハックルベリー・フィンの冒険』のなかに白人性のアイデンティティ形成に不可欠な契機として黒人解放奴隷の役割を発見したように。もうひとつの側面は、翻訳は「自己の言語のなかに他者を生産している」[本書388]。ふたつの行為はべつべつに起きているわけではない。彼女の表現によれば「翻訳という行為遂行的な場において、二つの言語がゲリラ的に邂逅し、各々の内的境界の画定をしなおしているのです」[本書388]。

本書のキーワードに即していえば、翻訳とは「境界の攪乱」を組織的に実践する行為遂行的な場である、と言いかえてもよいかもしれない。そうなれば彼女が外国語の翻訳者であったこと、外国文学の愛好者であったことの首尾一貫性が見えてくる。彼女は倦まずたゆまず、たえまない境界の攪乱に参入し、それに魅了されつづけていたのだ、と。

「他者性は、厳密に「翻訳可能」でもなく、「翻訳不可能」でもない」……と竹村さんは慎重に留保をつける。彼女は文化の共約可能性についてのオプティミズムともペシミズムとも、両方に距離を置く。悲観と客観、絶望と希望の隘路をたどりながら、日々当たるかはずれるか保証のない博打のような言語行為を遂行するのが翻訳者の使命だ、と言われれば、日常同じことをしていながらそれに無自覚なわたしたちは、彼女のこの言語行為についての繊細さに、ふたたび目を開かれる思いをする。

「死後の生」というベンヤミンの翻訳概念を引いて、デリダが「翻訳の夢」を「生き残る(survival)」と訳したことに触れたホミ・バーバを、彼女は引用する。

「「生き残る」(survival)とは、「その上を生きる」(sur-vivre)ということ、つまり境界を生きる行為である」[本書389]。

翻訳を「原テクストの死後の生」と呼ぶ竹村さんの修辞は、なんと象徴的なことであろうか。翻訳者の前にある原テクストとは、もはや少しの変更も許されない「死んだテクスト」である。その「死んだテクスト」に、異なる生を与える役割を翻訳者は演じる。テクストが予期せず、もしかしたら歓迎もしないだろうような新しい「生」を。

読者はすでにここで、わたしがわたし自身の「翻訳者」としての役割に言及していることに気がつかれるにちがいない。彼女のテクストはこれ以上一点も増えない。著者とは、原テクストを改訂する権利を持った唯一の個人だが、その著者はすでにこの世にいない。その原テクストに「死後の生」を与えるのは、わたしだけでなく、本書を読むすべての読者の役割でもある。それが可能性と不可能性のあいだ、降伏と誤読のはざまにある「攪乱的な行為」であることを、彼女はくりかえしわたしたちに喚起するのだ。

おわりに

病が発見されてからおよそ一年。ふつうでない悪性腫瘍の進行は早く、彼女と彼女の周囲の者たちの死への準備を待ってくれなかった。彼女の闘病を支えた周囲の友人たちに、あるとき、彼女はこんなメッセージを送っている。

「治療中に、なんと「啓示」があったのです！　抗ガン剤を打つ直前に、突如、閃いたのです。わたしのこれからの研究課題、どんな方向に進むかが鮮明になってきました。それは、自分が生死をかけた病気になって初めて実感せざるをえない、恐ろしいような感覚、生と死の力学、それを扱う医学、それを取り巻く社会、個人についてのことなのです。今まで読んできたこと、考えてきたこと、それこそデリダやラカンやドゥルーズ等の現代の思想家や、フロイトやマルクスを再読して、さらに飛躍して、それらを超えた「今」を語れるのではないか、と思ったのです。グローバルな時代だからこそ。

そして、二度目の抗ガン剤を体に入れているときに、またまた突如、「それができるのは、わたししか、いない。このような生のギリギリの体験をして、それをトコトン考え抜き、かつ日本語でも、英語でも書けるのは、わたししかいない」と思いました。「これは絶対生きなければならない、あと十年は生きて、新しい学問を作らなければならない」と考えると、体がカァーと熱くなりました。たぶん、生まれ変わった、生まれ変わりつつあるのだと思います」［大島・河野・篠塚 2012 から再引用］。

i-phoneから送信されたこの長文のメッセージには、「本が読みたい！　書きたいです」という叫びがある。何を書きたかったのだろうか、読みたかった……と思わずにいられない。

本書の刊行にまで至る牽引力を担ったのは、岩波書店の編集者、清水愛理さんである。本人の遺志がたしかめられない状態を手探りですすみ、ありとあらゆる困惑や混乱と闘い、本書を刊行にこぎつけたのはひとえに彼女の竹村さんに対する尊敬と友情のたまものであろう。清水さんは『思想』の編集者として、思想家竹村和子を世に送り出した人であり、『思想』掲載論文からなる『愛について』の担当編集者であった。それ以降も、岩波から刊行されつづけたバトラーの翻訳書の一部を担当したのも清水さんである。『愛について』の直接の続編と言ってもよい本書を担当できたのは、清水さんにとっても喜びであろう。また生前、竹村さんの秘書であり研究上のアシスタントであった花岡ナホミさんと、竹村さんのもとで大学院生として指導を受けた長妻由里子さん、そしてお茶の水女子大学英文学研究室の方々にも、各種の媒体に散らばった論文の収集にあたり、本人に代わって校正を担当するというご協力をいただいた。お礼をもうしあげたい。

専門外であるにもかかわらず、わたしが編者の任を引き受けたのも、ひとえに竹村和子というこの年少の友人に対する敬愛の念からである。『愛について』という著書には、「あなたを忘れない」というタイトルの論文がある。メランコリーについて論じたこの論文は、フロイトのメランコリー論をもとに、女性の性的主体化において母への原初的な愛着が断念され、それと共に男根とそれの代替物としての息子への異性愛的な欲望に置換されていくこと、その際に、母を忘却すること、忘却したものが何かを忘れること、忘却したことすら忘却するという何重もの抑圧が作用していることを指摘している。控えめさや自己抑制という「女性性」の美徳が、メランコリーと親和的なのはそのためである。だが逆説的にメランコリーの理論は、エイドリアン・リッチの「レズビアン連続体」のように、女性に対する愛着がどんな女性にも潜在することを説明してくれる。竹村さんのメランコリー論は、フロイトのフェミニスト的解釈の白眉のひとつだと思うが、この論文を含む『愛について』という本が「あい子さんと春枝さんに捧げる」と、彼女が愛してやまなかったふたりの女性親族に捧げられているのは象徴的である。「あなたを忘れない」という言説実践を、彼女はここでみごとに行為遂行してみせているからだ。もし本書が彼女自身の手になったとしたら、今度は彼女は誰に献辞を捧げただろうか。それが誰であれ、女性であることは疑いを容れない。

和子さん、本書はまちがいなくあなたの墓碑のひとつになるはずである。本書が読まれつづけるかぎり、わたしたちは、あなたとあなたが日本のフェミニズムに残してくれた遺産を、忘れない。

（1）「ポストフェミニズム」の語は、「もはやフェミニズムが要らなくなった」という含意を持つために、いささか問題含みの概念である。わたしは九〇年代初めに雑誌形式の『ニューフェミニズム・レビュー』全五冊を編集するにあたって、「ポストフェミニズム」の用語をいったんは採用し、誤解を避けるために採用を見送った経緯がある。竹村さんのスタンスは、「ポストフェミニズム」は「ポスト構造主義」や「ポストコロニアリズム」と同じく「フェミニズムを経由した」、すなわち経験に刻印されたためにもはやそれがなかったことにできないという意味であり、留保を付ける意味で「〝ポスト〟」に引用符が付されている。また彼女は、本書収録の第一章、「「資本主義社会はもはや異性愛主義を必要としていない」のか」という論文の中で、この問いに対してはっきり「ノー」と答えている。フェミニズムの有効性と必要性は無くなっていない。彼女の認識では、「ポストフェミニズム」の現在は、かならずしも「第三波フェミニズム」と同じではない［本書75］。

（2）ＬＧＢＴとは、Lesbian, Gay, Bisexual, Transgender の頭文字からきた略称。

（3）自分がゲイやレズビアンであると告白（カミングアウト）することで、ストレートの社会から与えられるスティグマ化されたアイデンティティをいったんは引き受けて性的同一性を獲得することをいう。「クローゼット（押し入れ）の中から外へ出る coming out of the closet」という意味の英語表現から来ている。

（4）本書一二三頁の注（1）にあるとおり、大会シンポジウムのテーマは「差異／差別／起源／装置」というものであった。

（5）バトラーを招いたお茶の水女子大学二一世紀ＣＯＥプログラム「ジェンダー研究のフロンティア」における口頭報告の竹村訳。バトラーの『ジェンダーをほどく』は越智博美・三浦玲一訳で明石書店より刊行予定。

（6）在日韓国・朝鮮人に対する排外主義的な運動。最近ではプラカード等に「韓国人は出ていけ」のみならず、果ては「殺せ」のようなあからさまな暴力的な表現が登場するようになった。

（7）二〇一三年森美術館で開催された日本画家、会田誠の作品のなかに四肢切断で首輪をつけられた少女像が展示されたことに抗議して、女性の運動が起きたことを言う。それに対して反対声明を出す女性グループもあり、論議を呼んだ。

参考文献

Butler, Judith, 2006, Undoing Gender＝竹村和子訳「ジェンダーをほどく」『思想』九八九号
竹村和子 2000『フェミニズム』岩波書店

竹村和子編 2003『〝ポスト〟フェミニズム』作品社
竹村和子 2002『愛について――アイデンティティと欲望の政治学』岩波書店
竹村和子 2012a『文学力の挑戦――ファミリー・欲望・テロリズム』研究社
竹村和子 2012b『彼女は何を視ているのか――映像表象と欲望の深層』作品社
大島美樹子・河野貴代美・篠塚英子 2012『竹村和子さんと〈チームK（和子）〉』［竹村 2012b 栞］
上野千鶴子編 2001『構築主義とは何か』勁草書房
上野千鶴子編 2005『脱アイデンティティ』勁草書房

竹村和子(1954-2011)
元お茶の水女子大学大学院教授．博士(人文科学)．専門は英語圏文学，批評理論，フェミニズム／セクシュアリティ研究．著書に，『文学力の挑戦』(2012)，『彼女は何を視ているのか』(2012)，『愛について』(2002)，『フェミニズム』(2000)ほか．訳書に，バトラー／スピヴァク『国家を歌うのは誰か？』(2008)，J・バトラー『触発する言葉』(2004)，『アンティゴネーの主張』(2002)，『ジェンダー・トラブル』(1999)，トリン・T・ミンハ『女性・ネイティヴ・他者』(1995)ほか多数．(本書「主要著作」参照)

境界を攪乱する―性・生・暴力

2013年5月15日　第1刷発行

著　者　竹村和子《たけむらかずこ》

発行者　山口昭男

発行所　株式会社　岩波書店
〒101-8002 東京都千代田区一ツ橋 2-5-5
電話案内 03-5210-4000
http://www.iwanami.co.jp/

印刷・精興社　カバー・半七印刷　製本・三水舎

ISBN 978-4-00-022597-7　　Printed in Japan